# CONVERSA FRANCA SOBRE AUTISMO

## GUIA PARA PAIS E CUIDADORES

TRAVIS THOMPSON

*Tradução*
Mônica Saddy Martins

# CONVERSA FRANCA SOBRE AUTISMO

## GUIA PARA PAIS E CUIDADORES

PAPIRUS EDITORA

Tradução de *Dr. Thompson's straight talk on autism*
Originalmente publicado nos Estados Unidos
por Paul H. Brookes Publishing Co., Inc.


| | |
|---|---|
| *Tradução* | Mônica Saddy Martins |
| *Capa* | DPG Editora |
| *Foto de capa* | Rennato Testa |
| *Coordenação* | Ana Carolina Freitas |
| *Copidesque* | Lúcia Helena Lahoz Morelli |
| *Diagramação* | DPG Editora |
| *Revisão* | Edimara Lisboa, Isabel Petronilha Costa e Simone Ligabo |

**Dados Internacionais de Catalogação na Publicação (CIP)**
**(Câmara Brasileira do Livro, SP, Brasil)**

Thompson, Travis
Conversa franca sobre autismo: Guia para pais e cuidadores/ Travis Thompson; tradução Mônica Saddy Martins. – Campinas, SP: Papirus, 2014. – (Série Educação Especial)

Título original: Dr. Thompson's straight talk on autism
Bibliografia.
ISBN 978-85-308-1124-2

1. Autismo 2. TEA (Transtorno do Espectro Autista) I. Título.

14-02055 CDD-616.858
NLM-WM 203

**Índice para catálogo sistemático:**

1. Autismo: TEA: Transtorno do Espectro Autista: Ciências médicas 616.858

**1ª Edição – 2014**

Exceto no caso de citações, a grafia deste livro está atualizada segundo o Acordo Ortográfico da Língua Portuguesa adotado no Brasil a partir de 2009.


R. Dr. Gabriel Penteado, 253 – CEP 13041-305 – Vila João Jorge
Fone/fax: (19) 3272-4500 – Campinas – São Paulo – Brasil
E-mail: editora@papirus.com.br – www.papirus.com.br

Os indivíduos descritos neste livro são compósitos ou pessoas reais cuja situação foi mascarada, com base nas experiências do autor. Nomes e detalhes de identificação foram alterados para proteger a privacidade.

*O que de mais doce foi dado pela natureza à raça humana do que os filhos de cada um?*

Cícero

*A meus filhos:*
*Rebecca, Jennifer, Andrea e Peter*

# Sumário

Prefácio .......... 9
*Paula F. Goldberg*

Introdução .......... 11

1. Um caminho pouco trilhado: Transtornos do espectro autista .......... 19

2. A necessidade de controle .......... 55

3. O tempo é o inimigo .......... 79

4. Era uma vez... A descoberta do mistério das palavras .......... 89

5. Relacionamentos e sentimentos .......... 121

6. Como libertar o gênio da lâmpada: O estímulo à socialização .......... 137

7. Nada é fácil: A superação da intolerância ao estímulo .......... 157

8. Controle das explosões: Como enfrentar os problemas de comportamento .......... 173

9. Liberdades e responsabilidades no dia a dia .......... 199

10. A importância do lazer .......... 229

11. A arte da convivência: Participação na comunidade .......... 255

Referências bibliográficas .......... 275

Índice remissivo .......... 287

# Prefácio

Travis Thompson escreveu este excelente livro chamado *Conversa franca sobre autismo*, dando uma contribuição relevante para o tratamento das questões do autismo. Esta impressionante e nova obra trará muitos benefícios para os pais de crianças com autismo, e os profissionais da área também a acharão objetiva e extremamente informativa.

Conheço Travis Thompson há muitos anos. Durante toda sua carreira, ele vem trabalhando na pesquisa e no atendimento de crianças e adultos com autismo. Sua ampla competência nesse campo, com a experiência pessoal mais recente, como avô de um menino com autismo, dá a ele uma compreensão única dos transtornos do espectro autista (TEAs). A linguagem do livro é clara e fácil de entender, escrita de maneira adequada para as famílias; qualquer pai, mãe ou outra pessoa que o leia se beneficiará da percepção e do conhecimento do autor.

No início de *Conversa franca sobre autismo*, é apresentada uma visão muito clara das ferramentas de avaliação usadas para fazer a triagem e o diagnóstico de crianças com TEA. O autor prossegue com estratégias para estabelecer contato com as crianças com TEA e instruí-las em muitas áreas da vida, desde o desenvolvimento da fala até o controle do comportamento autolesivo e a convivência em comunidade.

É importante a revisão acurada que Thompson faz da pesquisa, incluindo o exame dos mitos e das várias teorias relacionadas aos TEAs. Além disso, a explicação razoável dele para o aparente aumento no número de pessoas com diagnóstico de TEA é original e verossímil. De acordo com os pais, por si só, essa explicação torna este livro uma obra muito útil sobre o autismo.

O que mais impressiona nesta nova publicação são a compreensão e o saber de Thompson sobre o autismo propriamente dito. Sua capacidade de ajudar pais e profissionais a realmente entender esse transtorno é preciosa no trabalho deles para diagnosticar com eficácia e, o que é mais importante, apoiar e orientar indivíduos com TEA a atingir o máximo de seu potencial.

Como fundadora e diretora executiva do Pacer Center – um centro nacional dirigido aos pais, sem fins lucrativos, sediado em Minnesota, que oferece assistência técnica a mais de cem centros de pais em todo o país –, sei, por experiência pessoal, que o número de pais de crianças com autismo que ligam para o Pacer Center e para outros centros de pais aumentou exponencialmente nos últimos anos. As estatísticas nacionais mostram que os pais de crianças com autismo recorrem aos centros de pais mais do que os pais de crianças com qualquer outro tipo de deficiência. Este novo livro será muito útil no nosso trabalho com as famílias.

Segundo vários de meus amigos que leram este livro e são pais de crianças com autismo, Thompson fez um trabalho extraordinário de comunicação das questões referentes ao transtorno. Sue Pratt, ex-diretora do Parent Training and Information Center, em Michigan, ex-presidente da Associação Norte-Americana de Autismo e mãe de um filho com autismo, disse: "Espero, sinceramente, que todos os pais e profissionais da área tenham um exemplar deste livro, para o bem de todas as crianças com TEA". Como diria o filho de Sue, Dan Pratt: "Professor Thompson, hoje você foi ótimo".

Agradecemos a Travis Thompson pela excelência e pela dedicação na escrita desta importante obra. Sua sabedoria e a aplicação prática de seu conhecimento são inestimáveis para as famílias que têm crianças com TEA.

Muito obrigada, Travis Thompson.

*Paula F. Goldberg*
Diretora executiva
Pacer Center
Minneapolis, MN
http://www.pacer.org

# Introdução

Atualmente, passo grande parte do tempo em outros mundos, muito diferentes daqueles em que a maioria de nós vive, porque frequento os domínios dos indivíduos com transtorno do espectro autista (TEA). Nunca chegamos a compreender totalmente o ponto de vista de outra pessoa, como psicólogos, sociólogos e filósofos há muito argumentam. Porém, às vezes, ao colocarmos nossos pés sobre as pegadas deixadas por outra pessoa e olharmos para o mundo como ela faz, algo extraordinário pode acontecer. Por alguns momentos, vemos o mundo através de lentes totalmente diferentes das nossas, um mundo sem trapaça, segundas intenções ou dissimulação. Os fatos e a ordem reinam supremos nesse domínio. É um mundo no qual se pode confiar que os mais próximos farão exatamente o que disseram que fariam, infalivelmente, sem exceção. No entanto, de repente, outra pessoa se aproxima, e o mundo fica torto. As pessoas falam rápido demais, e as coisas parecem inquietantemente fora de ordem, exceto por fragmentos aqui e ali que prendem nossa atenção de modo intenso. Nada parece certo. O coração dispara enquanto a apreensão toma conta do corpo. Por um instante fugaz, compreendemos verdadeiramente o ponto de vista singular daquele outro indivíduo, o que tem TEA.

O mundo das crianças com TEA está muito distante do ponto onde minha carreira começou, como simples cientista do comportamento. Durante a pós-graduação e nos anos que se seguiram, fiz pesquisa sobre o condicionamento operante e os efeitos comportamentais das drogas. Embora minha área de especialização secundária fosse a psicologia infantil, a maior parte da minha pesquisa era direcionada para a compreensão dos princípios básicos de aprendizagem e do modo como eles eram modificados por fatores biológicos. O campo denominado *modificação comportamental* – aplicação dos princípios básicos de aprendizagem na superação de problemas comportamentais humanos – acabava de surgir nos anos 1960. O primeiro trabalho clínico foi realizado em instituições e salas de aula especiais para crianças com deficiências intelectuais ou transtornos emocionais. Eu tinha conhecimento desse trabalho a certa distância, mas não tinha planos de mudar a direção da minha carreira, que estava se desenvolvendo muito bem. As publicações baseadas na pesquisa de nosso laboratório estavam num ritmo maravilhoso, e várias subvenções para nosso trabalho tinham sido aprovadas. A vida acadêmica estava boa.

Na primavera de 1968, fui contatado por administradores do Faribault State Hospital, no centro-sul do estado de Minnesota, para ajudar a desenvolver programas de tratamento para pacientes internos com deficiência intelectual, baseados nos princípios do condicionamento operante, com o objetivo de reduzir problemas de comportamento e desenvolver novas habilidades. Parecia um empreendimento audacioso, mas concordei em visitar a instituição para ver no que poderia ajudar. Não tinha ideia do que me esperava. Na introdução de nosso livro (Thompson e Grabowski 1972, p. viii) sobre o trabalho que desenvolvemos lá pouco a pouco, descrevi minha primeira visita à instituição. A linguagem está fora de moda, mas este trecho transmite a impressão forte que tive naquele dia:

> Deparei com visões, sons e cheiros que nunca tinha experimentado antes e que esperava jamais testemunhar outra vez. Sentado no meio de uma grande enfermaria, algemado numa cadeira, estava um jovem de 20 e poucos anos, com a pele dos joelhos ferida e o sangue escorrendo pelas canelas. Ao longo de uma parede com mais de 20 metros de extensão, havia uns 15 homens sentados, encolhidos em posição fetal, com a cabeça entre os joelhos. A maioria deles estava sentada totalmente imóvel, alguns se balançavam para os lados, alguns para frente e para trás. Sob metade das cadeiras, havia poças de urina. O espaço fedia a urina e fezes, e havia manchas de fezes no piso, nos braços e pernas e nas calças e camisas dos internos. Aproximadamente metade dos homens estava parcial ou totalmente despida. Cerca de outros 20 pacientes estavam andando, correndo ou rodopiando na enfermaria. Alguns giravam rapidamente os dedos das mãos diante do rosto, outros roíam as mãos e os antebraços. A maioria dos pacientes internados tinha cicatrizes ou ferimentos recentes, arranhões, escoriações ou feridas com crostas. O nível de ruído era inacreditável. A enfermaria ecoava gargalhadas, guinchos e gemidos que se assemelhavam aos de um filme de terror ruim... É impossível visitar esse "inferno especial" sem sentir que algo tem de ser feito para ajudar os deficientes. Eles merecem o máximo de dignidade humana que se possa dar a eles.

Como relatado em nosso livro, entre 1968 e 1972, cerca de 25% dos 1.800 pacientes internados no Faribault State Hospital participaram do primeiro programa de terapia comportamental de larga escala do país, dirigido a pessoas com deficiências intelectuais. Meus alunos de pós-graduação e eu, em colaboração com os funcionários do Faribault State Hospital, desenvolvemos programas de tratamento comportamental. O treinamento dos funcionários foi crucial, começando por inculcar neles a certeza de que fazer o que parecia impossível era, na verdade, possível. Conforme os pacientes aprendiam habilidades básicas, os problemas de comportamento declinavam. Num dos pavilhões, o isolamento com tranca, consequência do comportamento violento, caiu de 2.400 horas por mês para zero em oito meses. As doses de medicação psicotrópica foram reduzidas à metade. Progressos extraordinários ocorreram no comportamento e na qualidade de vida dos internos durante o programa.

Uma ação judicial coletiva referente ao direito a tratamento foi movida em nome dos pacientes internados em várias instituições de Minnesota por dois jovens e corajosos advogados dos direitos dos deficientes, Neil Mickenberg e Jeffrey Hartje (*Welsch versus Likins* 1974). Essa ação se fundamentou nos progressos relatados em nosso livro, em parte em razão de sua base probatória. À equipe jurídica juntou-se depois o advogado Luther Granquist, que supervisionou, na qualidade de monitor do Tribunal, a implantação da decisão judicial. O caso Welsch, de 1972, incluía várias instituições públicas, abarcando os hospitais estaduais de Faribault e Cambridge. A ação tinha duas reivindicações fundamentais: que os indivíduos mentalmente deficientes internados tinham direito constitucional a serviços de assistência e treinamento e direito a viver no ambiente menos restritivo possível. Uma importante descoberta factual foi feita pelo juiz Earl Larson, do Tribunal Distrital, em seu primeiro parecer no caso, emitido em 15 de fevereiro de 1974:

> A prova nos autos é irrefutável e convincente de que um programa de "assistência e treinamento" pode contribuir para melhorar a vida dos pacientes internados de Cambridge. O testemunho de especialistas e a prova documental indicam que todos, não importando o grau ou a gravidade da deficiência, são capazes de crescer e se desenvolver, se oferecido o tratamento adequado e conveniente. (Granquist 1982)

As consequências dessa decisão judicial representaram aperfeiçoamento de pessoal e dos serviços internos das instituições existentes, mas, acima de tudo, durante os anos seguintes, essa decisão provocou a transferência da maioria dos internos com deficiências intelectuais das instituições para ambientes comunitários.

Nosso trabalho nas instituições de Minnesota, em nome das pessoas com deficiências intelectuais, muitas das quais tinham autismo, mudou o curso da minha carreira. O leitor interessado pode ver um filme baseado naquele projeto, que realizei com Stephen Arhelger, o qual está disponível no *website* do Conselho para Deficiências de Desenvolvimento do Governo de Minnesota (http://www.mncdd.org/parallels2/one/video/changes.html).

Há aproximadamente quatro décadas trabalho como clínico, professor e cientista residente, lidando com crianças, adolescentes e adultos com TEA e também com suas famílias, seus professores, médicos e terapeutas. Gradualmente, durante muitos anos, adquiri uma compreensão maior desse mundo. Nos primeiros anos, a maior parte do meu trabalho era com adultos e adolescentes em programas residenciais e escolas públicas, principalmente indivíduos com transtorno autista severo e problemas comportamentais. Passei horas sem fim em residências que atendiam indivíduos com autismo e em salas de aula, trabalhando com os professores. Os adolescentes e os adultos jovens com comportamento agressivo violento ou autolesivo, que tinham ataques de raiva graves e ocasionalmente eram responsáveis por destruição de patrimônio, eram encaminhados para mim. Geralmente, conseguíamos melhorar o comportamento desses indivíduos, reorganizando as circunstâncias que davam origem às explosões de raiva. Os princípios da terapia comportamental eram muito eficazes, mas, com os adolescentes mais velhos e os adultos, os ganhos se revelavam modestos. Durante esse trabalho, aprendi o que acontece com as crianças com TEA quando são privadas de intervenção precoce adequada e de serviços educacionais eficientes.

Nos últimos cinco anos, tenho trabalhado principalmente com pré-escolares, numa tentativa de evitar a manifestação de sintomas de autismo grave como os que presenciei no passado, usando a intervenção precoce e intensiva. No curso desse trabalho, passei centenas de horas em casas de crianças com TEA e suas famílias. Algumas delas haviam recebido o diagnóstico dos filhos havia pouco tempo; outras tinham passado vários anos em busca de um remédio que restabelecesse a saúde das crianças antes de procurar serviços terapêuticos mais eficientes. Todas essas famílias estavam atormentadas. A colaboração com elas e o trabalho direto com as crianças acabaram levando a maioria dos pais a aceitar a deficiência dos filhos e a se dedicar a vários métodos para promover o desenvolvimento dos pequenos e dar a eles prazer de viver. Muitas dessas crianças estão satisfatoriamente integradas em ambientes educacionais regulares com apoio suplementar; outras são atendidas em turmas de educação especial. Esses pais apreciam os filhos com autismo como membros da família, da mesma forma como se alegram com o desenvolvimento e as conquistas de seus outros filhos.

De vez em quando, os pais não conseguem enfrentar a difícil realidade de que é improvável que um filho ou uma filha venha a ser igual a seus outros filhos ou ao filho do vizinho. Mesmo com o melhor resultado possível depois da intervenção precoce intensiva, é provável que a criança continue apresentando limitações residuais. Para esses pais, é incessante a busca de uma nova dieta, um novo suplemento ou outro tratamento que restabelecerá a saúde do filho. A frustração, o desapontamento e a angústia aumentam à medida que uma proposta terapêutica atrás da outra não atinge o objetivo pretendido: a recuperação. Porque ainda não encontraram a panaceia que procuram, aquela que tornará o filho com autismo igual aos outros filhos, esses pais geralmente acham difícil integrar totalmente aquela criança na vida familiar. Enquanto esperam que o filho real apareça, continuam procurando.

É sempre arriscado nós nos basearmos muito em experiências familiares para escrever sobre um assunto como o autismo, mas talvez existam algumas vantagens nisso. Meu neto, Michael Rodriguez, que está com dez anos, tem TEA. Ele teve a sorte de crescer numa família amorosa, com Alex, o irmão mais velho, e Emma, a irmã, que o colocaram debaixo da asa sem serem superprotetores. Alex e Emma tratam Michael praticamente como todos os irmãos tratam o caçula, mas tolerando seu comportamento excêntrico. A mãe deles, Rebecca, minha filha mais velha, é compreensiva, carinhosa e acompanha de perto os programas da escola pública, a fim de maximizar as oportunidades de Michael nos ambientes educacionais regulares, e ele está se saindo muito bem. Os professores estão verdadeiramente comprometidos em oferecer a ele oportunidades que muitas crianças com TEA não têm, pelo que agradecemos muito. Miguel Rodriguez, o pai de Michael, casou-se novamente e, com Stephanie, sua esposa, oferece a Michael e seus irmãos um lar estruturado, o que é muito importante para qualquer criança com TEA.

Ter Michael em nossa família tem sido um prazer e tem propiciado a nós um tipo diferente de compreensão da vida de uma criança com TEA, uma compreensão com mais empatia pelos dilemas diários que ele enfrenta. Michael faz o melhor que pode para lidar com situações que continuam a ser desagradáveis para ele, e às vezes bastante perturbadoras. Para Michael e outras crianças como ele, grande parte do comportamento incomum, como agitação das mãos, rodopios, alinhamento de objetos, fala repetitiva e acessos de raiva, é uma tentativa de lidar com um mundo que parece incompreensível e frequentemente caótico. Essa é a maneira que eles têm de estabelecer ordem e adquirir controle sobre um mundo desordenado. Michael agora raramente apresenta esses sintomas, mas ocasionalmente recai nos antigos padrões de comportamento, quando está muito cansado, quando passa por estresse ou, às vezes, quando está entediado. Ele avançou muito, graças à família e a professores dedicados, mas resquícios persistentes estão lá. Eles nos lembram de que o cotidiano de Michael ainda consiste de lutas das quais o restante de nós está livre.

Quando comecei a trabalhar nessa área, no fim dos anos 1960, quase nada se sabia sobre o autismo. Com exceção da descrição clássica de Leo Kanner (1943) e de uns poucos estudos muito antigos que utilizavam métodos de condicionamento operante em amostras pequenas de crianças com autismo grave, praticamente não havia pesquisa sobre o assunto. Aprendi com os primeiros poucos pais de crianças com autismo com quem trabalhei. Desenvolvemos juntos intervenções para lidar com as dificuldades de comportamento das crianças e para ensinar-lhes habilidades novas. Apesar da ingenuidade de alguns dos nossos esforços, alcançamos bastante êxito, e, consequentemente, a vida daquelas crianças melhorou. Ainda sou extremamente grato às famílias que tive a sorte de conhecer naqueles primeiros anos e que foram minhas mestras, além de destinatárias dos meus serviços.

Nos últimos 20 anos, o conhecimento nessa área cresceu rapidamente; cresceu tanto que é difícil nos mantermos atualizados sobre as últimas descobertas, principalmente em especialidades distantes da nossa. A base de dados de artigos científicos PubMed, dos National Institutes of Health, tem aproximadamente 11 mil títulos. Em meu livro anterior, *Making sense of autism* (2007), publicado pela editora Paul H. Brookes, tentei captar a essência dessas informações, oferecendo um arcabouço para pensar e compreender o mundo enigmático dos indivíduos com autismo. Aquele livro resume práticas cientificamente embasadas na experiência clínica e de pesquisa e em nossa compreensão cada vez maior do autismo. Meu objetivo primordial não foi sugerir intervenções específicas que pudessem ser adotadas por pais, professores e terapeutas diversos; em vez disso, eu queria ajudá-los a entender filhos, alunos e pacientes.

As crianças, ao contrário dos computadores, dos carros e dos aspiradores de pó, não vêm com manual de instruções. Não existe um guia que explique, passo a passo, como esses seres vivos singulares funcionam nem existe um telefone para onde se possa ligar quando surgem problemas. Os pais estão por sua própria conta. E onde é que pais e professores podem buscar informações? Logo depois que *Making sense of autism* foi publicado, começaram a me questionar: "Agora que entendo melhor o comportamento do meu filho, o que posso fazer para que ele se desenvolva e supere essas deficiências?" ou "Como podemos aliviar os problemas de comportamento dele?". Pais, professores e terapeutas logicamente querem sugestões específicas para agir com base na compreensão dos TEAs que acabam de adquirir. "O que posso fazer para ensinar o comportamento social mais apropriado em sala de aula?", perguntam os professores. Esse é o foco deste livro.

O conteúdo e o estilo de escrita desta obra refletem minha melhor compreensão de práticas cientificamente embasadas, complementada por minhas experiências profissional e pessoal no trabalho com indivíduos com TEA. O livro pretende oferecer informações práticas, que possam ser usadas em casa e na escola na criação de crianças com TEA e na prestação de serviços educacionais e terapêuticos. Embora a maioria dos procedimentos descritos seja resultado de pesquisa controlada, alguns são extensões lógicas de princípios baseados na minha própria experiência no trabalho com famílias, professores e terapeutas.

Neste livro, os Capítulos 1, 2 e 3 trazem informações descritivas sobre as características dos TEAs; os Capítulos 4, 5 e 6 enfocam a promoção da comunicação, dos relacionamentos e das habilidades sociais; os Capítulos 7 e 8 tratam das causas mais comuns das dificuldades comportamentais e das intervenções possíveis; e os Capítulos 9, 10 e 11 versam sobre recreação, lazer e participação na família e na comunidade.

Em todo o livro, muitos dos casos descritos envolvem crianças e famílias com quem trabalhei. Os nomes, e em alguns casos a idade, foram alterados para proteger a privacidade dos participantes. Alguns dos casos são exemplos hipotéticos, semelhantes aos casos de crianças específicas com quem trabalhei, mas com diferença de sexo, etnia ou idade. Muitas das ilustrações do livro são desenhos que criei, com base em fotografias das crianças com quem trabalhei. Em vários exemplos, incluí imagens de meu neto Michael e da irmã dele, Emma, para ilustrar como as crianças com TEA podem levar vidas bem comuns. Várias imagens são de crianças com TEA cujos pais gentilmente forneceram as fotografias originais de seus filhos, que foram convertidas em desenhos que ilustram atividades comunitárias e de lazer. Há imagens de crianças num programa de escola pública. Em um exemplo, é mostrada uma criança participando de uma intervenção precoce intensiva em casa. Em todos os casos, obtivemos autorização de todas as pessoas que aparecem nesses desenhos.

Sou grato às crianças com TEA e a seus pais, que permitiram que eu participasse da vida deles. Os professores e os terapeutas que compartilharam comigo suas experiências e me autorizaram a observá-los e a aprender com eles merecem agradecimentos especiais também. Obrigado a Ruth Elaine Hane e

Kammy Kramer, que gentilmente compartilharam pontos de vista pessoais sobre o mundo do autismo. Devo muito a Lisa Barsness e Meggan Kerkenbush, do Minnesota Early Autism Project. Elas são defensoras incansáveis das crianças com TEA e estão entre os terapeutas mais capazes que já conheci. É um prazer observá-las fazendo maravilhas com as crianças.

Sou especialmente grato à doutora Teresa Estrem, pelos comentários atentos ao Capítulo 4. A Paula Goldberg e Sue Pratt, cujas considerações generosas foram incluídas no prefácio, estou imensamente agradecido.

Finalmente, gostaria de agradecer a Rebecca Lazo, editora de aquisições sênior da editora Paul Brookes, pelo apoio, e a Maria Abate, editora de produção, por seu hábil trabalho de edição, que melhorou a legibilidade do manuscrito.

## *Referências bibliográficas*

GRANQUIST, L.A. (1982). "A brief history of the Welsch case". Trabalho apresentado no encontro de 1982 da American Association on Mental Retardation, Boston. [Disponível na internet: http://www.mncdd.org/past/pdf/82-granquist-history-welsch.pdf, acesso em 26/6/2007.]

KANNER, L. (1943). "Autistic disturbances of affective contact". *Nervous Child*, n. 2, pp. 217-250.

THOMPSON, T. (2007). *Making sense of autism*. Baltimore: Paul H. Brookes Publishing Co.

THOMPSON, T. e GRABOWSKI, J. (1972). *Behavior modification of the mentally retarded*. Nova York: Oxford University Press.

*WELSCH VERSUS LIKINS* (1974). 373 Federal Supplement 487, 495 (District of Minnesota).

# 1.

## Um caminho pouco trilhado: Transtornos do espectro autista

Maggie observa a filha de três anos rodopiar uma boneca virada de cabeça para baixo, segura por uma perna, para fazer com que o cabelo gire em círculos. A criança parece encantada com o cabelo reluzente da boneca. Maggie está cada vez mais preocupada com essa obsessão da filha por objetos que giram. O pai de Brandon o pega no colo para confortá-lo depois de o menino ter batido o joelho, mas Brandon grita e empurra o pai. Quanto mais esse homem tenta consolar o filho, mais o menino grita e o empurra. Esse pai acha perturbador o comportamento estranho do filho. Uma professora de pré-escola nota que um menino de três anos, chamado Richard, raramente brinca com as outras crianças da turma. Ela diz que o menino passa tempo demais "em seu próprio mundo". Richard ignora as aproximações das outras crianças para brincar e parece preferir ficar sentado sozinho, alinhando blocos no chão. Quando outra criança, sem querer, esbarra na fileira de blocos, Richard solta guinchos de desagrado. Se esses pais e professores observassem detidamente essas crianças, talvez vissem o que se acredita serem outros sinais de aviso que confirmariam seu maior medo, o de que elas tenham autismo. Como a maioria das pessoas, eles não compreendem exatamente o que é o autismo, mas, seja ele o que for, não é bom.

Wislawa Szymborska, poetisa agraciada com o prêmio Nobel, escreveu no poema "Um conto começado": "O mundo nunca está preparado / Para o nascimento de uma criança" (1993). Em nenhum outro caso isso é mais verdadeiro do que quando uma criança com autismo entra numa família. A família toma um caminho totalmente diferente do planejado. Como escreveu Robert Frost: "Dois caminhos bifurcavam e eu / O menos pisado tomei como meu / E a diferença está toda aí" (1920).*

* Robert Frost. "The road not taken". Trad. de Antônio Simões. (N.T.)

De fato, toda a diferença, pois a vida da família nunca mais será a mesma. O autismo acende o medo no coração dos pais e alarma muitos professores com pouco ou nenhum treinamento ou experiência no ensino de crianças com transtorno do espectro autista (TEA). No entanto, a criação de um filho com autismo também pode ser cheia de alegria e descoberta, assim em que se compreenda a maneira única como aquela criança com TEA vê o mundo.

*Autismo* não fazia parte do léxico cotidiano da maioria das pessoas havia uma geração, mas tornou-se uma palavra de nossos tempos. Embora seja atualmente um assunto muito discutido, parece que essa deficiência sempre esteve entre nós. Há mais de dois séculos, os profissionais tomaram consciência dessa deficiência incomum (Itard 1801) que hoje, nos Estados Unidos, afeta aproximadamente uma em cada 150 pessoas com menos de 21 anos (Rice 2007). Hoje, o autismo aparece em reportagens televisivas e manchetes de jornal e é assunto de audiências no Congresso. Surgiram programas de escola pública, clínicas médicas e indústrias de serviços inteiramente dedicados ao autismo. O *autismo* passou a ser uma palavra familiar, muito presente na cabeça das pessoas.

Na primeira vez em que o pediatra diz aos pais que talvez o filho deles tenha autismo, aparecem duas reações opostas. A primeira é que não pode ser verdade; é impossível, totalmente impensável: "Ele é só uma criança normal que demorou a falar e tem comportamento estranho", pensam os pais. Mas enquanto tentam desesperadamente negar a possibilidade de que a intuição diagnóstica inicial do médico possa estar correta, os pais da criança já estão apavorados. E se o médico estiver certo? O que isso significa? Onde podemos buscar ajuda, respostas? O que temos de fazer depois?

Este livro pretende ser um guia prático para pais, professores e terapeutas que dão apoio e prestam serviços a crianças com TEA. Os três primeiros capítulos são dedicados a definir o autismo, a fim de ajudar os cuidadores a compreender a natureza do autismo e a dar os primeiros passos de uma nova jornada. Os três capítulos seguintes enfocam o modo como os pais e outros cuidadores podem auxiliar no desenvolvimento de habilidades básicas, capazes de solucionar muitos dos *deficits* característicos dos TEAs: comunicação, socialização e relacionamentos afetivos. Os Capítulos 7 e 8 tratam das dificuldades comportamentais mais comuns pelas quais as crianças com TEA passam, e os capítulos finais enfocam o cotidiano da criança na família, na escola e na comunidade.

## *A epidemia de autismo: Prevalência do transtorno do espectro autista*

Parte do medo dos pais emana das manchetes de jornal, dos artigos de revistas que leram e dos programas a que assistiram na televisão, que afirmam que o país está tomado por uma epidemia de autismo. É verdade que existem muito mais casos identificados de autismo do que se acreditava haver no passado, mas cada vez mais indícios sugerem que não existe uma epidemia de autismo. Nos anos 1980, calculava-se que duas ou três em cada cinco mil crianças tivessem autismo (Ritvo *et al.* 1985). Para ser classificada como autista, uma criança tinha de apresentar os sintomas que hoje associamos ao transtorno autista, a forma mais grave da deficiência. Naquela época, muitos pediatras nunca tinham sido expostos a uma criança com autismo durante a formação, e, nas escolas públicas, as crianças nessa condição incomum eram geralmente isoladas em salas de aula para alunos com deficiências graves de desenvolvimento ou transtornos emocionais. Os professores da educação regular não tinham contato com estudantes com autismo, que era considerado uma deficiência rara. Entretanto, no início dos anos 1990, os epidemiologistas – pessoas que estudam a disseminação de doenças como a *influenza* – começaram a relatar que estava aumentando nas escolas públicas o número de crianças nas quais se havia identificado TEA. Nos anos seguintes, a tendência se intensificou, com números crescentes de crianças identificadas pelas escolas como candidatas a serviços na categoria dos TEAs. Os Centros de Controle e Prevenção de Doenças (Centers for Disease Control and Prevention – CDCs), agência do governo norte-americano que observa tendências relativas a doenças, começaram a divulgar aumentos acentuados na prevalência de autismo. Os números dos CDCs se baseavam na quantidade de crianças a quem eram prestados serviços relacionados ao autismo nas escolas públicas, usando as estatísticas do *Child Count*,* do ministério da educação norte-americano. Esse número crescia rapidamente. Espalhou-se o alarme pelo país, principalmente entre os pais de crianças pequenas. Os meios de comunicação divulgavam que havia uma "epidemia de autismo". A escolha da palavra *epidemia* foi particularmente infeliz e imprecisa, porque ela se refere à ocorrência de mais casos de uma doença do que seria esperado num determinado período de tempo, mais frequentemente

---

* *Child Count*: levantamento realizado por governo federal ou estadual para identificação de crianças com deficiências. (N.T.)

no que diz respeito a doenças transmissíveis, como catapora, sarampo ou meningite. *Epidemia* geralmente implica um surto de doença contagiosa que se espalha rapidamente. Se havia um surto de autismo, então, como muitas pessoas argumentaram, devia existir um agente causador dessa deficiência. Supondo que existisse uma epidemia de autismo, pais cujos filhos tinham recentemente recebido esse diagnóstico começaram a perguntar que agente poderia ter causado autismo em seus filhos. O início do autismo é detectado, geralmente, entre os três e os quatro anos. Muitos pais observaram que os sintomas de autismo em seus filhos apareceram por volta da mesma idade em que a criança recebeu as vacinas da infância, mais ou menos um ano antes. Aumentou a especulação de que o culpado devesse estar relacionado às vacinas. Alguns pais ficaram aterrorizados com a notícia de que seus filhos pudessem "pegar" autismo numa vacina; outros, que já haviam recebido o diagnóstico, estavam preparando ações judiciais contra as empresas farmacêuticas que produziam as vacinas, certos de que a imunização provocara a deficiência de seus filhos.

## A publicação que provocou um incêndio cultural fora de controle

Em 1998, apareceu um artigo na prestigiosa revista médica *The Lancet* que propunha uma ligação entre a vacina tríplice viral (sarampo, caxumba e rubéola) e o autismo. A publicação desse artigo foi seguida por uma montanha de cartas e reações de pesquisadores e clínicos nos periódicos médicos britânicos, apresentando provas de que tal conexão não existia (Horton 2004; Kaye, Del Mar Melero-Montes e Jick 2001; Taylor *et al.* 1999). Os pais da comunidade de apoio ao autismo ficaram particularmente alarmados. Uma investigação sobre o autor principal do artigo da *Lancet*, doutor Andrew Wakefield, foi iniciada, quando a maioria dos coautores escreveu uma retratação, indicando que não acreditava que existissem indícios de ligação entre a vacina tríplice viral e o autismo. Eles disseram que o doutor Wakefield acrescentara essa especulação pessoal ao artigo sem a aprovação deles. O artigo foi desacreditado, e a revista o excluiu de suas páginas. No entanto, o incêndio já tinha sido provocado e assumira vida própria. Listas na internet foram inundadas com afirmações aterradoras e teorias de conspiração. Disseminaram-se alegações de acobertamento por parte tanto da indústria farmacêutica quanto dos médicos que vacinavam as crianças contra as doenças da infância. Uma afirmação feita num artigo desacreditado se transformara em fato na cabeça de muitas pessoas da noite para o dia, principalmente na dos pais (Deer 2007).

## A vacina tríplice viral e o timerosal causam autismo?

O fato de que uma vacina possa produzir reação imunológica exagerada e provocar meningite ou encefalite num pequeno número de crianças imunizadas é conhecido há muitos anos. Não há nada de novo nesse evento incomum, e ele acontece. Às vezes, a vacina tríplice viral pode causar febre alta e convulsões. A tríplice viral de vírus vivos da cepa Urabe pode provocar caxumba numa porcentagem pequena das crianças que recebem essa imunização (Demichelli *et al.* 2005). No entanto, não existem relatos anteriores de que ela tenha causado autismo, apesar de a tríplice viral ser usada há muitos anos. Além disso, o risco de meningite entre as crianças que não foram vacinadas e que contraem sarampo ou caxumba é muito maior do que o associado à vacina.

Desde então, foram realizados 16 estudos sobre a vacina tríplice viral e o conservante timerosal. Com base nos resultados desses estudos, não há prova convincente de conexão entre a vacina tríplice viral e o autismo. Klein e Diehl (2004) fizeram uma pesquisa nos estudos publicados na base de dados Medline, dos National Institutes of Health, usando os termos *sarampo, caxumba, rubéola* e *autismo*. Encontraram dez estudos bem realizados que avaliam a relação entre a tríplice viral e o autismo. Baseados nesses estudos, Klein e Diehl concluíram que não há prova da relação entre essa vacina e o desenvolvimento de autismo.

Vários outros estudos produziram resultados semelhantes. Afzal *et al.* (2006) usaram testes de laboratório sensíveis para determinar se o vírus do sarampo estava presente nos glóbulos brancos do sangue de crianças com diagnóstico de autismo regressivo, conforme havia sido sugerido. No autismo regressivo, a criança parece se desenvolver normalmente até um ano e meio ou dois anos, quando começa a perder habilidades e desenvolver sinais de autismo. Em nenhum dos testes que realizaram, Afzal e seus colegas encontraram prova da permanência do vírus do sarampo em crianças com autismo. Honda, Shimizu e Rutter (2005) estudaram a incidência de diagnósticos de TEA em Yokohama, no Japão, antes e depois da interrupção da administração da vacina tríplice viral. Descobriram que a incidência de TEAs aumentou até a idade de sete anos, independentemente da imunização com a tríplice viral. Concluíram que a vacinação não explicava o aumento na incidência de TEAs ao longo do tempo. Smeeth *et al.* (2004) usaram a base de dados de pesquisa em clínica geral do Reino Unido para estudar crianças com diagnóstico de transtorno global do desenvolvimento sem outra especificação (TGD-SOE), comparando-as com controles de mesma idade e mesmo sexo. Não encontraram diferenças nos índices de vacinação com a tríplice viral entre as crianças que, mais tarde, receberam diagnóstico de autismo e as crianças do grupo de controle. Ter sido vacinada não aumentava na criança o risco de desenvolvimento de autismo. Parker *et al.* (2004) revisaram todos os estudos epidemiológicos até 2004. Particularmente interessantes foram os estudos em que o timerosal tinha sido usado num país e, depois, suspenso. Os autores encontraram doze publicações, dez das quais não revelaram ligação entre a vacina tríplice viral e o timerosal. Os dois estudos epidemiológicos que sustentavam uma possível associação eram de tão baixa qualidade que os resultados não puderam ser interpretados (por exemplo, Geir e Geir 2003 e 2004). Parker e seus colaboradores concluíram que as provas apresentadas nos estudos não demonstravam a conexão entre as vacinas que continham timerosal e os TEAs.

Em 2004, o Instituto de Medicina da Academia Nacional de Ciências realizou a avaliação mais verossímil das provas disponíveis. No relatório do Comitê de Revisão da Segurança Vacinal desse instituto, concluiu-se que o corpo de provas epidemiológicas não sustentava a relação causal entre a tríplice viral ou as vacinas com timerosal e o autismo.

## O que *causa* o aumento nos casos de autismo?

Se a vacina tríplice viral e o timerosal não causam o aumento relatado nos casos de TEA, o que *causa* esse aumento? O problema com essa pergunta é que ela começa com a suposição de que houve um aumento repentino e inesperado no número de novos casos de autismo. Entretanto, cada vez mais provas sugerem que o *número real de casos* talvez não tenha aumentado. O que pode ter aumentado é o *número de casos identificados*. Parece que *sempre* houve mais crianças com TEA do que evidenciavam os primeiros estudos de prevalência, que se baseavam em critérios diagnósticos mais antigos. Muitos casos simplesmente não eram identificados por esses métodos diagnósticos mais antigos. O que contribuiu para essa aparência de que existe uma epidemia de autismo?

*O estudo pioneiro de Lovaas em 1987* – Em geral, antes do fim dos anos 1980, acreditava-se que não existissem intervenções eficazes para crianças pequenas com autismo. Em 1987, o psicólogo Ivar Lovaas relatou os resultados do acompanhamento de um grupo de crianças que havia recebido intervenção precoce e intensiva; esses resultados indicavam que metade das crianças com diagnóstico de autismo se beneficiara muito da terapia comportamental precoce intensiva, com um saldo tão bom que os resultados dos testes intelectuais ficaram na média e elas puderam participar das aulas na educação regular. Depois da publicação do trabalho de Lovaas (1987), os pais começaram a clamar por métodos melhores de identificação do autismo entre as crianças pequenas e por mais acesso a tais serviços de intervenção precoce. Mas, àquela altura, não existia acordo generalizado sobre os testes de autismo, o que dificultava o diagnóstico.

*Um teste novo para o autismo e mais profissionais treinados para classificar e diagnosticar os transtornos do espectro autista* – O primeiro teste para autismo amplamente reconhecido e aceito, o Protocolo de Observação para Diagnóstico de Autismo (Autism Diagnostic Observation Schedule – Ados), foi publicado em 1989 (Lord *et al.* 1989a), no ano anterior ao aumento abrupto nos casos relatados de autismo. Um grande número de profissionais nas universidades e nas comunidades e funcionários de escolas públicas começaram a receber treinamento para aplicar esse novo teste. Muitos profissionais da medicina e da educação passaram a reconhecer nas crianças sinais de autismo que, anteriormente, eram classificados de outra maneira. Os diagnósticos de autismo começaram a brotar como flores na primavera. Conforme aumentava o número de pessoas treinadas para diagnosticar o autismo, aumentava o número de casos identificados.

*A inclusão do autismo na categoria dos serviços de educação especial* – Antes de 1991, as crianças com autismo eram geralmente incluídas nas categorias "transtorno emocional" ou "outras deficiências de saúde" dos programas escolares de educação especial. Muitas eram também classificadas como deficientes intelectuais ou deficientes no aprendizado. Não existia a categoria educacional individual "autismo". No ano letivo de 1991-1992, o Ministério da Educação dos Estados Unidos publicou uma diretriz que determinava a inclusão de uma nova categoria entre os serviços de educação especial: autismo. Numa declaração diante do Congresso em 2002, a Associação Norte-Americana de Autismo anunciou que, nos nove anos de 1991 a 2000, o número de estudantes com autismo (com idade entre 6 e 21 anos) nas escolas norte-americanas aumentara 1.354%. O que esse relato não mencionou foi que não havia a categoria autismo antes de 2001. Portanto, não existiam estatísticas significativas referentes ao número de crianças com autismo nas escolas. De um ano para o outro, o número de crianças incluídas nos serviços especializados em autismo dos programas das escolas públicas dobrou e triplicou, de acordo com as estatísticas do *Child Count*, numa clara distorção da realidade da área (Gernsbacher, Dawson e Goldsmith 2005). As crianças com autismo sempre estiveram em nossas escolas, mas recebiam um rótulo diferente.

*Mudança nos critérios diagnósticos* – Em 1994, a Associação Americana de Psiquiatria divulgou novos critérios diagnósticos na quarta edição do *Manual diagnóstico e estatístico de transtornos mentais* (*Diagnostic and statistical manual of mental disorders – DSM-IV*), ampliando a definição dos TEAs. Muitas crianças que, no passado, talvez tivessem sido classificadas como emocionalmente perturbadas, intelectual ou linguisticamente deficientes passaram a receber diagnóstico de TEA leve, de acordo com critérios mais inclusivos e modernos. Quando comecei a trabalhar no campo do autismo no fim dos anos 1960 e início dos anos 1970, só as crianças com transtorno autista severo recebiam diagnóstico de autismo. Essas crianças eram, em geral, minimamente verbais ou não verbais, com comportamento repetitivo estereotipado de agitação das mãos ou rodopio, e apresentavam comportamento agressivo ou autolesivo. As crianças que atualmente recebem diagnóstico de um TEA mais leve, como síndrome de Asperger ou TGD-SOE, não teriam sido diagnosticadas assim naquela época. Também é provável que as crianças com autismo de alto nível funcional não fossem identificadas, a menos que apresentassem sinais marcantes como agitação repetitiva e estereotipada das mãos ou acessos graves de raiva.

*Demanda aumentada dos pais por serviços especializados em autismo* – Esses eventos deixaram claro para os pais que o diagnóstico precoce era muito importante e que a intervenção eficaz era possível no caso de muitas das crianças com TEA. À medida que se conscientizavam dos sinais do TEA, mais pais começavam a buscar o diagnóstico de pediatras e os serviços especializados em autismo das escolas públicas. Estas responderam com a criação de mais serviços. Assim que mais serviços passaram a ser oferecidos, as escolas começaram a identificar mais crianças como candidatas a esses serviços especializados, e aumentou muito o número de alunos atendidos. Supõe-se que essas crianças sempre frequentaram as escolas, mas, para os propósitos educacionais, eram identificadas em outra categoria.

*O relatório do Conselho Nacional de Pesquisa* – Em 2000, um comitê de especialistas em intervenção precoce se reuniu para revisar a base de comprovação científica dos estudos sobre intervenções precoces para crianças com TEA e foi encarregado de preparar um relatório sobre o que descobrisse. Lord e McGee (2001) resumiram os achados desse comitê, que indicavam ser possível diagnosticar os TEAs com segurança já aos dois anos, e propuseram que todas as crianças com TEA em idade pré-escolar passassem por um mínimo de 25 horas semanais de intervenção precoce e intensiva estruturada. Isso aumentou ainda mais a pressão pela identificação precoce e por mais serviços.

*Identificação incorreta nas escolas* – Existem indícios cada vez maiores de que a identificação nas escolas levou a cálculos de prevalência imprecisos. Parece que crianças anteriormente identificadas como deficientes na aprendizagem, disléxicas ou deficientes intelectuais leves passaram a ser categorizadas nas escolas públicas como crianças com autismo. Conforme aumentou o número de estudantes incluídos nos TEAs (de 0,6 para 3,1 em cada mil de 1994 até 2004), a porcentagem de estudantes candidatos aos serviços relacionados a deficiências intelectuais e de aprendizagem diminuiu proporcionalmente (Shattuck 2006). Laidler (2005) estudou as estatísticas do Ministério da Educação dos Estados Unidos relacionadas a crianças atendidas por serviços especializados em autismo e descobriu que, em um grupo de crianças nascidas num determinado ano, o número de crianças com TEA aumentava com o tempo. Esse aumento é perturbador porque, em um grupo de crianças da mesma idade, não existe razão óbvia para que um número maior delas desenvolva um TEA à medida que cresce. Quando ocorre, o autismo normalmente aparece até os três anos. Além disso, esse aumento progressivo se reduziu substancialmente quando as crianças chegaram aos 12 anos (isto é, quando ingressaram na segunda metade do ensino fundamental). Isso sugere que fatores administrativos talvez tenham determinado parcialmente as crianças identificadas como candidatas aos serviços especializados em autismo. Em virtude de que talvez existam menos serviços especializados em autismo para crianças mais velhas com TEA, pode ser que elas tenham recebido uma classificação diferente para propósitos educacionais (por exemplo, deficiência intelectual ou de aprendizagem, problemas emocionais ou comportamentais), em vez de serem encaminhadas a esses serviços. Coerente com essa ideia é um estudo de Palmer *et al.* (2005), que examinou a relação entre o financiamento disponível para os distritos escolares e a prevalência do autismo nesses distritos. Os distritos com mais recursos financeiros identificaram uma proporção maior de crianças com transtornos autistas. Isso pode significar que crianças com TEA em distritos menos ricos tenham ficado sem identificação, ao passo que a probabilidade de identificação incorreta de autismo tenha sido maior para os estudantes que receberam a classificação de TEA nos distritos mais ricos, em razão da existência de serviços especializados.

*Diagnóstico incorreto dos prestadores de serviço na comunidade* – Pediatras, psiquiatras infantis e outros clínicos da comunidade que prestam serviços a crianças com autismo geralmente não são treinados para diagnosticar TEAs com precisão. Eles podem ser especialistas em *deficit* de atenção/hiperatividade (TDAH), transtornos do humor ou outros transtornos do desenvolvimento neurológico, mas com pouca experiência em TEAs. Além disso, geralmente não conseguem oferecer avaliações feitas por equipes interdisciplinares, que frequentemente são importantes para identificar as razões alternativas para o fato de uma criança apresentar alguns sinais de TEAs, mas não ter o transtorno. Um estudo realizado em Queensland, na Austrália, esclarece essa questão. Queensland é o segundo maior estado da Austrália e o terceiro mais populoso. Skellern, McDowell e Schluter (2005) realizaram um levantamento anônimo dos pediatras e psiquiatras de Queensland que haviam diagnosticado ou tratado crianças com TEA e transtornos do desenvolvimento relacionados a ele. Descobriram que 58% dos psiquiatras e pediatras pesquisados relataram que, quando estavam inseguros sobre o diagnóstico de uma criança, preferiam pecar pela prudência e diagnosticar um TEA para fins escolares; descobriram também que 36% dos clínicos tinham feito diagnóstico de autismo para que a criança e a família pudessem receber financiamento para serviços especializados *mesmo quando sabiam que a criança não preenchia os requisitos para o diagnóstico de autismo*. Estudos comparáveis não foram realizados nos Estados Unidos nem no Canadá, embora seja pouco provável que esses problemas diagnósticos estejam limitados à Austrália.

## *Resumo da prevalência de autismo*

Embora os óculos já fossem usados antes de 1860, eram principalmente as pessoas que faziam trabalhos em que precisavam olhar as coisas muito de perto que os usavam, como médicos, advogados, escritores e topógrafos. Se outras pessoas se queixassem de visão embaçada ao tentar distinguir objetos a distância, o médico ou o farmacêutico geralmente recomendava que tentassem usar óculos. Elas compravam óculos numa farmácia ou num armazém próximo, escolhendo o grau por tentativa e erro. Entretanto, em 1862, quando o oftalmologista holandês Hermann Snellen publicou sua famosa escala optométrica de letras para testar a acuidade visual, o diagnóstico de miopia passou a ser possível em qualquer consultório médico em questão de minutos. As escalas optométricas de Snellen foram penduradas nas paredes das farmácias e dos consultórios médicos e começaram a surgir clínicas de optometria nas décadas de 1870 e 1880. Na década seguinte, muitas pessoas que não haviam recebido anteriormente um diagnóstico formal descobriram que eram míopes. Se as revistas *Time* e *Newsweek* existissem naquela época, sem dúvida teriam anunciado que o país passava por uma epidemia de miopia.

Não se engane, os TEAs apresentam dificuldades enormes para as famílias e também para os prestadores de serviços educacionais, médicos e sociais. Existem muito mais pessoas com TEA do que se acreditava antigamente; no entanto, muitos especialistas da área hoje creem que, se os mesmos critérios diagnósticos e os mesmos testes que existem atualmente para os TEAs tivessem sido aplicados numa amostra bastante grande das crianças encaminhadas para exame em 1980, por apresentarem indícios de deficiência no desenvolvimento e dificuldades comportamentais, talvez se obtivessem números semelhantes de prevalência de TEAs. Os números anteriores de prevalência de autismo, de quatro a seis em cada dez mil, usando critérios diagnósticos e métodos de avaliação antigos, subestimavam em muito a real prevalência de TEAs naquela época. Muitas crianças que talvez tivessem se beneficiado dos serviços especializados em TEAs não os receberam porque não foram identificadas. Cada vez mais, os especialistas estão chegando à conclusão de que não existe epidemia de autismo; se houve uma epidemia, ela foi de medo e desinformação, espalhada boca a boca, pela internet e pelos meios de comunicação de massa. Se existe um aspecto positivo na afirmação de que existe uma epidemia de autismo é o fato de que ela fez os profissionais e os legisladores tomarem consciência de que os TEAs sempre foram mais comuns do que se acreditava, o que representa um desafio na busca de diagnóstico, educação e tratamento precoces e melhores.

## *Um conjunto de transtornos*

O autismo não é um transtorno simples, como um apêndice rompido, é uma *síndrome* que pode afetar partes diferentes do cérebro em graus diferentes e que tem mais em comum com a epilepsia do que com uma doença aguda que afete um órgão específico. Os TEAs são transtornos do desenvolvimento, resultantes de falhas que ocorrem no início do desenvolvimento cerebral. O autismo não é causado pela frieza materna, apesar do que afirmou Bruno Bettelheim (1967). O cuidado parental pode melhorar ou piorar os sintomas do TEA, mas não causa autismo. Os TEAs vão de leve a grave. Numa determinada criança com TEA, o efeito pode ser mínimo em uma área de funcionamento cerebral, como a linguagem, e moderado em outra, como a das habilidades sociais, ou a deficiência pode interferir profundamente nas habilidades da criança em todas as áreas. Algumas crianças com TEA são fisicamente muito parecidas com os outros membros da família, outras são muito diferentes, com traços incomuns, chamados de características *dismórficas*. Alguns TEAs são de família, outros não. Quando alguém diz que uma criança tem autismo, isso não fornece ao interlocutor informação suficiente para que ele saiba como essa criança é exatamente. Muito mais informações são necessárias para começar a traçar um quadro claro sobre determinado indivíduo com TEA.

## Autismo familiar e não familiar

Há muito tempo se sabe que algumas famílias têm vários indivíduos com transtorno autista ou uma combinação deles, ao passo que outras não têm nenhum. Ao fazermos uma comparação, quando uma criança numa determinada família tem autismo, é mais provável algum membro dessa família ter TEA do que uma criança qualquer escolhida aleatoriamente na população em geral ter um irmão com autismo (Folstein e Rutter 1977; Ritvo *et al.* 1985). Entretanto, como o leitor logo verá, isso não é verdade para todos os indivíduos com autismo. A doutora Judith Miles e seus colaboradores na Universidade de Missouri, em Colúmbia, dirigem um centro regional de autismo, onde recebem muitas crianças com suspeita de autismo. Eles usam uma bateria de exames médicos e testes psicológicos para avaliar cada criança. Quanto mais crianças avaliava, mais a doutora Miles se convencia de que estava testemunhando a emergência de um padrão, e começou, então, a estudar mais sistematicamente esse padrão em seus jovens pacientes. De 1995 a 2001, ela e seus colaboradores estudaram 260 indivíduos que preenchiam os critérios diagnósticos para transtorno autista (Miles *et al.* 2005). Algumas crianças tinham a cabeça pequena ou outras importantes características físicas incomuns. As características físicas inesperadas incluíam falta de linhas na palma da mão, redemoinhos capilares que giram em sentido anti-horário e orelhas de formato incomum. As características físicas incomuns e a cabeça pequena definem o que ela chamou de subgrupo do "autismo complexo", que engloba um em cada cinco indivíduos estudados por ela e seus colaboradores. As outras crianças, sem essas características, tinham "autismo essencial", segundo a doutora Miles. Na média, os indivíduos com autismo complexo têm funcionamento intelectual inferior, maior probabilidade de ser não verbais, têm mais ataques, mais anormalidades nas ondas cerebrais e mais anormalidades estruturais no cérebro, conforme demonstrado em imagens por ressonância magnética (IRM). As crianças com autismo essencial tinham maior probabilidade de ter irmão com autismo, e um número maior de seus outros parentes tinha autismo (20% comparado a 9%). As crianças com autismo essencial tinham duas vezes mais probabilidade de ser meninos do que aquelas que tinham autismo complexo. O estudo da doutora Miles nos diz que, quando o autismo é familiar, os resultados tendem a ser melhores, e as crianças respondem mais aos programas de terapia educacional e comportamental precoce.

O fato de o autismo não se repetir nesse mesmo grau entre os membros da família das crianças com autismo complexo sugere que é menos provável que ele seja herdado. Ele parece ser resultado de uma falha no início do desenvolvimento, em razão de um fator não hereditário. Provavelmente, estudos posteriores revelarão que, no subgrupo do autismo essencial, há subgrupos com diferentes falhas de desenvolvimento herdadas. Algumas podem ter efeitos maiores sobre partes do cérebro relacionadas à linguagem e à comunicação, ao passo que outras podem exercer impacto maior no desenvolvimento social ou no comportamento ritualístico. A compreensão da base de tais falhas contém a promessa da criação de tratamentos mais específicos.

## O amplo fenótipo do autismo

O fato de existirem indícios de que o transtorno autista, a síndrome de Asperger e o TGD-SOE ocorrem nas mesmas famílias sugere que esses transtornos não são tipos diversos, mas graus diferentes de expressão de um único conjunto de deficiências (Lauritsen e Ewald 2001). Além disso, existem mais sintomas parecidos com autismo em irmãos, irmãs, pais e outros familiares sem diagnóstico de TEA (Constantino *et al.* 2006). Essas características têm sido chamadas de fenótipo amplo do autismo, sugerindo que talvez existam genes múltiplos contribuindo para os graus variados dos elementos que compõem um TEA. Por exemplo, Constantino *et al.* (2006) estudaram características autistas entre irmãos de crianças com transtornos globais do desenvolvimento que não atingiam o limiar para o diagnóstico de autismo. As diferenças sociais eram maiores entre irmãos de crianças com autismo cujas famílias tinham dois ou mais indivíduos com autismo. Toth *et al.* (2007) descobriram que os irmãos de crianças com TEA tinham desempenho abaixo da média em linguagem expressiva, QI, comportamento adaptativo e habilidades de comunicação social. Os irmãos de crianças com autismo usavam menos palavras, menos gestos e exibiam menos sorrisos sociais que as crianças do grupo de comparação, diferenças que os pais haviam observado já aos 13 meses. Isso sugere que os genes responsáveis pelos sintomas do autismo numa criança com diagnóstico de TEA são características que influenciam seus irmãos em menor grau.

## *Aspectos diagnósticos fundamentais*

O objetivo desta seção é explicar os principais aspectos diagnósticos de transtorno autista, síndrome de Asperger e TGD-SOE. Na próxima seção, discuto os métodos diagnósticos e os testes usados e as diferenças entre diagnóstico médico e identificação escolar com o objetivo de encaminhamento para serviços relacionados ao autismo.

Às vezes, as pessoas duvidam de que os TEAs possam ser diagnosticados de maneira confiável e, mesmo quando isso é possível, questionam se realmente faz diferença. A distinção entre doenças clínicas e outras entidades biológicas requer treinamento e experiência. Quando a maioria de nós olha para fotos de árvores, reconhece que algumas são decíduas, como o bordo, o carvalho e o olmo. Podemos dizer que as outras são coníferas, como a pícea, o pinheiro e o zimbro. Além desse ponto, muitos de nós teríamos dificuldade de fazer mais distinções fidedignas. Não saberíamos o que procurar. No entanto, os ciprestes que crescem nos pântanos de Okefenokee, na Flórida, são muito diferentes do pinheiro ponderosa do deserto de Sonora ou dos pinheiros vermelhos que crescem no norte de Minnesota, perto da fronteira canadense. Cada uma dessas coníferas se desenvolve num meio ambiente muito diferente do outro. Um silvicultor experiente seria capaz de listar características específicas que as distinguem uma da outra; conseguiria explicar como essas características são essenciais para a capacidade das árvores de evitar pragas, obter a umidade e os nutrientes necessários e se proteger do calor e do frio, elementos fundamentais para sua sobrevivência. Essas distinções entre as árvores são cruciais para compreendermos o que as faz ser como são e para sermos capazes de ajudá-las a se desenvolverem em seus respectivos ambientes.

O fato de que tanto os leigos quanto alguns profissionais achem difícil distinguir as crianças com TEA das crianças com outras deficiências não significa que esses estados de saúde não sejam genuínos ou que não tenham significação prática. Assim como é importante compreender as diferenças no *habitat* dos vários tipos de coníferas, é fundamental entender os tipos de ambiente nos quais crianças com diferentes TEAs aprendem e se desenvolvem. Pediatras, psiquiatras e psicólogos clínicos e do desenvolvimento bem treinados e experientes, que tenham aprendido as habilidades diagnósticas necessárias, são capazes de distinguir traços específicos nas crianças com tipos diferentes de deficiência e também nas crianças com os três tipos de TEA. Essas diferenças são reais e mensuráveis. O grau de concordância diagnóstica entre especialistas bem treinados é alto, embora profissionais com menos experiência e treinamento possam, às vezes, chegar a conclusões diferentes. É por essa razão que os pais são incentivados a procurar um profissional com muito treinamento e experiência no diagnóstico de autismo antes de marcar uma consulta para uma avaliação diagnóstica.

## As etapas do diagnóstico

O diagnóstico de um TEA se dá em duas etapas: 1) obtenção de histórico detalhado e entrevista com pais e outros cuidadores; 2) realização de exames específicos para o autismo, incluindo testes de triagem e testes diagnósticos.

*Obtenção de histórico detalhado e entrevista com pais e outros cuidadores* – A entrevista segue um formato padronizado e estruturado, concebido para determinar quais das características do autismo especificadas pela Associação Americana de Psiquiatria a criança apresenta e em que grau, bem como a idade em que os sintomas apareceram. Essa entrevista é frequentemente complementada por questionários de entrada respondidos por pais e professores. As informações dos questionários de entrada são revisadas e, então, usadas para orientar o profissional a prosseguir com perguntas minuciosas, baseadas nas informações dadas pelos pais e pelos professores da criança.

*Testes diagnósticos específicos para o autismo* – Existem vários testes de triagem e testes diagnósticos. Os pais e os professores precisam saber qual é a diferença entre testes de *triagem* e testes *diagnósticos*. Os testes de triagem indicam se uma criança tem probabilidade de ter autismo quando submetida a uma avaliação diagnóstica mais minuciosa. O teste de triagem indica que a criança pode ter um TEA, não que ela indiscutivelmente tem um TEA.

### Testes de triagem

O teste Escala para Rastreamento de Autismo em Crianças com até três anos (Checklist for Autism in Toddlers – Chat; Baron-Cohen, Allen e Gillberg 1992) indica se é provável uma criança receber diagnóstico de autismo após uma avaliação mais profunda. A Escala de Avaliação para Autismo Infantil (Childhood Autism Rating Scale – Cars; Scholper, Reichler e Renner 1988) é usada para ajudar clínicos e educadores a reconhecer e a classificar as crianças com autismo. Embora tenha correlação com outras escalas diagnósticas, muitos profissionais a consideram um instrumento de triagem e não de diagnóstico. O programa nacional de triagem de autismo FirstSigns emprega vários instrumentos, mas recomenda que o teste *on-line* Escala para Rastreamento de Autismo em Crianças com até três anos-Modificada (Checklist for Autism in Toddlers – M-Chat; Robins *et al.* 2001) seja realizado primeiro, seguido do Peds *on-line* (FirstSigns, s.d.). A M-Chat é uma versão norte-americana modificada da Chat do Reino Unido. A Avaliação dos Pais sobre o Estado de Desenvolvimento (Parent's Evaluation of Developmental Status – Peds; Glascoe 1997) *on-line* é um teste de triagem de desenvolvimento mais abrangente. O Questionário de Comunicação Social (Social Communication Questionnaire – SCQ; Rutter *et al.* 2003) é um instrumento de triagem desenvolvido para avaliar habilidades de comunicação e funcionamento social em crianças que possam ter autismo ou TEA. As perguntas do SCQ foram desenvolvidas para identificar os TEAs com precisão e para diferenciá-los de outros transtornos do desenvolvimento. O SCQ propicia a mensuração dos sintomas de TEA com uma pontuação de corte que pode ser usada para indicar a probabilidade de que o indivíduo tenha um TEA. O SCQ talvez seja menos útil como instrumento de triagem para crianças pequenas e para famílias que estejam menos habituadas aos TEAs.

### Testes diagnósticos

A Escala de Avaliação de Autismo de Gilliam-2 (Gilliam Autism Rating Scale-2 – Gars-2; Gilliam 2006) é usada para diagnosticar autismo em indivíduos entre 3 e 22 anos. Os pais ou os cuidadores desses indivíduos respondem a 42 questões que descrevem os comportamentos característicos de pessoas com autismo. As questões são divididas em comportamentos estereotipados, comunicação e interação social. Esse teste também calcula a gravidade da deficiência do indivíduo. As questões do Gars-2 são baseadas nos critérios diagnósticos da Associação Americana de Psiquiatria.

O Protocolo de Observação para Diagnóstico de Autismo (Autism Diagnostic Observation Schedule – Ados; Lord *et al.* 2000) é considerado "padrão de referência" entre os testes para diagnóstico de autismo. Consiste numa avaliação da observação padronizada de comportamentos relacionados com o autismo ou os TEAs. Versões anteriores do Ados e do Protocolo de Observação para Diagnóstico de Autismo na Fase Pré-linguística (Pre-Linguistic Autism Diagnostic Observation Schedule-PL – Ados; DiLavore, Lord e Rutter 1995) foram combinadas nesse teste único. O Ados é uma avaliação padronizada e semiestruturada para comunicação, interação social e brincadeira ou uso criativo de materiais para indivíduos que tenham sido encaminhados para teste em razão de possível autismo ou TEA. O examinador e a criança se sentam à mesa numa sala de testes e uma série de atividades lúdicas é usada para extrair respostas da criança, atribuindo pontos a essas atividades. O Ados pode ser usado para avaliar indivíduos de diferentes idades e níveis de desenvolvimento, de crianças entre um e dois anos a adultos, de indivíduos sem fala aos verbalmente fluentes. Dependendo do grau de cooperação da criança, o teste pode ser realizado em 30-60 minutos e tem pontuação de corte para autismo e para o diagnóstico mais abrangente de TGDs.

Pelo fato de o Ados não incluir a mensuração do comportamento repetitivo não funcional, outros testes podem ser usados, como a Escala de Comportamento Repetitivo-Revisada (Repetitive Behavior Scale-Revised; Bodfish, Symons e Lewis 1999; Bodfish *et al.* 2000). Ela inclui cinco medidas de sintomas de autismo: comportamento ritualístico/repetitivo, comportamento estereotipado, comportamento autolesivo (CAL), comportamento compulsivo e interesses restritos. Embora não seja tão amplamente empregada quanto os outros testes, pode fornecer informações úteis a respeito do tipo e da gravidade do comportamento repetitivo.

A Entrevista Diagnóstica para Autismo-Revisada (Autism Diagnostic Interview-Revised, ADI-R; Rutter, LeCouteur e Lord 2002) é uma entrevista diagnóstica para avaliar comportamentos relacionados ao autismo ou aos TEAs. Baseada nos critérios da Associação Americana de Psiquiatria para autismo e TGDs, a ADI-R contém questões sobre o desenvolvimento inicial da criança, seu nível de comunicação, interação social e seus padrões de comportamento. A

ADI-R produz pontuação relativa aos comportamentos atuais e históricos e tem pontuação de corte que indica a presença ou a ausência de autismo. A classificação de autismo é dada quando a pontuação nos três campos da comunicação, da interação social e dos padrões de comportamento atinge ou ultrapassa esse ponto de corte especificado e o início do transtorno é evidente aos três anos. A ADI-R normalmente tem duração entre 90 minutos e três horas e é aplicada por um clínico experiente ao principal cuidador do indivíduo com autismo. As habilidades e a experiência clínica do entrevistador com a ADI-R são cruciais na aplicação. Porque é necessário um treinamento longo para aplicar corretamente a ADI-R e porque a avaliação demora bastante, essa entrevista raramente é utilizada nos diagnósticos clínicos rotineiros.

## *Aspectos diagnósticos dos transtornos do espectro autista*

Os aspectos que se seguem, em cada categoria diagnóstica, devem se apresentar relativamente constantes numa determinada criança, em todos os relacionamentos, com pessoas diferentes e em situações diversas, ter estabilidade ao longo do tempo e ter surgido antes dos três anos. Se esses aspectos se apresentam no relacionamento com algumas pessoas (por exemplo, professores), mas não com outras (por exemplo, pais), em algumas situações (por exemplo, na escola), mas não em outras (por exemplo, em casa); se aparecem durante uma semana ou duas e cessam, eles não preenchem os critérios diagnósticos especificados. A gravidade dos comportamentos autistas específicos aumenta e diminui, mas eles raramente desaparecem por completo. Com frequência, um comportamento ritualístico substitui outro, mas a tendência de apresentar *algum tipo* de comportamento ritualístico é relativamente constante no tempo. Trabalhei com um menino muito inteligente de 11 anos, que tinha autismo de alto nível funcional e que, durante algum tempo, ficou preocupado com o clima. Esse menino perguntava aos pais repetidamente, ao longo do dia, sobre a previsão do tempo, se ia chover ou nevar ou se haveria um tornado. Ele insistia em assistir ao canal de previsão do tempo na televisão e a toda hora olhava o termômetro da varanda. No entanto, esse interesse abruptamente mudou para o tema de um *videogame* que ele jogava e que tratava de roubo a banco. O menino começou a perguntar ao pai se poderia roubar um banco. O pai respondeu que não, porque era ilegal e a polícia o prenderia. Em seguida, o menino perguntou se poderia *fingir* que estava roubando o banco, e o pai disse que isso também era ilegal e que causaria problemas para ele. Depois, o menino insistiu que o pai passasse de carro por um banco próximo, a caminho da escola, pela manhã, momento em que perguntou ao pai se poderia jogar uma pedra no vidro da frente do banco. Esse tipo de alternância entre as preocupações (por exemplo, clima *versus* roubo a banco) é muito comum nos indivíduos com TEA de alto nível funcional, mas as preocupações obstinadas persistem ao longo do tempo, embora o foco específico possa mudar.

## Transtorno autista

As crianças que recebem diagnóstico de transtorno autista devem apresentar *deficits* ou anormalidades nas interações sociais e na comunicação, comportamento repetitivo e rotinas rígidas. Elas devem ter ao menos um problema de comunicação e comportamento repetitivo e dois problemas no campo do comportamento social.

*Disfunções sociais* – As crianças com autismo geralmente têm pouca habilidade de comunicação por meio de contato visual, expressões faciais, gestos (por exemplo, apontar) ou postura corporal. Por exemplo, é improvável que uma criança com autismo note que uma pessoa está entediada com base nas expressões faciais dela ou que alguém está se levantando para sair de uma sala. A maioria das crianças com transtorno autista não estabelece relações significativas com seus pares ou mantém relacionamentos inadequados para sua idade. Elas não parecem dispostas a compartilhar seus interesses com os outros e não reconhecem as conquistas dos outros. Talvez o mais impressionante seja sua falta de empatia e reciprocidade social. Elas raramente compreendem que cada um tem sua vez e, espontaneamente, não ocorre a elas ajudar os outros.

*Deficiências de comunicação* – As crianças com TEA geralmente não têm linguagem oral, ou apresentam uma fala de utilidade mínima. Alguns indivíduos com alto nível de funcionamento falam, mas essa fala carece de entonação e raramente é usada para comunicação. Eles são, em geral, incapazes de usar gestos para indicar necessidades ou desejos. Não surpreende que sejam incapazes de iniciar ou sustentar uma conversa. As crianças com TEA que falam geralmente apresentam uma fala não funcional, como a repetição de frases de anúncios de televisão, chamada de *ecolalia*. Por fim, raramente brincam de faz de conta com os colegas ou irmãos e não fazem brincadeiras imaginativas espontâneas. Ao receber uma fazenda de brinquedo para se entreter, com celeiro, trator, fazendeiro e vacas, a criança talvez se fixe em abrir e fechar a porta do celeiro repetidamente e ignore os outros objetos da fazenda.

*Interesses e comportamento restritos e repetitivos* – Praticamente todas as crianças com transtorno autista têm interesses ou atividades muito específicos. Elas geralmente se interessam por temas como dinossauros e geografia. As crianças com nível de funcionamento mais baixo costumam colecionar pedaços de barbante ou outros objetos não funcionais. Geralmente ficam irritadas quando se tenta desviar o tema da conversa para longe de sua preocupação. Apresentam rituais rígidos e rotinas que não são funcionalmente úteis ou necessárias. Se essas rotinas são interrompidas, geralmente as crianças têm acessos de raiva. A maioria das crianças com TEA tem comportamentos repetitivos (ver Figura 1 para o exemplo de um menino fascinado por objetos brilhantes que sopra bolhas de sabão repetidamente). Esse comportamento é muito mais intenso do que numa criança pequena típica (por exemplo, balançar-se na cama) e os episódios duram muito mais. Finalmente, ao brincar com brinquedos ou objetos, elas geralmente focam uma parte específica do objeto e ignoram o uso esperado para ele (por exemplo, girar as rodas de um carro de brinquedo em vez de fazê-lo rodar pelo chão).

Figura 1. Menino de quatro anos fascinado por objetos brilhantes, incluindo a superfície reluzente das bolhas de sabão que ele está soprando.

## Síndrome de Asperger

As crianças com síndrome de Asperger têm a maior parte das características do transtorno autista, mas a linguagem aparece mais ou menos na mesma idade das crianças em geral e sua disfunção social é geralmente menos grave. Elas frequentemente desenvolvem habilidades de autoajuda apropriadas à idade, comportamento adaptativo (em vez de interação social) e curiosidade em relação ao meio ambiente. Todavia, têm limitações significativas e persistentes no comportamento social e interesses restritos e repetitivos.

*Disfunções sociais* – Assim como as crianças com transtorno autista, as que têm síndrome de Asperger raramente fazem contato visual, não usam expressões faciais, não usam nem entendem posturas corporais e não gesticulam com objetivos sociais. Frequentemente preferem a companhia de adultos e não desenvolvem com os pares relacionamentos apropriados a seu nível de desenvolvimento. Elas parecem não se interessar pelas conquistas dos outros nem em compartilhar seus próprios interesses com os pais, os professores ou os colegas. Não têm empatia nem entendem a reciprocidade social, como esperar a vez, por exemplo. Se um colega está irritado e chorando, pode ser que elas simplesmente se afastem ou digam à criança que pare de chorar.

*Interesses restritos e comportamento repetitivo* – Com frequência, as crianças com síndrome de Asperger estão preocupadas com interesses extremamente restritos, que parecem anormais na intensidade, ou que têm foco muito limitado. Geralmente, têm habilidades verbais muito boas, mas repetidamente enfocam seus comentários em assuntos específicos, como um programa de televisão favorito, determinados animais silvestres ou formações geográficas como montanhas ou rios. As tentativas para mudar de assunto na conversa as irritam e podem provocar acessos de raiva. Seguem rigidamente rotinas ou rituais não funcionais específicos. Podem insistir que as meias sejam arrumadas numa determinada ordem na gaveta, segundo a cor, ou podem fazer questão de comer os alimentos numa ordem específica na hora das refeições. Algumas apresentam maneirismos motores estereotipados ou repetitivos, como agitar os braços ou rodopiar quando estão excitadas ou irritadas. É comum nas crianças com síndrome de Asperger de nível funcional mais alto destruir ou desmontar objetos para ver as partes que os compõem. Elas não têm a intenção de ser destrutivas; simplesmente têm curiosidade para ver o que há dentro de um objeto. São capazes de quebrar um brinquedo ou eletrodoméstico para descobrir o funcionamento interno.

Embora as crianças com síndrome de Asperger sejam geralmente muito verbais, sua linguagem pode ser expressa de maneira incomum. Conheci um menino de oito anos que insistiu em saber a marca, o modelo e o ano do carro que eu tinha. Depois, quis saber nome e idade dos meus filhos em ordem cronológica. Um mês depois, quando o vi novamente, ele começou a conversa comigo sem me cumprimentar nem fazer qualquer preâmbulo: "Como está o seu Audi? É um A6 quatro por quatro. Como estão Rebecca... Jennifer... Andrea... Peter?". Ele se lembrava da idade dos meus filhos e, nessa ocasião, perguntou o que cada um fazia (isto é, frequentava escola, trabalhava como músico e assim por diante). Depois que respondi a essas perguntas, ele pensou um pouco, virou-se e afastou-se de repente, sem qualquer comentário. Depois de obter as informações que queria, não tinha outro interesse na minha companhia.

Um professor da educação básica que tenha um aluno com síndrome de Asperger em classe talvez ache esse aluno muito intrigante. Ele parece ter habilidades verbais excepcionais e ilhas surpreendentes de conhecimento em algumas áreas. Durante uma aula sobre dinossauros, uma criança com síndrome de Asperger talvez consiga responder às perguntas de um professor de terceiro ano da seguinte maneira: "O triceratope foi um herbívoro que viveu durante o período Cretáceo". O professor dessa criança e os outros alunos provavelmente olharão incrédulos para ela, imaginando como ela sabe isso. Ao responder à pergunta seguinte, talvez a criança com síndrome de Asperger diga: "O triceratope tinha três chifres na cabeça". O incrível conhecimento da criança sobre dinossauros é mais bem compreendido no contexto, quando o professor faz uma pergunta do tipo: "O triceratope era um réptil?". Depois de um tempo, a criança talvez responda: "O tiranossauro foi um carnívoro que viveu no fim do período Cretáceo". Para investigar um pouco mais, o professor poderia perguntar qual era maior, o triceratope ou o tiranossauro. Depois de alguns instantes, a criança com síndrome de Asperger provavelmente responde com algo como: "O tiranossauro tinha espinhos nas costas". Quando as crianças com síndrome de Asperger não compreendem ou não são capazes de responder a uma pergunta, elas frequentemente respondem a outra pergunta, que *são* capazes de responder, em vez de admitir que não sabem ou que não têm certeza. Às vezes, simplesmente mudam totalmente de assunto. Consequentemente, as conversas com crianças com síndrome de Asperger em geral são estranhamente desarticuladas e carentes de transições significativas de uma ideia para a outra. É muito fácil se iludir com a profundidade do conhecimento e a compreensão pragmática de uma criança com síndrome de Asperger com base unicamente em seu vocabulário a respeito de um tópico específico.

### Transtorno global do desenvolvimento sem outra especificação

As crianças com TGD-SOE não preenchem totalmente os critérios que os clínicos usam para diagnosticar qualquer um dos tipos de TEA mencionados anteriormente e/ou não têm o *grau* de deficiência descrito em um dos tipos de TEA citados. Para que uma criança receba o diagnóstico de TGD-SOE, ela não precisa apresentar interesses fixos e repetitivos nem padrões de comportamento estereotipado. Os não especialistas geralmente supõem que o TGD-SOE se refira a autismo de alto nível funcional com poucas características limitantes graves, mas em geral isso é incorreto. Uma pessoa com TGD-SOE talvez apresente disfunções sociais e de linguagem semelhantes, mas um pouco menos graves do que os indivíduos com diagnóstico de transtorno autista. Suas habilidades verbais em geral não são tão desenvolvidas quanto as das crianças com síndrome de Asperger.

## *Identificação escolar e diagnóstico médico*

O objetivo das avaliações escolares de crianças encaminhadas para serviços relacionados ao autismo é determinar se esses serviços educacionais são adequados para uma determinada criança. As avaliações dos distritos escolares variam muito em cada região, estado e nos distritos propriamente ditos. Alguns distritos usam o Ados, com testes de linguagem e outros, e geralmente fazem um ótimo trabalho de avaliação das crianças para encaminhá-las aos serviços apropriados. Outros distritos usam listas de verificação e testes de triagem respondidos por professores e pais, sem objetivo diagnóstico. Embora o processo de avaliação possa parecer semelhante ao do diagnóstico médico, dependendo de como exatamente ele é realizado, os resultados produzidos são diferentes. Uma das principais diferenças é o objetivo da avaliação. O propósito do diagnóstico médico de um TEA é determinar se a criança se enquadra nos critérios diagnósticos de TEA e, igualmente importante, se pode haver qualquer outra razão para que ela apresente sintomas semelhantes aos observados no autismo. Como em qualquer outro processo de diagnóstico médico, tão importante quanto a exclusão de um diagnóstico é sua inclusão. Existiriam outras razões para os sinais e os sintomas presentes na criança que não o suposto diagnóstico de autismo? A identificação na escola determina se a criança apresenta sintomas de autismo em número e intensidade suficientes para se beneficiar da inclusão num programa educacional apropriado para autistas.

## As razões para o diagnóstico incorreto

Existem várias razões para que uma criança apresente alguns sintomas de autismo, mas não tenha autismo. Acreditar no que se vê e interpretar com exatidão o que se vê não são a mesma coisa.

*Observações com conclusões errôneas* – Acreditar que testemunhamos um fato nem sempre torna esse fato verdadeiro. Quando adolescente, eu era fascinado por astronomia, lia livros e revistas sobre o sistema solar, a Via Láctea etc. Adorava ficção científica, devorava H.G. Wells e Ray Bradbury, estudava com atenção manuais de instrução para construir telescópios e tirar fotografias de objetos estelares. Aos 13 anos, construí um telescópio refletor de seis polegadas, típico de muitos astrônomos amadores. Sozinho, de pé na escuridão quase total que ainda reinava à noite no início dos anos 1950, espiando pelo meu telescópio, eu rotineiramente vivenciava o que, para mim, pareciam milagres. As crateras da Lua eram impressionantes e os anéis de Saturno, um segredo de beleza espantosa entre mim e esse planeta remoto. Marte tinha a coloração alaranjada descrita por Lowell, e, em noites excepcionalmente limpas, eu conseguia distinguir nele as massas de terra mais escuras e as calotas polares mais claras. Para mim, era como se estivesse testemunhando coisas admiráveis que poucas pessoas tinham o privilégio de vivenciar.

No fim de outubro daquele ano, coloquei o tripé do telescópio entre os sulcos da plantação de um fazendeiro vizinho e espiei na direção do horizonte sul com meus olhos acostumados ao escuro. Uma estrela brilhante na constelação de Aquário se comportava de modo estranho. Às vezes, estava muito brilhante, mas depois obscurecia e, às vezes, desaparecia completamente. Apontei o telescópio para aquela estrela. Telescópios pequenos como o meu não aumentam o diâmetro das estrelas, mas elas parecem mais brilhantes; portanto, o aumento e a diminuição do brilho ficam mais acentuados. Eu tinha lido sobre as novas e sobre estrelas duplas que se moviam em círculos rapidamente, mas nenhuma delas me parecia possível. A escala de tempo estava totalmente errada. Não, eu devia estar vendo um avião, pensei. Fiquei de pé e observei por vários minutos a olho nu, mas o objeto não se movia como um avião. Estava fixo e continuava a piscar.

Ao olhar pela ocular do telescópio, senti o coração bater mais depressa, dominado pela emoção. Talvez *realmente fosse* a fase inicial de uma nova prestes a explodir. Eu me sentia como se estivesse prestes a testemunhar um evento astronômico notável. Quando olhei mais detidamente pelo telescópio, notei algo estranho. Era quase como se alguma coisa obscurecesse a estrela periodicamente. O que poderia ser aquilo? O céu estava límpido naquela noite, como acontece no fim do outono em Minnesota. Fiquei de pé, imóvel, e estudei a estrela novamente a olho nu. Ela estava apenas entre cinco e dez graus acima do horizonte. Senti um aperto no peito. Comecei a andar na direção da estrela cintilante e, depois, a correr, tropeçando nos sulcos do campo durante o trajeto. Acabei caindo e machucando as mãos e os joelhos na terra gelada, mas eu me levantei e continuei a corrida. Depois de uns 400 metros pelo campo, cheguei perto de uma estrada vicinal, ao longo da qual havia uma série de postes telefônicos com fios pendentes entre eles. Conforme cheguei mais perto daquela estrada pouco trafegada, os fios ficaram visíveis, balançando lentamente no escuro. Senti as bochechas queimando de vergonha no ar frio de outubro. Eu me senti um idiota por ter me enganado daquela maneira. Minha nova era um fio balançando com a brisa, que periodicamente obscurecia a estrela que brilhava impassível, agora que o fio já não estava entre ela e meus olhos. Eu queria tanto acreditar que estava testemunhando um evento estelar importante que, na verdade, tinha interpretado mal o que vira. O fenômeno que testemunhei era real, mas a causa era outra, diferente do que eu acreditara que fosse.

No campo do autismo, a interpretação errônea do que se vê é um fenômeno muito comum. Professores, terapeutas e pais veem alguns sinais de sintomas que acreditam indicar que uma criança tem autismo, mas que geralmente têm outra causa.

Deficits *na comunicação* – A criança pode ter apraxia motora da fala, condição física que dificulta a formação dos sons. Crianças assim apresentam atraso na fala muito além da idade em que outras crianças estão produzindo palavras e frases. Em razão dessa dificuldade, geralmente parece que elas ignoram o que os pais ou os professores dizem, porque não conseguem responder de modo inteligível. A criança pode ter outra deficiência linguística específica que limite sua habilidade para distinguir os sons da fala e também atrase o uso da linguagem oral. Crianças com mutismo seletivo raramente falam na escola, quando falam. Esse é um padrão de comportamento adquirido que confunde muito os profissionais da educação, que talvez suspeitem que a criança não seja capaz de falar. Se for feita uma visita domiciliar, esses profissionais poderão se surpreender ao descobrir que a criança fala livremente com os irmãos quando está em casa. As crianças adotadas vindas de outros países, e que viveram em orfanatos onde recebiam muito pouca atenção dos adultos, geralmente são extremamente atrasadas no uso da linguagem e também nas habilidades sociais. Com frequência, também apresentam o balanço estereotipado do corpo e outros comportamentos parecidos com autismo. As crianças que vivem em casas onde a única outra criança é surda ou tem autismo e é não verbal geralmente também apresentam problemas significativos na fala e nas habilidades sociais. Se qualquer uma dessas dificuldades de fala estiver combinada com as dificuldades mencionadas a seguir, é bem possível que uma criança apresente alguns sinais sugestivos de TEA, mas não tenha esse transtorno. Uma criança com problemas de ansiedade e nível intelectual limítrofe pode dar a impressão de ter autismo se também tiver uma deficiência de fala importante.

Deficits *nas habilidades sociais* – A criança com pais ou irmãos com diagnóstico de fobia social, transtorno obsessivo-compulsivo (TOC) ou outros problemas graves de ansiedade apresenta risco aumentado para os mesmos problemas. Essa criança talvez pareça tímida, em virtude da fobia social, ou seja, insistente para que as coisas sejam feitas a seu modo, como consequência do TOC. Ela geralmente tem poucos amigos, quando os tem, porque os colegas talvez se incomodem com sua rigidez. Se um filho único cresce numa família com pais reclusos, que raramente recebem amigos adultos com filhos para uma refeição ou para se divertirem juntos, essa criança terá poucas oportunidades para aprender as habilidades sociais básicas que as outras crianças aprendem rotineiramente de modo informal. Isso pode acontecer em algumas famílias de imigrantes que não estejam bem integradas numa comunidade majoritariamente norte-americana. Os filhos de pais superprotetores, que não permitem que o filho brinque do lado de fora com outras crianças nem convide outras crianças para brincar em sua casa, não têm oportunidade de vivenciar as habilidades sociais entre as crianças e em geral parecem socialmente inseguros. Uma criança com vida doméstica caótica (por exemplo, que mora com apenas um dos pais, o qual trabalha em horários imprevisíveis ou tem muitos parceiros) pode parecer retraída e desconfiada dos adultos. Isso é especialmente verdadeiro no caso da criança que sofreu violência.

No geral, essa criança vai evitar contato visual com adultos, como acontece nas aproximações sociais de professores e auxiliares de classe. A criança talvez não responda quando falarem com ela e pode parecer retraída e medrosa. A criança que mora com pai ou mãe seriamente doente (por exemplo, com Aids ou com câncer terminal) e com o outro progenitor deprimido pela perda iminente do parceiro talvez interaja pouco com os dois. Os pais dessa criança talvez tenham pouco tempo ou energia emocional para dedicar ao filho. Consequentemente, a criança com frequência parecerá deprimida, indiferente e introvertida.

*Rotinas rígidas e repetitivas* – As crianças cujos pais sofram de TOC correm o risco de ter TOC, frequentemente apresentando rotinas rígidas e repetitivas e explosões emocionais quando essas rotinas são perturbadas. Pode ser que os professores descrevam essas crianças como aquelas "que têm um jeito próprio delas", o que pode ser sinal de TOC e não de autismo. Crianças extremamente ansiosas geralmente se balançam no assento, parecem distraídas, têm dificuldade de concentração e podem parecer arredias às outras crianças. Podem ser resistentes a experiências novas, porque têm medo de errar. É normal que crianças pré-escolares de desenvolvimento normal alinhem carrinhos ou outros brinquedos como meio de criar uma estrutura; no entanto, se essas mesmas crianças apresentarem qualquer um dos sinais anteriores *além* dos rituais de organização infantil típicos, os professores podem começar a suspeitar que estejam diante de sinais de autismo. As crianças com TDAH são particularmente propensas a dar essa impressão de distração e a apresentar explosões de raiva quando são cobradas. Elas seguem mal as orientações do professor, recusam-se a ficar sentadas e podem parecer agitadas. Também nesse caso, a combinação do TDAH com qualquer uma das situações ou circunstâncias anteriores pode dar a impressão de que a criança talvez tenha TEA.

## Autismo situacional?

Uma entrevista diagnóstica ou a avaliação pelo Ados pode sugerir que a criança tem uma forma menos grave de TEA, tal como síndrome de Asperger ou TGD-SOE. Quando circunstâncias como as descritas anteriormente são exploradas em profundidade, no entanto, pode ficar evidente que a razão para a presença desses sintomas não esteja relacionada com o autismo. A criança talvez evite socialmente alguns adultos, mas interaja livremente com outros. Sua fala pode ser atrasada, mas ela entende claramente o uso dos gestos para satisfazer suas necessidades e, ocasionalmente, usa a vocalização de modo comunicativo. A criança consegue sorrir e fazer contato visual com os irmãos e os pais, mas não com pessoas de fora da família. Pode parecer emocionalmente introvertida e fazer poucos jogos imaginários na escola, mas ser muito expressiva e se engajar voluntariamente em brincadeiras de faz de conta com os irmãos em casa. Por definição, os TEAs são deficiências globais do desenvolvimento, o que significa que os sintomas fundamentais aparecem em quase todos os aspectos da vida, em pessoas e ambientes diferentes. *Não existe autismo situacional.*

## Clínica especializada *versus* diagnóstico rotineiro de autismo na comunidade

Algumas clínicas universitárias especializadas em autismo relatam que quase a metade de todas as crianças atendidas por elas é encaminhada por alguém que acredita que essas crianças têm TEA; no entanto, depois de uma avaliação diagnóstica diferencial completa, fica determinado que elas não têm TEA.[1] A avaliação da criança pode revelar que ela se aproxima da pontuação de corte no Ados, mas frequentemente tem outro problema de desenvolvimento, como os descritos previamente, que explicam melhor seus sintomas. Em geral, os pais e os professores ficam inicialmente consternados, porque estão convencidos de que os sintomas que observam indicam que a criança tem autismo e, com frequência, não compreendem as várias outras razões pelas quais a criança pode apresentar sintomas semelhantes aos dos TEAs.

A mãe de um menino de quatro anos que recebera do médico o diagnóstico de autismo numa cidade pequena de uma área rural levou o filho a uma clínica especializada para uma avaliação diagnóstica de autismo. Com base na avaliação inicial do médico, a família desse menino recebia dinheiro para pagar os serviços de um acompanhante pessoal durante 15 horas semanais, e a criança estava recebendo serviços educacionais especiais na pré-escola pública, incluída na categoria de autismo. O menino era muito sociável e extrovertido, fazia contato visual imediato, realizava jogos imaginários, virava-se para a avaliadora quando ela falava com ele, usava gestos para se comunicar, era capaz de ceder a vez e fez à avaliadora várias perguntas sobre a família dela. No entanto, era excepcionalmente ativo, engatinhava sob e sobre a mesa, contorcia-se na cadeira, golpeava os

1. Lord, Volkmar, Szatmari, Reiff e Rumsey, comunicação pessoal de 2007.

brinquedos de maneira destrutiva, recusava-se a ficar sentado quando lhe pediam e gritava "não" de maneira desafiadora quando lhe solicitavam que pegasse o brinquedo que jogara no chão. Depois de uma avaliação completa, que incluiu a revisão de uma lista de verificação de deficiências emocionais e comportamentais para pais, ficou evidente que o menino tinha TDAH e transtorno desafiador de oposição, além de uma deficiência importante na fala, mas não autismo. Quando esse diagnóstico foi discutido com a mãe, ela ficou com muita raiva e disse que o menino não se qualificaria para os serviços de acompanhante pessoal sem um diagnóstico de autismo. Ela questionou a exatidão de nosso diagnóstico e disse que levaria o filho a outro médico, "que saiba o que está fazendo". A criança realmente necessitava de serviços de intervenção, mas não das 30 horas semanais de terapia comportamental precoce intensiva indicadas para crianças com autismo. O menino era obviamente muito desafiador e, sem dúvida, uma frustração para os pais. Ele tiraria mais proveito de sessões de fonoaudiologia e de uma medicação para TDAH, e a família precisava de assistência para aprender estratégias para lidar com uma criança com transtorno desafiador de oposição.

A reação mais comum dos pais cujo filho recebe diagnóstico de TEA em clínica especializada, depois de um pediatra ter afirmado que a criança "estava na fase terrível dos dois anos", é a de alívio, por finalmente saberem por que o filho se comporta de modo tão estranho. Embora invariavelmente fiquem tristes ao ouvir o diagnóstico, os pais também ficam gratos por alguém ter dedicado tempo para avaliar em profundidade a criança e fazer recomendações minuciosas sobre as intervenções mais adequadas. A obtenção de um diagnóstico preciso é uma etapa crucial para compreender seu filho e lançar as bases de planos de curto e longo prazos para a educação e o tratamento dele.

## Resumo

Os pais geralmente relatam que, às vezes, um filho com TEA é como um pequeno estranho na família. De muitas maneiras, a criança se parece com os irmãos, mas, de outras, é tão diferente. É muito difícil ver o mundo através de seus olhos, sentir o que ela sente, compreender seu ponto de vista. Aprender a entender o mundo dessa criança exige tempo, paciência e compreensão, assunto do restante deste livro.

O mais provável é que os TEAs tenham sempre sido mais comuns do que mostram os estudos mais antigos de prevalência. Embora os casos diagnosticados ou identificados de TEA tenham aumentado dramaticamente desde o início dos anos 1990, essa tendência parece se dever majoritariamente a uma maior consciência do problema, a uma maior identificação de casos e à disponibilidade de serviços. Não existe prova convincente de uma crescente "epidemia de autismo".

Clínicos experientes e adequadamente treinados conseguem diagnosticar de maneira muito específica e segura os TEAs em crianças a partir dos dois anos. Além disso, conseguem distinguir entre os subtipos de TEA: transtorno autista, síndrome de Asperger e TGD-SOE. Embora menor na distinção entre o autismo de alto nível funcional e o TGD-SOE do que nas outras categorias diagnósticas, a concordância entre os especialistas em diagnóstico é elevada. Diagnósticos válidos de TEA, acompanhados de avaliações intelectuais, comunicacionais, psicopatológicas e psicopedagógicas, são etapas fundamentais no desenvolvimento de um plano de intervenção geral para uma criança com TEA.

A identificação e o diagnóstico incorretos dos TEAs são comuns. Esse problema ocorre, em parte, porque muitos clínicos e educadores não estão adequadamente treinados para fazer o diagnóstico diferencial dos TEAs. As faculdades de medicina e as universidades precisam oferecer um treinamento melhor para que os clínicos da comunidade e os funcionários das escolas diagnostiquem, identifiquem, tratem e eduquem as crianças com TEA de maneira específica. Além disso, existe comprovação cada vez maior do papel dos fatores administrativos nos erros de diagnóstico. Parece que algumas crianças são mal diagnosticadas ou mal identificadas como crianças com TEA a fim de que se candidatem a serviços especializados ou obtenham fundos para outros serviços. O diagnóstico incorreto das crianças as impede de receber o serviço de que realmente precisam, que pode não ser a terapia intensiva para autismo nem os programas escolares especiais para crianças com TEA. Pelo fato de as vagas dos programas comunitários de tratamento para crianças com TEA em geral serem limitadas, cada criança com diagnóstico incorreto de TEA reduz o acesso de outras crianças aos serviços de que necessitam.

## *ELLIOTT: HISTÓRIA DE MÃE*

*Kammy Norman Kramer*

*Elliott foi nosso primeiro filho; um bebê feliz, de olhos luminosos. Fiquei em casa com ele durante três meses e, depois, voltei a trabalhar. Várias colegas de trabalho também tiveram filhos na mesma época e todos os dias, na hora do almoço, compartilhávamos histórias sobre o que os nossos pequenos estavam fazendo. Todas tinham histórias divertidas sobre bebês que começavam a usar as palavras, e, como Elliott estava perto de completar um ano e ainda não falava nada, me lembro de ter uma sensação um pouco incômoda na boca do estômago. Elliott tinha entrado na creche aos três meses, sofrera infecções de ouvido recorrentes e havia tomado todos os antibióticos imagináveis. No fim, aos sete meses, haviam colocado tubos de drenagem nos ouvidos dele. Quando disse pela primeira vez à pediatra que eu estava preocupada porque ele não falava, ela respondeu que provavelmente ele estava atrasado porque não ouvia os sons, em razão das infecções. De certo modo, já esperávamos esse atraso e continuamos aguardando ansiosos as primeiras palavras de Elliott.*

*Elas não vieram. Elliott estava com um ano e meio e eu sabia que alguma coisa não estava bem. Era só uma sensação que eu tinha e, por mais que tentasse me tranquilizar, aquela sensação me incomodava. Meu filho não parecia nem um pouco interessado nas outras crianças dos grupos de brincadeira. Consultei nossa pediatra, que já estava ficando irritada com minhas visitas constantes e perguntas sobre desenvolvimento da linguagem. Outros pais tentavam me acalmar, dizendo que os meninos geralmente se desenvolvem mais tarde e que não devia me estressar.*

*Acabei ligando para o distrito escolar, que enviou uma especialista em fonoaudiologia a nossa casa para avaliar Elliott. Um dia, quase no fim da visita, pude ver que alguma coisa parecia incomodá-la. Ela me perguntou se Elliott já tinha fingido que um brinquedo era um telefone (não) e se ele apontava (sim). Então, ela falou devagar, escolhendo as palavras com cuidado, e disse que nós talvez estivéssemos diante de algo mais do que um atraso na fala – alguma coisa chamada transtorno global do desenvolvimento, TGD. Eu nunca tinha ouvido essas palavras antes e pedi uma explicação; nesse ponto, ela disse a palavra autismo.*

*Achei que ela estivesse louca. Embora ela tivesse me advertido para não fazer isso, passei a noite inteira na internet, procurando todas as referências ao TGD que pudesse encontrar. Era assustador e deprimente, e cada* site *tinha várias listas de que tipo de coisas observar; Elliott tinha apenas alguns dos "sinais". Resignei-me com a ideia de que a fonoaudióloga tinha se enganado e me vi defendendo alguns dos comportamentos "estranhos" de Elliott para ela e, em última instância, para mim mesma.*

*Foi quando começou a agressividade e nosso mundo mudou da noite para o dia. Elliott tinha um ano e nove meses quando o irmão mais novo, Henry, nasceu. Um dia, no* playground *de uma lanchonete, Elliott viu uma menininha bater na mãe e, cerca de cinco minutos depois, bateu em mim. Nunca vou me esquecer daquele momento porque foi o início de um período muito triste para nossa família. Ele começou a nos bater, morder, chutar e empurrar constantemente. Em seguida, passou a atacar Henry, que era bebê. Elliott chegou por trás do carrinho e arranhou a cabeça de Henry com as unhas até sangrar, perseguiu o bebê com uma faca que conseguiu pegar quebrando a proteção da nossa lavadora de louças e o empurrou escada abaixo, depois de abrir a grade de proteção, quando eu estava no banheiro. Comecei a perder o controle. Tom, meu marido, estava com problemas no trabalho, porque eu ligava todos os dias, aos prantos, pedindo que ele viesse para casa e me ajudasse, porque eu tinha medo de que Elliott matasse Henry.*

*Além disso, não podíamos sair de casa, porque Elliott tinha começado a atacar as pessoas na rua. Um dia, num* playground*, ele começou a correr e empurrou uma senhora de idade antes que Tom conseguisse alcançá-lo. Muitos pais nos olhavam atravessado (querendo dizer: "seu filho está fora de controle e vocês não são bons pais") ou gritavam conosco, porque Elliott tinha machucado o filho deles. Nosso casamento estava se desmanchando, eu estava a ponto de ter um colapso nervoso, não tínhamos amigos e o apoio da família era limitado.*

*Chegou um dia em que Elliott parecia doente e não consegui marcar hora na clínica de costume; então, liguei para outra clínica da cidade e segui direto para lá. Era um consultório de enfermeiras clínicas, e o cartão que recebêramos pelo correio sugeria que elas não atendiam um paciente atrás do outro, mas passavam com eles o tempo que fosse necessário. Quando a porta se fechou e a enfermeira me perguntou qual era o problema, simplesmente desabei. Contei tudo a ela, que me deixou falar e chorar até eu terminar. Foi como revelar a uma completa estranha nossos segredos mais íntimos, que não podíamos compartilhar nem mesmo com a família, e foi um alívio tão grande poder falar francamente com alguém que não ia julgar, mas encontrar algum tipo de ajuda para nós. Ela nos encaminhou para uma neuropediatra com quem havia trabalhado e também a uma clínica infantil de fonoaudiologia. A neuropediatra levou cinco minutos para nos dizer que acreditava que Elliott tivesse uma forma de autismo chamada TGD-SOE, mas que não podia fazer esse diagnóstico, e nos encaminhou para um centro especializado, que tratava apenas de autismo. A má notícia foi que essa clínica tinha uma lista de espera de dois anos. Desabei novamente, e a voz de Tom ficou trêmula enquanto descrevíamos a agressividade de Elliott e nosso medo do que poderia acontecer com Henry. Seis dias depois, estávamos sentados na sala de espera da clínica de autismo, onde recebemos o diagnóstico final de TGD-SOE.*

*Embora inicialmente eu tivesse tentado de tudo para lutar contra o diagnóstico de espectro autista, até me convencendo de que aquela pobre fonoaudióloga do distrito escolar estava simplesmente louca, quando Elliott foi realmente diagnosticado, ficamos aliviados. Tom e eu concordamos que os psicólogos podiam dar ao problema o nome que quisessem, desde que pudéssemos começar a ajudar Elliott a superar a agressividade e, com alguma esperança, aprender a falar.*

*Devagar, recomeçamos a respirar. Elliott começou a receber tratamento, duas manhãs por semana, na clínica de autismo, e a frequentar as aulas na pré-escola de educação especial nas outras três manhãs. Só essa pausa já ajudou muito, porque, embora Elliott ainda tivesse problemas de agressividade, mantê-lo ocupado com uma atividade útil para ele nos deu espaço em casa para recuperar o fôlego e dar a Henry a atenção de que tanto precisava.*

*Então, um dia, comecei a conversar com outra mãe, que tinha dois meninos gêmeos no espectro autista. Ela me falou de um programa de terapia de intervenção precoce em casa que a família dela tinha iniciado, chamado análise comportamental aplicada (ACA). Eles estavam impressionados com o tanto que os filhos tinham aprendido em pouco tempo e como gostavam da terapia. Pesquisei na internet e encontrei alguns artigos assustadores. Eles mencionavam a transformação das crianças em robôs, os castigos físicos e, em resumo, a manutenção das crianças, sentadas à mesa, no porão, fazendo exercícios durante horas a fio. Isso não se parecia em nada com o que minha amiga descrevera; então, perguntei a alguns educadores sobre o assunto no distrito escolar local. Os comentários deles, na maioria, foram desfavoráveis à ACA, não muito diferentes do que havia na internet.*

*Tom e eu decidimos entrar em listas de espera e ver do que se tratava a ACA. Pouco tempo depois, recebemos um telefonema que indicou que um prestador local do serviço de terapia comportamental precoce intensiva (à qual eu vinha me referindo erroneamente como apenas ACA) tinha uma vaga e gostaria de nos conhecer. Um diretor e um supervisor do programa vieram até nossa casa para conversar conosco e começaram a fazer avaliações. Eles foram muito gentis e nos ajudaram, respondendo a muitas das perguntas que tínhamos sobre a necessidade de trabalharem com Elliott tantas horas por semana (mais ou menos 30) e sobre o modo como começariam, bem devagar, para não sobrecarregá-lo, e gradualmente aumentariam as horas, permitindo que ele continuasse a tirar suas sonecas.*

*Elliott ficou animado com gente nova em casa desde o momento em que a campainha tocou. Eles eram muito divertidos, jogavam o menino para o alto e o faziam dar cambalhotas no ar, arrastavam Elliott pelo chão sobre um cobertor, tudo de que nosso filho tanto gostava. Enquanto isso, faziam avaliações, tentando apontar onde estava o problema de desenvolvimento, para que pudessem ter um ponto de referência. Em seguida, precisaram da aprovação do psicólogo supervisor antes de iniciar o nosso programa. Quando nosso diretor me disse que esse supervisor era um psicólogo famoso e muito talentoso na área, pesquisei o nome dele na internet e fiquei muito nervosa por receber aquela pessoa em casa. Meu medo era infundado; ele era afetuoso, amável e brilhante, e Elliott e Henry o adoraram.*

*Aquele encontro mudou o futuro de Elliott e salvou nossa família. O supervisor ouviu todas as nossas perguntas e os nossos medos e nos ajudou a compreender a ciência da terapia comportamental. Acima de tudo, foi a primeira pessoa que nos deu esperança. Embora cuidadoso para não fazer nenhuma promessa, ele acreditava que o progresso era possível, baseado nas avaliações e no plano de tratamento. Foi a melhor notícia do mundo saber que Elliott tinha boas perspectivas e que existia para nós um modo de ajudá-lo e de participar do tratamento. Três meses depois, esse psicólogo voltou a nossa casa. Para nós, tinha acontecido um milagre. Elliott tinha passado de cem ações agressivas por dia para talvez uma ou duas por semana e elas eram bem típicas da idade dele. Além disso, o teste de desenvolvimento de linguagem, feito numa outra clínica, dizia que ele estava no limite apropriado para a idade. Nós curtíamos atividades em família e aprendíamos com a equipe de terapeutas como ajudar Elliott no meio ambiente.*

*Desde então, nosso filho continua a fazer progressos impressionantes. Hoje, ele tem seis anos, está numa turma regular na escola, recebe um pouco de ajuda suplementar e está aprendendo a participar dos círculos sociais do jardim da infância de maneira cada vez melhor. Ele continua a ter dificuldade com a linguagem prática e simplesmente adora elevadores, mas tem um relacionamento ótimo com o irmão, é meigo com a nova irmãzinha e se interessa por ela. Sentados naquela clínica de autismo há três anos, jamais poderíamos imaginar a vida que temos hoje. Elliott é um menininho feliz, extrovertido e adorável, que continua a nos surpreender, ensinar e renovar nossa fé nas possibilidades.*

# 2.

## A necessidade de controle

Os eventos do cotidiano, momento a momento, parecem totalmente fora de controle para muitas crianças com TEA. A vida lhes parece caótica e imprevisível. Numa arguta descrição do autismo, Leo Kanner (1943, p. 245) escreveu:

> O comportamento da criança é governado por um desejo ansiosamente obsessivo de imutabilidade que ninguém, além da própria criança, pode perturbar em raras ocasiões. Mudanças na rotina, na disposição dos móveis, num padrão ou na ordem em que as ações cotidianas são realizadas podem levá-la ao desespero.

E continuou (*ibidem*, p. 246):

> Os objetos que não mudam de aparência nem posição, que se conservam imutáveis... são prontamente aceitos pela criança autista. Ela tem uma boa relação com os objetos... Quando está com eles, tem uma sensação indiscutível de poder e controle.

### *A necessidade de controle*

Com essas palavras perspicazes, o homem que produziu o primeiro relato clínico minucioso do autismo captou uma das características mais importantes dos TEAs: a necessidade de controle. Os pais geralmente enxergam um filho obstinado que tem acessos de raiva; os professores observam um aluno opositivo que se recusa a seguir instruções; e os amigos e parentes veem uma criança mimada que quer impor o seu jeito de ser. Quando vejo uma criança com TEA que apresenta esse comportamento tão frustrante e difícil, tento lembrar a mim mesmo as palavras de Kanner: "Mudanças (...) podem levá-la ao desespero" (*ibidem*, p. 245). É difícil para qualquer um ser realmente eficiente na criação, na educação ou na terapia de uma criança com autismo sem compreender inteiramente a profundidade do sofrimento por que passa uma criança com TEA quando sente que não tem controle sobre um mundo que lhe parece estar numa desordem imprevisível.

## O aprendizado precoce das crianças a respeito da obtenção de controle

Crianças pequenas, incluindo as que têm TEA, desde muito cedo experimentam estratégias para controlar as coisas e as pessoas que as cercam. Carmen, que tem TEA, está sentada no cadeirão para comer. Ela estende a mão que segura a colher e solta o objeto. A colher cai e faz barulho ao tocar o chão. Realmente muito interessante. Carmen repete o gesto, e a colher sempre cai e faz um barulho metálico. A menina logo descobre que também pode fazer os pais realizarem as coisas da mesma maneira. Quando ela deixa a colher cair no chão e a colher faz barulho, Maria – a mãe – se abaixa e pega o objeto. Carmen faz algumas tentativas e sempre funciona: a mãe ou o pai sempre se abaixa, pega a colher e a devolve para Carmen. Em seguida, a criança descobre que, se deixar cair a colher, de modo que ela vá parar debaixo da mesa de jantar, consegue que o pai – Silvio – se abaixe e ande de gatinhas. Isso é ainda mais interessante. Quando o pai recupera a colher e a entrega à menina, ele abre a boca e dela saem sons (por exemplo: "Não faça isso de novo!"), que a criança não compreende, mas que são interessantes mesmo assim. Ela gosta muito dos sons que saem da boca do pai, mas fica confusa com a expressão facial dele, que parece diferente da habitual.

As crianças descobrem que, se colocarem um bloco de montar num determinado lugar no chão, engatinharem pelo chão e retornarem até o bloco, ele ainda estará no mesmo lugar. Isso é reconfortante para uma criança com TEA, que aprende muito depressa que coisas como blocos de montar e bichos de pelúcia são previsíveis. Ela faz alguma coisa com eles e eles não se mexem, mas com as pessoas é diferente. Depois da quarta ou quinta vez que Carmen deixa a colher cair no chão, em vez de devolver o objeto, o pai se levanta, tira Carmen do cadeirão e diz: "Pronto, acabou". A menina não compreende, mas imagina que não haverá mais comida; então, começa a chorar e gritar. Não era para ser desse jeito. É muito irritante para a criança com TEA quando os adultos ficam mudando as regras do jogo.

As crianças com TEA aprendem muito cedo que, se quiserem garantir que os pais farão determinada coisa, suas ações têm de ser drásticas. Não é tão fácil fazer os adultos agirem de determinada maneira quanto é fazer um palhaço pular da caixa ao pressionar um botão. Se um menino com TEA grita e chora, descobre que isso faz a mãe pegá-lo no colo e abraçá-lo. Se ele continua a chorar mais alto, a mãe o embala e sons saem da boca dela (por exemplo: "Já passou"). Ele não compreende o que a mãe diz, mas, pelo menos, ela o está abraçando. As crianças com TEA aprendem que, a fim de fazer os pais se comportarem de modo mais previsível, elas têm de fazer mais barulho, incluindo gritar, chorar e jogar coisas. As crianças com TEA aprendem depressa que os pais param de reagir a manifestações menos dramáticas. Os adultos são irritantemente imprevisíveis. Por não terem a capacidade de solicitar objetos aos pais ou lhes pedir que as peguem no colo, brinquem de jogá-las no ar ou cantem para elas, essas crianças têm de inventar outros meios de controlar o comportamento deles. Isso geralmente inclui chorar, gritar e se jogar no chão, o que com certeza faz os pais agirem, às vezes, do modo como a criança queria que agissem desde o início. As crianças aprendem que os pais sempre fazem *alguma coisa* quando elas têm uma explosão de raiva. Isso torna os pais mais previsíveis. As crianças com TEA geralmente aprendem essa lição entre 18 meses e 2 anos.

## A relação entre a necessidade de controle e o transtorno obsessivo-compulsivo

Os adultos raramente percebem que a menor mudança, aquela que consideram irrelevante, pode ser intolerável para uma criança com TEA. Os pratos do jantar de Ação de Graças foram tirados da mesa da sala e era hora da sobremesa. As tortas de abóbora e de maçã foram colocadas na mesa com o sorvete, para quem quisesse ceder à tentação. Vovó tinha feito para Tony, de seis anos, a receita preferida dele: bolo de chocolate com uma cobertura generosa de chocolate cremoso e espesso. Colocou o bolo na frente do neto, enquanto os outros começavam a saborear as tortas com sorvete, todos com pratos de sobremesa iguais. Tony ficou imóvel, com uma expressão facial entre horrorizada e atormentada. A irmã, Amélia, disse: "Qual é o problema, Tony? É bolo de chocolate. Você adora bolo de chocolate!". O lábio inferior de Tony começou a tremer e uma lágrima rolou. Ele fungou e enxugou a lágrima com o dorso da mão. Empurrou o prato com o bolo de chocolate, como se quisesse se distanciar dele. Quanto mais a família o estimulava a experimentar o bolo, mais irritado ele ficava, até soluçar baixinho, como se estivesse sentindo dor. Na outra extremidade da mesa, a avó de Tony – professora de educação especial aposentada – se levantou e perguntou, olhando atentamente para o menino: "Você quer seu prato azul, Tony?". O menino ergueu a cabeça e assentiu vigorosamente, fungando e enxugando as lágrimas na manga da camisa. A avó pegou a sobremesa intocada, levou-a para a cozinha e voltou com o mesmo pedaço de bolo de chocolate num prato azul de plástico com formato de cabeça de cachorro com a língua pendurada no canto, lugar para descansar a colher. Era o prato que Tony, desde que se entendia por gente, usava em todas as refeições na casa da vovó e do vovô. Era *seu* prato. Quando a avó colocou o prato azul com bolo na frente dele, o menino ficou radiante de alegria. Atacou o bolo e pediu mais antes que os outros tivessem terminado o primeiro pedaço de torta.

Numa viagem para a fazenda da família, que ficava na estrada interestadual, o pai de outra criança com transtorno autista decidiu pegar uma saída diferente, porque a estrada vicinal que geralmente usava estava em obras. Quando o carro passou pela saída costumeira, o filho de cinco anos, que estava sentado no banco de trás, começou a gritar e bater na cabeça do pai e, embora falasse pouco, gritou: "Não, não, não!". Angustiado, apontava para a saída que o pai "tinha deixado passar".

Essa necessidade compulsiva de imutabilidade e controle é uma característica essencial dos TEAs. Existe comprovação de que há coincidência nos sintomas de pessoas de desenvolvimento normal que têm TOC e pessoas com TEA de alto nível funcional. Russell *et al.* (2005) estudaram um grupo de adultos com TEA de alto nível funcional e um grupo correspondente de adultos com diagnóstico primário de TOC. Usaram escalas psiquiátricas padronizadas para avaliar os sintomas de TOC e descobriram que os dois grupos tinham frequência semelhante de sintomas de TOC, com a diferença de que as obsessões corporais e os rituais repetitivos eram mais comuns no grupo de indivíduos com desenvolvimento normal e TOC. Zandt, Prior e Kyrios (2006) estudaram as obsessões e as compulsões em crianças de desenvolvimento normal com diagnóstico de TOC e em crianças com TEA de alto nível funcional da mesma idade. Os tipos de compulsão e obsessão tendiam a ser menos sofisticados nas crianças com TEA do que nas que tinham TOC, mas eram semelhantes em outros aspectos. Vários estudos indicam que pais com TOC ou sintomas de TOC correm mais risco de ter filhos com autismo, sugerindo a possibilidade de um mecanismo genético compartilhado (Abramson *et al.* 2005; Bolton *et al.* 1998; Hollander *et al.* 2003). Em estudos de imagens cerebrais, também há indícios de possíveis semelhanças cerebrais entre o TOC e o autismo. Hollander *et al.* (2003) encontraram em indivíduos com TEA de alto nível funcional uma estrutura profunda do cérebro (os gânglios basais) com volume aumentado, semelhante à observada nos pacientes com TOC (quando comparados com controles correspondentes e desenvolvimento normal).

## *A manifestação obsessivo-compulsiva em crianças com transtornos do espectro autista*

Crianças e adolescentes com TEA apresentam vários tipos de rituais semelhantes aos que observamos em pacientes psiquiátricos de desenvolvimento normal que têm TOC e em indivíduos com síndrome de Tourette, que têm as mesmas diferenças químicas no cérebro.

### Obsessões

As obsessões são preocupações persistentes e perturbadoras, que geralmente incluem uma ideia ou um sentimento irracional. De acordo com a Associação Americana de Psiquiatria, as obsessões são pensamentos, impulsos ou imagens recorrentes e persistentes, que provocam ansiedade acentuada ou sofrimento (American Psychiatric Association 1994). Esses pensamentos, impulsos ou imagens não são simplesmente preocupações excessivas com problemas reais. Num adulto de desenvolvimento normal, a pessoa afetada tem consciência de que os pensamentos e os sentimentos são irracionais, mas não consegue fazer nada para interrompê-los, apesar de se esforçar para isso. No entanto, em crianças pequenas e em indivíduos com deficiências no desenvolvimento, tais como os TEAs, em geral não há consciência de que as obsessões são irracionais e de que se originam nos próprios pensamentos e não em algo assustador e externo. Entre as obsessões mais comuns nas pessoas com TEA estão:

- veículos de emergência (por exemplo, carros de bombeiro, de polícia e ambulâncias);

- animais assustadores (por exemplo, cobras, aranhas, cães raivosos);
- personagens de desenhos animados da televisão (por exemplo, vilões, heróis);
- *videogames* (e personagens associados a eles);
- água (por exemplo, banheiras, chuveiros, chuva, piscinas, lagos, rios);
- manifestações meteorológicas (por exemplo, tornados, furacões, raios, trovões).

Embora muitas crianças normais brinquem de faz de conta com carros de polícia e personagens de desenhos da TV, elas geralmente conseguem ser desviadas com facilidade dessas atividades ou desses interesses. Tais atividades geralmente ocupam só uma parte pequena de um dia comum. Já para as crianças com TEA pode ser praticamente impossível mudar de assunto quando falam sobre manifestações terríveis do clima ou carros de bombeiro e incêndios. Além disso, se tiverem chance, costumam passar parte considerável de alguns dias falando insistentemente sobre uma obsessão. Participei da avaliação de uma criança de seis anos com TGD-SOE que era obcecada pela letra A. Esse menino pensava sobre a letra constantemente, escrevia-a em letra de forma, recortava-a de revistas e guardava pedaços de papel com a letra A organizadamente em caixas com etiquetas. Durante os testes diagnósticos, ele ficou particularmente interessado no Ados, depois que viu no manual que o teste começava com a letra A. Reclamou que os pensamentos sobre a letra A continuavam a aparecer quando ele estava tentando fazer outra coisa, como exercícios de matemática, por exemplo. A letra A era uma verdadeira obsessão para esse menininho.

Há alguns anos, avaliei um jovem de 21 anos com TEA de alto nível funcional que era obcecado por hinos. Conhecia todos os hinos do hinário da igreja que frequentava pelo número e pelo nome e insistia em falar sobre hinos com qualquer um que se dispusesse a ouvir. Como poucas pessoas estavam interessadas em conversar sobre hinos, os pais do jovem haviam tentado redirecionar esse interesse para outros assuntos, mas ele ficava muito agitado, e às vezes agressivo, quando os pais se recusavam a conversar sobre hinos. Ao entrevistá-lo, tentei mudar o tema da conversa, perguntando se ele via televisão. Ele respondeu que sim e, na sentença seguinte, explicou que seu programa favorito era o "700 Club", um programa religioso que apresenta vários hinos. Isso é típico das obsessões de uma pessoa com TEA de alto nível funcional.

## *Compulsões*

Obsessões são ideias ou preocupações geralmente manifestas na conversa persistente sobre assuntos específicos, ao passo que as compulsões são comportamentos (por exemplo, lavar as mãos, ordenar, verificar) ou atos mentais (por exemplo, contar, repetir letras ou palavras mentalmente) intensamente repetitivos, que o indivíduo se sente impelido a realizar. Em resposta a uma obsessão, a criança se sente obrigada a seguir regras específicas para executar o comportamento compulsivo ritual. Em indivíduos de desenvolvimento normal, esses rituais comportamentais parecem destinados a aliviar a angústia ou a evitar alguma situação ou evento temido. Essas obsessões e esses rituais compulsivos não estão, porém, ligados de modo realista àquilo que tencionam neutralizar ou evitar. São claramente excessivos e desvinculados de qualquer ameaça ou problema real. Entre as compulsões mais comuns em pacientes psiquiátricos adultos de desenvolvimento normal estão aquelas que giram em torno de limpeza e ordem, como lavar as mãos repetidamente, verificar meticulosamente as roupas em busca de manchas e rugas, ordenar objetos, verificar se todas as cortinas da sala têm exatamente o mesmo comprimento ou trancar repetidas vezes as janelas e as portas, para ter certeza de que estão trancadas. A pessoa com compulsão a fazer essas coisas percebe que está sendo exagerada e irracional e talvez até se descreva como "louca", mas a necessidade é tão imperiosa que ela não consegue parar.

As compulsões entre os indivíduos com TEA variam com a habilidade intelectual e verbal. Alguns rituais compulsivos são semelhantes aos dos pacientes psiquiátricos com desenvolvimento normal que têm TOC, como insistir em usar o mesmo prato e a mesma caneca nas refeições e alinhar com precisão o cabo da colher e do garfo sobre a mesa da sala de jantar. A criança obcecada pela letra A teve uma crise de choro e sofreu muito quando a camisa que usava ficou manchada com um pingo de tinta durante uma atividade de artes na escola. Precisou trocar de camisa imediatamente; era imperativo fazer a troca. Crianças mais novas e indivíduos com limitações cognitivas de leves a moderadas têm mais probabilidade de apresentar rituais que envolvam movimentos físicos específicos, semelhantes aos da síndrome de Tourette. Eles podem, repetidamente, ligar e desligar um interruptor de luz ou abrir e fechar a porta de um armário. Os movimentos são geralmente simples e repetitivos e assumem quase exatamente a mesma forma em todas as ocasiões (ver Figura 1). Nas crianças com nível funcional mais alto, as compulsões geralmente envolvem atividades mais complexas, como empurrar um carrinho de pipocas de brinquedo pelo chão durante uma hora toda vez que brincam com ele ou andar de velocípede em círculos durante horas. Quando uma criança se engaja em atividades assim, não parece que esteja se divertindo. Ao contrário, ela frequentemente parece agitada, com olhar vidrado. É fácil ver por que pais e professores, para descrever esses episódios, dizem que "alguma coisa tomou conta dele".

Figura 1. Menino de cinco anos com autismo, ocupado na agitação repetitiva das mãos numa sala de aula de jardim da infância. Esses rituais compulsivos não funcionais são comuns, principalmente entre as crianças com pouca habilidade linguística e autismo mais grave.

Com frequência, as crianças com autismo fixam o olhar em objetos brilhantes e os usam para a autoestimulação compulsiva. Muitas crianças com TEA são atraídas por objetos finos e longos, como lápis ou colheres de cabo comprido. Elas seguram esses objetos na lateral do rosto, agitando-os para frente e para trás, e espiando-os com o canto do olho. Ninguém compreende o fundamento dessa forma singular de autoestimulação visual. Entre as crianças com linguagem pobre e outras limitações cognitivas, as compulsões tendem a incluir materiais não funcionais ou partes do corpo em atitudes como repetidamente girar pedaços de barbante, amassar e arremessar pedaços de papel, reter saliva na boca e depois cuspir, balançar o corpo para frente e para trás e agitar as mãos. As crianças com TEA que têm deficiências intelectuais graves, com pouca ou nenhuma linguagem, têm propensão aos rituais compulsivos mais incômodos, como girar em círculos durante horas, bater na cabeça com os punhos ou bater a cabeça contra superfícies rígidas, como chão, parede ou mesa. A automutilação será discutida detalhadamente no Capítulo 10.

Várias estratégias têm sido usadas para diminuir o comportamento e os rituais obsessivo-compulsivos nas crianças com TEA. As técnicas de intervenção comportamental podem ser úteis, mas, às vezes, principalmente nas formas mais graves de comportamento compulsivo destrutivo, a medicação psicotrópica também é necessária. Na seção seguinte, discutirei várias técnicas comportamentais empregadas para reduzir a imprevisibilidade percebida pela criança em seu mundo e para proporcionar a ela a sensação de que tem mais controle sobre o que está acontecendo em volta.

## Como lidar com as obsessões

Ao lidarem com obsessões e compulsões, as primeiras perguntas que pais, professores e terapeutas devem fazer a si mesmos são: Qual a profundidade do transtorno? Em que grau está realmente interferindo no cotidiano da criança (e no nosso)? Às vezes, os cuidadores concluem que, embora um determinado ritual seja muito irritante e cause alguma interferência no cotidiano da criança e no deles, é melhor deixar a obsessão (ou compulsão) de lado e esperar que ela diminua com o tempo. Os rituais geralmente se transformam em outra obsessão ou compulsão, e estas costumam desaparecer espontaneamente com o tempo. Entretanto, uma obsessão pode vir a ser realmente enlouquecedora para os cuidadores e as outras pessoas que convivem com a criança e afetar seriamente o cotidiano. Dizer à criança que tem TEA que ela nunca pode falar sobre o assunto de sua obsessão raramente produz efeito, porque essa criança vai ter um ataque de raiva e pode ficar agressiva, o que impossibilita levar a cabo a repreensão para que não fale da obsessão; no entanto, há várias coisas específicas que podemos fazer.

*Limite o tempo dedicado à obsessão* – Diga à criança que ela pode falar de sua obsessão numa determinada hora todos os dias. Reserve cinco minutos pela manhã e à tarde, durante os quais ela poderá falar sobre carros de bombeiro, tornados ou outro assunto pelo qual esteja obcecada. Enquanto ela estiver falando sobre esse assunto, é melhor demonstrar pouco interesse na fala obsessiva e não tentar interferir durante o tempo determinado. Não responda a perguntas do tipo: "Vai ter tornado?", e não tente confortá-la, dizendo: "Não se preocupe, não vai ter tornado". Isso geralmente piora as coisas. Discutir a obsessão normalmente a perpetua. Em todos os outros momentos, se a criança começar a falar sobre a obsessão, diga: "Podemos conversar sobre isso às 2 horas", e mostre a ela os ponteiros do relógio com a hora em que poderá falar sobre o assunto. É melhor nos afastarmos e nos envolvermos em outra atividade, para dar a impressão de que estamos ocupados e não estamos prestando atenção à criança. Ela talvez siga o professor ou pai até outro lugar, se o adulto sair de cena; talvez insista em falar sobre a obsessão. É melhor que os cuidadores não respondam à fala obsessiva. Nas primeiras vezes em que pais e professores adotarem esse procedimento, a criança talvez grite, se jogue no chão, agite braços e pernas ou pareça irritada. Se os cuidadores conseguirem se afastar e suportar a birra, esses ataques, em geral, param depois do segundo ou do terceiro episódio. Ao ignorar essas crises, vale a pena tentar determinar se há alguma outra coisa fazendo a criança ficar ansiosa, pois o comportamento do TOC geralmente está associado à ansiedade aumentada.

*Limite os lugares onde a obsessão pode acontecer* – Diga à criança que, se ela quiser falar sobre a obsessão, deverá fazê-lo num determinado cômodo. É melhor que o lugar escolhido não seja o quarto dela. Se houver uma sala íntima ou um quarto sobrando, que raramente seja usado durante a maior parte do dia, diga à criança que ela pode ir para aquele cômodo para falar sobre o assunto, sozinha ou com alguém que fique sentado por perto, mas ocupado com outra atividade. Verifique se não há outros membros da família, outros cuidadores, irmãos, TVs ou *videogames* nesse cômodo. Isso garante que ninguém falará com a criança sobre a obsessão dela, pois falar com ela geralmente piora as coisas.

Na maioria dos casos, as obsessões mudam com o tempo. Uma obsessão desaparece e, vários meses depois, a criança enfoca outro assunto. Às vezes, uma criança que esteja passando por um período particularmente causador de ansiedade, como a entrada numa escola nova, pode apresentar piora acentuada nas obsessões. Conforme ela se sinta mais à vontade na nova situação, as obsessões geralmente abrandam e desaparecem. Se as obsessões persistentes de uma criança estiverem associadas a pesadelos (por exemplo, ser perseguida por monstros) ou forem acompanhadas por automutilação, a criança deverá ser examinada por um pediatra ou psiquiatra infantil, especialista em desenvolvimento. Isso geralmente sugere que algo mais está acontecendo na vida da criança, contribuindo para seu nível elevado de ansiedade. Em muitos casos, uma combinação de modificação no padrão de sono, revisão dos hábitos de higiene e medicação com receita médica pode ser útil para que a criança durma a noite toda sem pesadelos horríveis, o que reduz as obsessões diurnas.

## Como lidar com as compulsões

As compulsões geralmente causam ansiedade e ficam muito piores em situações incômodas para a criança ou quando ela está cercada de incerteza. Em geral, o nascimento de um irmão mais novo, discórdia na família ou mudança de escola ou professor agravam as compulsões. Normalmente, qualquer coisa que pais ou professores possam fazer para dar à criança a sensação de que ela tem controle adequado das circunstâncias reduz a compulsividade. No entanto, não é apropriado para a criança controlar de modo coercivo o comportamento de pais ou professores, ameaçando fazer birra se não conseguir executar um ritual compulsivo. Uma professora de jardim da infância tinha um aluno de cinco anos, não verbal e com transtorno autista, que apresentava comportamento autolesivo importante. A estratégia dessa professora para lidar com a automutilação do aluno era segurá-lo no colo (ou no colo da auxiliar de classe) o dia todo e prender os braços dele. Se a professora tentasse colocá-lo no chão, ele gritava e batia na cabeça. Se a auxiliar estivesse segurando o menino e precisasse atender outra criança, ele imediatamente iniciava o comportamento autolesivo. Uma criança não deve controlar dessa maneira o comportamento de professores e pais. Uma criança com TEA pode adquirir algum grau de controle adequado sobre a ocorrência de atividades cotidianas e, assim, sentir menos necessidade do comportamento compulsivo. Ensinamos esse menino a usar uma combinação de imagens e gestos para se comunicar e aumentar sua independência na execução das atividades rotineiras de sala de aula. Nós ajudamos a professora a identificar várias das atividades positivas desse aluno e a estimulamos a dar atenção a ele de modo seletivo, quando ele estava envolvido nas atividades de maneira construtiva. Era permitido a ele sentar-se no colo da professora quando terminava uma atividade de classe, mas não quando ameaçava se machucar. A automutilação cessou depois de algumas semanas, e ele dava a impressão de estar bem mais descontraído e à vontade na escola.

*Como fazer escolhas* – As crianças com TEA devem ter oportunidade de fazer escolhas ao longo do dia, sempre que for possível. A criança pode escolher se vai comer maçã ou uva na sobremesa do almoço, se vai trabalhar primeiro na atividade de combinar formas ou na de ordená-las, se vai primeiro ao supermercado ou à loja de ferragens com o pai ou a mãe. Essas são escolhas que ajudam a criança a sentir que tem algum controle sobre o que acontece em sua vida. As crianças não podem escolher se vão à escola, à consulta médica ou se vão para a cama às 21 horas. Lembre-se de que as crianças com TEA se desenvolvem bem nas rotinas diárias estruturadas e ficam muito mais ansiosas em cotidianos instáveis e desestruturados. A criança que tem oportunidade de fazer escolhas legítimas em uma estrutura previsível terá menos razões para ficar ansiosa com o que acontecerá em seguida, porque ajudou a determinar a atividade subsequente.

*Como diminuir os rituais compulsivos* – Quando as crianças apresentam rituais compulsivos, como ligar e desligar interruptores de luz repetidamente, isso ocorre, em parte, porque elas têm necessidade de executar aquela ação (isto é, uma compulsão), e isso piora com a atenção que recebem ao agir assim. Os pais e os irmãos pedem que ela pare ou talvez até a tirem de perto do interruptor. Inevitavelmente, a necessidade compulsiva da criança se entrelaça com a atenção que recebe ao executar o comportamento compulsivo. Alguns rituais compulsivos não são tão prejudiciais ou perturbadores para os outros como abrir uma porta e fechá-la com força. Uma criança que agita as mãos ou gira em torno de si mesma está tendo um comportamento estigmatizante, mas que afeta minimamente os outros. Como já descrevemos no caso da criança que fala sobre uma obsessão, prestar pouca atenção também funciona bem com muitas crianças com compulsões, porque elimina qualquer atenção possível que ela possa receber por adotar um comportamento que perturba ou irrita os outros.

*Reversão de hábito e comportamento compulsivo* – Ocasionalmente, consegue-se ensinar às crianças verbais com TEA e alto nível funcional a parar de executar rituais específicos, por meio de uma técnica chamada reversão de hábito (Woods, Miltenberger e Lumley 1996). Ela começa ajudando as crianças a perceber quando estão executando um comportamento problemático. As crianças com TEA geralmente não têm consciência de quando estão agitando as mãos, rodopiando ou ligando e desligando repetidas vezes um interruptor. O comportamento simplesmente acontece espontaneamente e se torna um mau hábito automático. Assim que as crianças tomam consciência do momento em que estão se comportando compulsivamente, elas são ensinadas a fazer outra coisa que seja incompatível com aquele ritual. Em um caso, foi feito um vídeo de uma criança em idade escolar, com alto nível funcional e síndrome de Asperger, que rodopiava e agitava as mãos quando ficava animada. Um dos colegas de turma também foi filmado quando estava animado (por exemplo, rindo com entusiasmo, batendo palmas, cumprimentando os amigos com batidas de mão).

Mostramos os vídeos para o menino com síndrome de Asperger e perguntamos qual ele achava melhor. Ele ficou constrangido com a maneira como aparecia no vídeo, girando em círculos. Disse que o outro menino parecia melhor quando ficava animado. Dissemos a ele que, quando ficasse animado e sentisse vontade de rodopiar, precisávamos pensar em outra coisa para ele fazer, como bater palmas uma ou duas vezes ou dizer: "Que legal!". Treinamos a nova habilidade alternativa e uma auxiliar de classe concordou em fazer um sinal para o menino, dizendo o nome dele e levantando o dedo, quando notasse que ele estava começando a se entusiasmar. Desse modo, ele tomaria consciência do momento em que estivesse prestes a executar o comportamento compulsivo. Assim que a auxiliar de classe levantou o dedo, ele treinou uma das outras reações, como bater palmas ou dizer: "Que legal!", com entusiasmo. Embora esse procedimento tenha sido eficaz na maior parte das vezes, ele periodicamente voltava a agitar as mãos e a rodopiar quando ficava animado. Os outros alunos riam dele, e a professora dizia: "Pare de agitar as mãos". Discutimos esse problema residual com ele e concordamos que, se ele simplesmente não conseguisse controlar a necessidade de rodopiar, iria para uma sala ao lado da sala de aula (uma sala de terapia ocupacional sem uso) e rodopiaria ou agitaria as mãos. Os comportamentos compulsivos cessaram em uma semana, o que sugere que parte da razão para a persistência da agitação das mãos e do rodopio se devia à atenção que provocava, mesmo essa atenção sendo negativa na maioria dos casos.

*A avaliação funcional do comportamento compulsivo* – Às vezes, principalmente no caso de estudantes menos capazes, que têm habilidades de comunicação limitadas, o comportamento compulsivo tem determinação múltipla. Parece existir um componente muito difícil de controlar, mas há também um elemento social. O ritual compulsivo geralmente ocorre mais em algumas situações e raramente em outras. O padrão frequentemente aparece quando acompanhamos os episódios por uma semana e registramos o que a criança estava fazendo imediatamente antes de bater no rosto, gritar sem parar, e assim por diante, e o que aconteceu logo em seguida. Por exemplo, trabalhamos com um jovem não verbal de 14 anos, com autismo grave, que se mordia e batia na cabeça. A professora de educação especial dele dizia que os episódios eram aleatórios durante o dia na escola. Ao fazermos registros minuciosos de cada episódio, descobrimos que a automutilação frequentemente ocorria quando a professora ou a auxiliar desviava a atenção dele para outra criança. Portanto, o evento que disparava os episódios era desviar a atenção dele para outro aluno. Logo depois que ele começava a se morder e a bater na cabeça, a auxiliar ou a professora se aproximava, segurava o braço ou a cabeça dele e dizia: "Pare, não morda [não bata]!". Parte da solução foi ensinar o jovem a usar um gesto adequado para chamar a atenção da professora e instruir professores e auxiliares a ignorar a automutilação sem importância, que não oferecesse risco de dano físico (Symons, Fox e Thompson 1998). Esse procedimento, com outros descritos no Capítulo 10, eliminou a automutilação.

*A medicação e o comportamento compulsivo* – Embora a medicação psicotrópica ultrapasse o escopo deste livro, o uso apropriado de medicação específica pode ser extremamente útil na redução de alguns comportamentos obsessivo-compulsivos. A mesma medicação usada para tratar TOC em pacientes psiquiátricos de desenvolvimento normal (Anafranil, inibidores seletivos de recaptação de serotonina – ISRS, antidepressivos e alguns antipsicóticos atípicos) pode ser muito eficaz para diminuir o comportamento compulsivo grave, incluindo a automutilação, em indivíduos mais velhos com TEA (Thompson 2007). Embora alguns médicos também prescrevam medicação antipsicótica atípica para indivíduos mais jovens, muitos outros estimulam os pais a explorar primeiro outras opções.

## *Cronograma de atividades para aliviar obsessões e compulsões*

Ao chegar à escola de manhã, Juan perguntou à professora se podia alimentar os peixes do aquário, embora geralmente fizesse isso pouco antes do almoço. Mesmo antes de pendurar o casaco, já parecia frustrado por não poder alimentar os peixes. Helen está ansiosa com o que vai acontecer quando terminar a terapia ocupacional. Fica perguntando: "E agora? E agora?". Cory tem um descontrole emocional, porque pensou que ia ganhar biscoitos e suco, mas, em vez disso, pediram a ele que se juntasse às outras crianças para uma atividade em círculo.

### *Deficits* das funções executivas nos transtornos do espectro autista

As crianças com TEA têm muita dificuldade para entender e enfrentar as sequências dos acontecimentos. Acredita-se que esses problemas se devam a uma disfunção na área frontal do cérebro, chamada de córtex pré-frontal, que regula o planejamento das sequências de ações e a organização das ideias. As crianças com TEA têm uma dificuldade característica para planejar e organizar sequências de atividades e até problemas maiores para entender o momento em que os eventos acontecem (isto é, fazer a relação com o relógio). Com frequência, perguntam repetidas vezes à mãe ou ao professor quando determinado evento vai acontecer. Essas são as chamadas *funções executivas*, porque são necessárias para organizar outras atividades que envolvem funções de outras regiões cerebrais. Uma tarefa simples como calçar meias e sapatos exige planejamento. Se a criança enfia os pés nos sapatos antes de calçar as meias, é incapaz de se vestir adequadamente. Decidir o que fazer em seguida exige a compreensão de sequências (isto é, o entendimento de que as coisas devem ser feitas numa ordem específica). O aprendizado da criança para pedir à mãe que pegue suco na geladeira exige a compreensão da sequência de eventos que darão acesso ao suco, sem que a criança simplesmente fique batendo na porta da geladeira. As crianças com *deficits* das funções executivas geralmente têm dificuldade para aprender com os erros e os cometem amiúde.

## Cronogramas e listas de tarefas

Pais e professores geralmente supõem que as crianças com TEA têm habilidades de organização que, na verdade, elas não têm. É comum um adulto, ao mesmo tempo, preparar uma refeição, escrever uma lista de compras e falar ao telefone para planejar a agenda da próxima reunião da Associação de Pais e Mestres. Isso é o que comumente chamamos de *polivalência*. Uma atividade pode ser interrompida e retomada mais tarde no ponto onde foi deixada sem que nenhuma etapa se perca, o que comprova o tremendo poder de processamento de um cérebro adulto normal – habilidade que uma criança com TEA típica não tem. Ajudar as crianças com TEA a tornar seu mundo mais previsível é crucial no trabalho com elas. É aí que entram os cronogramas e as listas de tarefas. Um *cronograma* é um plano de atividades organizado no tempo ou, de outro modo, uma lista ordenada das horas em que as coisas planejadas acontecerão. Uma *lista de tarefas* é um rol de atividades a serem executadas (isto é, uma lista de coisas a serem feitas), mas sem ordem nem hora específicas. Um cronograma geralmente implica tarefas a serem completadas em horas determinadas e numa ordem especificada. As crianças com TEA se desenvolvem bem quanto seguem cronogramas e listas de tarefas. Eles transformam um mundo caótico num mundo previsível e compreensível.

Às vezes, pais e professores se preocupam com o fato de que a imposição de cronogramas e listas a alunos e filhos com TEA possa ser muito rigorosa e agravar a rigidez preexistente da criança. Uma mãe me disse que seguir o cronograma de atividades do filho a fazia se sentir na Marinha. Embora os cronogramas de atividades possam inicialmente exasperar alguns professores e pais, o uso efetivo desses recursos alivia a ansiedade e melhora a capacidade das crianças de dar sentido ao cotidiano. Com o tempo, isso pode levar a mais independência. Os cronogramas de atividades ajudam a criança a aguardar o que está para acontecer. Um cronograma de atividades eficaz compensa, em parte, os *deficits* da criança nas funções executivas. Os cuidadores adultos costumam descobrir que, mais ou menos uma semana depois da implementação de um cronograma de atividades ou de uma lista de tarefas, o cotidiano com o filho ou aluno com TEA fica muito mais fácil.

O segredo no uso dos cronogramas de atividades está na escolha dos motivadores mais eficazes para cada criança e na elaboração de um cronograma naturalmente flexível e facilmente alterável para atender a variações nas necessidades.

## *Cronogramas de atividades para crianças pequenas e/ou não verbais*

Brandon tem quatro anos e meio e fala algumas palavras e frases curtas, como resultado da fonoaudiologia e da terapia comportamental intensiva em casa, combinadas com os exercícios constantes que faz com os pais à noite e nos fins de semana. Ele come com as mãos nas refeições e usa o banheiro para urinar, mas não para defecar. Brandon aprendeu a colocar as calças compridas e a enfiar os pés nos sapatos depois que a mãe o ajuda a calçar as meias. Frequenta a escola especial para crianças pequenas às segundas, quartas e sextas pela manhã e faz terapia fonoaudiológica às terças e quintas pela manhã, durante uma hora em cada dia. Depois do almoço, todos os dias, terapeutas comportamentais trabalham com ele em casa durante quatro horas. À tarde, ele e os terapeutas treinam habilidades para atingir quatro ou cinco objetivos do plano de tratamento individualizado, bem como outras atividades usadas como recompensa, que também reforçam as habilidades sociais e de lazer.

O complicado cronograma de Brandon é um pouco diferente todos os dias e inclui pessoas, lugares e atividades distintos. Ele frequentemente fica confuso sobre o que vai fazer num determinado dia e tem acessos de raiva quando uma atividade que está esperando é agendada para outro dia. O terapeuta-chefe sugeriu fazer para Brandon um cronograma de atividades que o ajudasse a antecipar o que fará ao longo de cada dia. Dois recursos excelentes para ajudar professores e pais a compreender e utilizar cronogramas de atividades são os livros *Activity schedules for children with autism: Teaching independent behavior*, de McClannahan e Krantz (1999), e *Visual strategies for improving communication: Practical supports for school and home*, de Hodgdon (1995).

*Avaliação preliminar* – Antes de começar a elaborar um cronograma de atividades, várias etapas preliminares são necessárias. Primeiro, precisamos determinar se um desenho ou uma fotografia representa a mesma coisa que um objeto real para a criança. Imprimimos um arquivo da internet com o desenho de um peniquinho de criança e tiramos uma foto do penico de Brandon. Também imprimimos desenhos de um menino comendo com colher e tiramos uma foto de Brandon comendo com colher. Ele já havia aprendido a apontar para pequenos objetos familiares, como colher, giz de cera e uvas; então, entendia a ideia de apontar para alguma coisa a fim de identificá-la. Apresentamos a Brandon o desenho de um penico e a foto do penico dele e dissemos: "Brandon, aponte o penico". Se fosse como a maioria das crianças de sua idade e capacidade, o menino apontaria para a foto do próprio penico, e não para o desenho, que é mais abstrato. Em seguida, apresentamos o desenho de uma criança comendo com colher ao lado do desenho de um penico. Dessa vez, queríamos ver se ele conseguiria reconhecer desenhos de objetos reais, e dissemos: "Brandon, aponte para comer". Geralmente, crianças como Brandon selecionam uma ou outra imagem aleatoriamente. Os desenhos são muito abstratos para que elas os usem como símbolos no cronograma visual sem terem sido previamente treinadas para reconhecê-los.

*Como apresentar um cronograma de atividades* – O próximo passo foi começar a planejar o melhor modo de apresentar o cronograma. Em vez de começar com um cronograma completo para cada dia da semana, foi recomendável um treinamento prévio, que incluía apenas as atividades desde o horário de almoço até 17 horas, quando terminava a terapia de Brandon. Para uma criança da idade dele, os cronogramas com fotos são geralmente mais eficazes. Para crianças mais velhas, que já aprenderam a nomear pessoas, objetos e atividades em ilustrações de livros ou revistas, é possível criar cronogramas com fotos ou desenhos. Em todas as tardes da semana seguinte, os terapeutas de Brandon tiram fotos de cada atividade de que o menino participa, começando com o almoço e terminando com o aceno de despedida para a terapeuta no momento em que ela sai pela porta da frente da casa dele. Os pais de Brandon e o terapeuta-chefe examinam as fotos, escolhem quais vão usar e as organizam numa sequência que cobre a tarde toda. Pode ser que cheguem à conclusão de que ficou faltando uma atividade ou de que a foto de uma atividade específica não está bem clara e decidam tirar mais fotos. Quando a sequência completa está organizada, ela é desmembrada em grupos menores de atividades, compostos de três a cinco fotos cada em geral.

*Quais atividades incluir* – Como se sabe quais atividades fotografar? Toda vez que uma atividade termina e começa outra, é necessária uma foto da nova atividade. Cada foto é pensada para proporcionar uma indicação tangível de (1) mudança de atividade e (2) qual atividade específica vai acontecer em seguida. É importante intercalar fotos de atividades de reforço agradáveis, que serão usadas como recompensa pela finalização de tarefas particularmente difíceis. Se escovar os dentes depois do almoço costuma ser uma luta, a fotografia que se segue à da escovação deve ser a da atividade de reforço favorita, como brincar de fazer cócegas ou de cavalinho. Para as crianças menores e para aquelas que têm mais limitações cognitivas, deve haver entre três e cinco atividades, no máximo, por página de caderno espiral, correspondendo às atividades de cada dia. O cronograma completo para a tarde de uma determinada criança pode chegar a quatro páginas com três a cinco atividades por página. A última atividade de uma dada página deve sempre ser agradável e recompensadora. Para Brandon, a primeira página do caderno de atividades se parece com o exemplo da Figura 2, que é um cronograma matinal. Ele começa tomando café

Figura 2. Manhã. Exemplo de cronograma matinal.

da manhã, escova os dentes e brinca de fazer cócegas. A página seguinte começa com uma atividade de imitação, seguida de uma atividade de formar conjuntos e de outra de formar sequências, e termina com a hora do lanche (veja na Figura 3 um exemplo de cronograma para depois da escola). Nem sempre é possível terminar o cronograma com uma atividade preferida pela criança, como, por exemplo, quando a atividade é ir para a cama à noite (veja a Figura 4).

Esse cronograma deve ser seguido durante uma semana ou até que Brandon tenha se ajustado a ele. Na semana seguinte, duas ou três mudanças pequenas devem ser feitas na ordem das atividades ou nas recompensas oferecidas. Por exemplo, depois de escovar os dentes, a foto de Brandon brincando de cavalinho com alguém deve ser substituída por uma com a brincadeira de fazer cócegas. A ordem das atividades de formar conjuntos e sequências pode ser invertida. O objetivo dessas mudanças é diminuir a rigidez de Brandon, mas deixando a ordem dos acontecimentos bem clara para ele, para que o menino tolere facilmente as mudanças.

*Formatos de cronogramas de atividades* – Outro formato comum para um cronograma visual é a impressão de fotos ou desenhos em pedaços de cartolina com velcro no verso. Num pedaço vertical de papelão ou de isopor revestido de papel-cartão, cole as tiras do lado oposto do velcro. Essa faixa vertical de papelão ou isopor revestido deve ser larga o bastante para acomodar até cinco fotos ou desenhos dispostos um abaixo do outro. Toda manhã, organize a sequência de atividades matinais e dê o painel para a criança colocar na carteira da escola ou no local da casa onde ela passa a maior parte do tempo. Repita esse procedimento para as atividades da tarde, com um novo conjunto de imagens. Ao completar uma atividade, a criança pode retirar do painel a imagem correspondente e colocá-la num envelope resistente, que pode ficar pregado na parte inferior do painel de papelão ou de isopor revestido.

Figura 3. Depois da escola. Exemplo de cronograma para depois da escola.

Figura 4.
Depois do jantar.
Exemplo de cronograma para depois do jantar.

Se a professora de Brandon decide usar desenho em vez de fotografia, pode escolher desenhos apropriados e imprimi-los em cartolina, um para cada atividade do cronograma dele. Como Brandon reconhece fotos de objetos reais familiares, ela pode usar uma atividade de formação de conjunto para ensinar a ele qual desenho representa cada um dos objetos reais. O desenho de um banheiro escolar e outro de crianças brincando com bola são colocados lado a lado. Acima deles, está uma foto de Brandon sentado no penico. A professora aponta os dois desenhos e diz: "Aponte um penico como este", indicando a foto de Brandon. Pode ser muito difícil no começo. Se for, retroceda e comece com o desenho do banheiro escolar como alternativa correta e um quadrado vermelho grande como alternativa incorreta. Repita a instrução: "Aponte um penico como este". A maioria das crianças aponta corretamente para o desenho. Em sucessivas etapas, a alternativa incorreta vai se transformando, para ficar cada vez mais parecida com a alternativa do desenho (por exemplo, um balão, um trator, um avião, a imagem de um menino comendo). Na maior parte dos casos, a criança aponta a imagem correta. Durante esse processo, é importante colocar a imagem correta, aleatoriamente, de um lado ou de outro, para evitar a escolha da imagem de um lado só. Essa série de etapas precisa ser repetida até que a criança selecione as imagens corretas que serão usadas no cronograma visual dela durante uma semana ou duas.

Para indivíduos com TEA que têm limitações cognitivas mais severas e problemas de atenção, pode ser usado um formato alternativo para o cronograma de atividades (Thompson e Carey 1980). O suporte plástico de um calendário de mesa, que tenha uma página para cada dia, com páginas que possam ser viradas todos os dias, é eficaz. As páginas do calendário são removidas e se cortam páginas de cartolina, do mesmo tamanho das do calendário. Fotografias de uma atividade por página são impressas ou coladas nessas páginas que cabem no calendário. A foto do lado esquerdo do calendário será a atividade a ser executada pela criança, e a foto com o reforço correspondente será mostrada do lado direito. As páginas podem ser plastificadas e perfuradas, para ficarem presas nas argolas do calendário. O cronograma do dia é inserido no suporte com todas as páginas do lado direito, exceto a da primeira atividade do dia, que aparecerá do lado esquerdo. Em vez desse suporte de calendário, alguns professores e pais usam álbuns de fotos, que podem ser encontrados na maioria das lojas de material fotográfico. Esses álbuns têm páginas de plástico nas quais os pais, orgulhosos, colecionam fotos que registram o crescimento dos filhos. Cada página tem apenas um ou dois locais para inserir fotos. Depois que a criança tiver aprendido a usar o cronograma de atividades, duas ou três tarefas podem ser inseridas sequencialmente, seguidas de uma atividade de reforço, em vez de um reforço para cada tarefa concluída. Dá bom resultado variar o número de tarefas antes de cada atividade de reforço, a fim de estimular a persistência, sem que a criança fique esperando recompensa. Esse tipo de cronograma de atividades é útil principalmente para crianças e adolescentes que se distraem com facilidade ou têm dificuldade de se concentrar em um aspecto de uma série complexa de estímulos. Bopp, Brown e Mirenda (2004) elaboraram um tutorial para o treinamento da comunicação funcional e das intervenções de comunicação ampliada e alternativa, usando cronogramas visuais para estudantes com limitações de comunicação mais graves. Esse tutorial inclui os papéis que os fonoaudiólogos podem desempenhar na avaliação, na concepção e na implementação da intervenção na escola e no ambiente doméstico.

Independentemente do formato escolhido para o cronograma, o importante é a flexibilidade; tem de ser fácil alterar ou substituir atividades, a fim de ajudar a criança a tolerar as mudanças, desde que sejam sinalizadas. Em geral, é um erro usar o mesmo cronograma de atividades por semanas a fio. Isso cria mais rigidez e uma intolerância maior às mudanças na rotina. As crianças mais velhas e as de alto nível funcional frequentemente conseguem aprender a usar cronogramas visuais no computador. Rehfeldt *et al.* (2004) descrevem uma atividade em *Power Point* com fotografias, texto e som, extremamente flexível e facilmente utilizável depois que o programa básico tiver sido criado.

## Crianças mais velhas alfabetizadas

Assim que a criança aprender a ler, os cronogramas visuais podem ser modificados e substituídos por um cronograma com texto impresso. Essa transição geralmente começa com a inclusão de texto com as imagens (por exemplo: "Faça isto", impresso ao lado da foto de uma atividade de imitação). Uma por vez, as fotografias são removidas e fica só o texto, começando com informações que a criança seja capaz de ler com segurança. Geralmente, em poucas semanas, as fotografias desaparecem totalmente e fica só o cronograma escrito. Se a criança tiver dificuldade para passar das imagens para as palavras impressas, pode-se usar durante algumas semanas um programa de computador que progressivamente esmaeça a nitidez das imagens impressas (isto é, 90%, 80%, e assim por diante, até chegar a 10%, momento em que as imagens podem ser eliminadas). Quando for acrescentada uma atividade nova, que a criança ainda tenha de aprender a ler com segurança, coloca-se uma fotografia fazendo par com a atividade, até que a criança seja capaz de ler o texto com confiança; nesse momento, a foto é retirada. Os cronogramas escritos são geralmente mais fáceis de transportar e proporcionam exercício de leitura. Além disso, é mais fácil produzir e alterar cada cronograma. Um cronograma escrito também se generaliza com mais facilidade pelos diversos ambientes; por exemplo, da escola para a casa, da sessão de fonoaudiologia para a escola.

## Cronogramas de atividades e escolhas

Depois que a criança tiver o domínio do cronograma visual ou escrito, os professores e os pais podem começar inserindo nele, em primeiro lugar, as atividades diárias que devem ser concluídas em horários específicos (por exemplo, almoçar, ir ao banheiro, pegar o ônibus escolar) e, depois, colocar todas as imagens ou textos que restarem, e que correspondam às outras atividades a serem concluídas, numa mesa diante da criança, que será estimulada a organizá-las. Isso geralmente é muito difícil para crianças mais novas e para aquelas que têm limitações cognitivas mais severas. Treine a escolha de apenas uma atividade por vez (por exemplo, o que fazer depois de ir ao banheiro), pois isso dá à criança algum controle da situação e não a sobrecarrega com muitas opções.

Muitas crianças com TEA e nível funcional mais alto gostam de criar os próprios cronogramas diários, escrevendo a ordem em que realizarão as atividades. Para garantir que algumas atividades não fiquem de fora, os pais ou os professores costumam oferecer uma lista de todas as atividades, e a criança escolhe a ordem. Depois que tiver dominado a criação do próprio cronograma diário, a criança poderá selecionar sozinha uma atividade favorita de vez em quando. Watanabe e

Sturmey (2003) estudaram a eficácia de um procedimento de escolha vinculado a um cronograma de atividades num grupo de adultos jovens com TEA. Inicialmente, os cuidadores determinavam a ordem das tarefas. Na situação de "escolha", os participantes escolhiam a ordem das tarefas que os supervisores tinham atribuído a eles. Faziam seus próprios cronogramas de atividades, escrevendo a ordem das tarefas de uma determinada manhã. Os participantes que concluíam a tarefa eram elogiados. As mesmas tarefas foram usadas nas fases inicial, de intervenção e de manutenção. O envolvimento dos participantes foi significativamente maior quando puderam escolher o próprio cronograma de atividades, e, posteriormente, esse comportamento foi mantido com sucesso sem elogios depois da conclusão da tarefa.

## *Listas de tarefas*

As listas de tarefas são um tipo de "lista do que fazer", mas se parecerão com um cronograma de atividades para o jovem que tenha tido experiência com ele. As listas de tarefas são geralmente usadas com adolescentes e adultos jovens, para ajudá-los a organizar o cotidiano, particularmente na transição para atividades e ambientes de mais independência. Se o jovem está acostumado a cronogramas de atividades, geralmente é mais fácil dizer que a lista de tarefas é um cronograma de atividades que pode ser cumprido em qualquer ordem. É muito comum que os jovens insistam em concluir os itens da lista na ordem em que foram escritos, pelo menos no começo. Depois de uma semana, mais ou menos, os professores ou os pais podem sugerir ao jovem que faça algumas coisas primeiro, mesmo que elas não apareçam no topo da lista. Ao selecionar na lista uma atividade pela qual se acredita que a criança tenha especial predileção, ela geralmente se mostra disposta a tentar fazer as coisas numa ordem diferente. Por exemplo, um professor poderia dizer: "O que você gostaria de fazer primeiro? O que acha de me ajudar a colocar os livros de volta na estante?". Depois de ultrapassar essa barreira inicial, o jovem geralmente se dispõe a ignorar a ordem dos itens da lista e a escolher as tarefas de acordo com sua preferência.

As listas de tarefas são úteis em casa para ajudar o jovem não só a se lembrar das tarefas domésticas como também a planejar com antecedência. Por exemplo, um adolescente pode querer convidar um amigo para ver um vídeo no sábado à noite, mas "esquece-se" de ligar para ele. As pessoas com TEA são tímidas e geralmente acham difícil iniciar um telefonema desse tipo. Se ligar para o amigo, a fim de convidá-lo para vir no sábado, for um item da lista de tarefas, é menos provável que o jovem "esqueça", porque o mais provável é que ele veja esse telefonema como apenas outra coisa a fazer, como colocar o lixo na calçada para o lixeiro levar. As listas de tarefas também ensinam habilidades úteis na escola, como planejar as etapas da escrita de um relatório para a aula de biologia. Os adolescentes que não têm nível funcional tão elevado também podem recorrer às listas visuais de tarefas. Fotografias de um jovem fazendo várias tarefas domésticas, como separar as roupas para lavar, podem ser preparadas e revisadas todas as manhãs. O pai pode perguntar: "O que vamos fazer primeiro?", apontando para quatro fotografias da lista. Jovens minimamente verbais podem aprender a apontar para a atividade que querem realizar e, assim, serem estimulados a dar início à tarefa e a cumprir as etapas até completá-la.

## *Resumo*

O mundo de muitas crianças com TEA parece confuso, desordenado e até caótico. Quanto mais compreensível e previsível puder ser a vida de uma criança, menos ansiosa ela ficará e menor será sua necessidade de controlar o próprio mundo por meio de rituais compulsivos incomuns. O uso de cronogramas visuais e listas e a manutenção de rotinas regulares ajudam a manejar os rituais compulsivos e as obsessões da maioria das crianças. Estimular a escolha proporciona à criança um modo legítimo de exercer algum controle sobre seu cotidiano. A maioria das crianças, dos adolescentes e dos adultos com diagnóstico de TEA continua a apresentar algumas tendências compulsivas, mesmo depois de ter concluído com êxito uma terapia ou um serviço de educação especial na infância. Eles talvez insistam em falar sobre uma variedade pequena de assuntos, apesar do desinteresse óbvio de quem os ouve. Podem ser extremamente meticulosos e se irritar com colegas de quarto que não tampem o tubo da pasta de dentes ou que mexam nas suas coisas. Todavia, muitas crianças com TEA conseguem chegar à juventude com uma série de habilidades para enfrentar suas dificuldades, o que lhes permite encontrar seu caminho num mundo nada previsível.

## 3.

# O tempo é o inimigo

Você olha o relógio e se dá conta de que deveria ter colocado seu filho no carro e seguido para a escola dez minutos atrás. Num tom de voz insistente, você diz: "Anda, Jacob. Calce os sapatos. Estamos atrasados!". Jacob continua brincando de Lego, como se não tivesse ouvido você, que praticamente grita: "Jacob, já falei para você se calçar. Você vai chegar atrasado à escola!". Quando você começa a fechar a caixa de cereais para guardá-la no armário, Jacob de repente olha para cima, ao ouvir o ruído do saco plástico, e continua a brincar. Você sente vontade de gritar, e berra: "Se apressa, Jacob!". Depois de mais alguns segundos, ele olha para você com uma expressão confusa no rosto e começa a chorar. Você já está no limite, levanta o menino e começa a calçar os sapatos nele, que resiste, fica rígido e soluça. O artista Ben Hecht (1957) observou que "o tempo é um circo, sempre fazendo as malas e indo embora". Isso é verdade se somos pais ou professores de crianças com TEA. O tempo sempre escapa.

## Deficits *de processamento no autismo*

As crianças com TEA têm *deficits* no processamento da fala, limitações no uso pragmático da linguagem e dificuldades para alterar estratégias ou atividades, em razão da compulsividade que interfere na habilidade de responder prontamente a instruções verbais ou a perguntas.

### O processamento tardio dos sons da fala

As crianças com TEA percebem normalmente a maioria dos sons não verbais, como notas musicais ou o estalar de um papel de embrulho do outro lado da sala, mas têm dificuldade de reconhecer as sequências dos sons da fala (Oram Cardy *et al.* 2005). Existe um descompasso entre a enunciação dos sons e a reação do cérebro delas a esses sons. Quando os sons se sucedem rapidamente, o cérebro delas detecta o primeiro, mas talvez não reaja aos seguintes. Quando pessoas com TEA são expostas aos sons da fala e sua reação cerebral é medida por imagem, aparece uma ativação significativamente menor nas áreas do hemisfério esquerdo ligadas à fala. Em outro estudo, a capacidade cerebral de crianças com TEA e alto nível funcional para detectar sons da fala foi medida pela exposição de tons simples, tons complexos e vogais acusticamente agrupados. A tarefa era detectar o som "estranho" numa sequência de sons idênticos. As reações cerebrais das crianças foram normais quando tons inesperados, simples e complexos, apareceram, mas não havia reação alguma quando ocorria uma vogal diferente no meio de uma sequência de vogais idênticas. Em suma, as crianças com TEA têm problemas específicos no processamento da fala, principalmente nos sons enunciados em rápida sucessão (Boddaert *et al.* 2004). O resultado é que elas parecem não ouvir quando falamos com elas. É provável que ouçam porções do que é dito, principalmente do que é dito devagar, mas não registrem as partes do que os pais ou os professores dizem depressa. É assim como tentar fazer passar água por um funil muito estreito. Se colocarmos no funil mais água do que ele comporta, ele transborda. Essa é uma das principais razões pelas quais o tempo é seu inimigo. As crianças com TEA levam muito mais tempo para processar e compreender totalmente o que se diz a elas.

## As limitações da linguagem pragmática

Um segundo problema é que as crianças com síndrome de Asperger ou autistas com alto nível funcional podem apresentar vocabulário falado extenso, mas sua compreensão do significado completo dessas palavras talvez seja mais limitada do que se pense, principalmente quando essas palavras estão combinadas. Um professor diz: "Maya, vamos colocar os brinquedos no armário; assim, podemos pegá-los novamente depois que voltarmos da aula de música". O que soa como uma afirmação simples é complexo demais para muitas crianças com TEA entenderem, mesmo crianças perspicazes com boas habilidades verbais. Se analisarmos a afirmação, começaremos a perceber por que Maya está tendo problemas:

- "Vamos colocar os brinquedos no armário" é um pensamento que Maya provavelmente compreende.
- "Assim, podemos pegá-los novamente" é um segundo pensamento, parte de uma condição do tipo "se... então" que termina com *novamente*, o que torna a compreensão ainda mais difícil.
- "Depois que voltarmos da aula de música" é o terceiro e último pensamento, que Maya tem de relacionar com os dois primeiros, uma tarefa difícil para a maioria das crianças com TEA.

Não deveríamos nos surpreender com o fato de Maya continuar sentada, com uma expressão confusa no rosto. Ela não está sendo desobediente; está tentando imaginar o que, afinal de contas, o professor disse.

## A compulsão e a dificuldade para mudar de estratégia

A compulsão é o terceiro problema subjacente aos limites de tempo que professores e pais enfrentam ao lidar com um aluno ou filho com TEA. Embora muitas crianças não preencham todos os requisitos para o diagnóstico de TOC, a maioria apresenta muitos traços característicos desse transtorno. Como observamos no Capítulo 2, as compulsões são comportamentos (por exemplo, abrir e fechar portas repetidas vezes, alinhar objetos, organizar e reorganizar brinquedos ou outros objetos muitas vezes) ou atos mentais (por exemplo, contar, repetir palavras mentalmente ou, no caso de crianças com TEA, em voz alta) repetitivos que a pessoa se sente compelida a adotar, segundo "regras" que têm de ser estritamente seguidas. Entre as crianças com TEA, frequentemente é difícil verbalizar as regras, mas, se tiverem oportunidade, elas as demonstram em ações. Entre crianças e adultos de desenvolvimento normal com TOC, esses comportamentos ou atos mentais têm o objetivo de evitar uma situação ou um evento temido, mas não estão ligados de maneira realista com o que pretendem evitar ou são claramente excessivos. No entanto, os indivíduos com TEA não conseguem explicar o que acontecerá se eles não forem capazes de realizar o ritual compulsivo, e apresentam sinais de grande desconforto se são impedidos de realizá-lo. Um estudo comparativo dos sintomas de TOC entre um grupo de crianças normais com diagnóstico desse transtorno e um grupo de crianças com TEA revelou que as crianças com TOC relataram mais compulsões e obsessões do que as crianças com TEA (Russell *et al.* 2005). No entanto, ambos os grupos revelaram mais compulsões e obsessões do que um grupo de comparação com participantes de desenvolvimento normal. Os tipos de compulsão e obsessão eram, em geral, menos sofisticados nas crianças com TEA do que nas que tinham TOC.

As pessoas normais com TOC têm dificuldade para tomar decisões e executar tarefas que envolvam mudança de estratégia. Por exemplo, uma criança com TOC recebe um maço de cartas com figuras ou animais coloridos e a instrução de separar todos os animais vermelhos numa pilha e os verdes em outra. Depois de separar metade do maço seguindo essa regra, pede-se à criança que faça pilhas com o resto das cartas, separando animais de duas patas e animais de quatro patas. Os indivíduos com TOC, assim como os que têm TEA, têm grande dificuldade de fazer essa mudança de estratégia (Yerys *et al.* 2007). Esse tipo de alteração de estratégia exige o funcionamento perfeito dos circuitos de função executiva na parte frontal do cérebro (córtex frontal). Os indivíduos com danos nessas áreas frequentemente acham difícil ou quase impossível concluir tarefas que envolvam demandas sobre funções executivas mais complexas. Existe bastante comprovação por meio de imagens do cérebro de que as crianças com TEA geralmente têm disfunção cortical frontal (Just *et al.* 2006).

Quando o pai ou a mãe dá à criança uma instrução como: "É hora do jantar", isso implica que a criança deve interromper o que estiver fazendo (Tarefa 1) e mudar para outra atividade (Tarefa 2). Quanto mais complexa a demanda, ou se a situação envolver atenção dividida (por exemplo, sons que distraiam, sinais visuais), a criança terá muito mais dificuldade para processar e responder à instrução. Enquanto o pai ou a mãe coloca a mesa do jantar, a televisão está ligada na sala ao lado e o telefone começa a tocar. Quando o pai ou a mãe diz a Matthew: "É hora do jantar", não é de estranhar que ele não responda, pois não tem ideia de onde deve focar a atenção. Muitos erros cometidos por crianças com TEA nos ambientes escolares com frequência estão relacionados à compulsão e aos problemas de linguagem e não à incapacidade de executar a tarefa pedida. Se uma regra de ortografia é ensinada e, em seguida, mais uma, a criança tende a insistir em seguir a primeira regra, mesmo quando o professor repetidas vezes a encoraja a incorporar também a segunda regra. Essa criança precisa de mais tempo para processar mudanças nas tarefas que lhe são exigidas e se ajustar a elas do que uma criança da mesma idade com desenvolvimento normal.

## *Estratégias para lidar com problemas de tempo*

A ajuda de que seu filho necessita para lidar com as dificuldades de administração do tempo envolve uma combinação de planejamento, concessão de mais tempo e aviso de que haverá mudança nas atividades. Além disso, falar mais devagar e calmamente, evitando superestimar a capacidade de seu filho de compreender a linguagem, pode evitar problemas antes que eles aconteçam.

### Planeje com antecedência

Ficar à espera de acontecimentos futuros pode fazer uma diferença enorme quando ajudamos uma criança com TEA a lidar com o tempo. Os adultos que protelam e costumam fazer as coisas no último minuto, quando o prazo está se esgotando, estão fadados a ter problemas com filhos ou alunos com TEA. O adulto se sente pressionado e acha que é necessário improvisar para chegar a tempo ou concluir uma tarefa no prazo estipulado. As crianças com TEA não podem ser pressionadas e são pouco tolerantes com o improviso. O segredo para ajudá-las a evitar crises é planejar as atividades com bastante antecedência. Muitos pais de crianças com TEA criam cronogramas diários e os professores escrevem as atividades do dia no quadro todas as manhãs antes que os alunos cheguem. Isso ajuda a manter todos inseridos no que foi planejado e os relembra dos eventos que estão por vir. Se for usado um cronograma visual, como discutimos no Capítulo 2, ele também ajudará a criança a antecipar os eventos futuros.

### Conceda mais tempo

Se você acha que vai levar 10 minutos numa atividade, reserve 20. É melhor para a criança concluir uma atividade antes da hora do que ser pressionada a completá-la. Qualquer atividade que envolva múltiplas etapas, como escovar os dentes, vai levar mais tempo, porque exige da criança interromper várias vezes uma atividade para começar a próxima. Primeiro, a criança tem de molhar a escova de dente na água corrente; depois, apertar o tubo da pasta de dente sobre a escova; em seguida, fechar o tubo da pasta; então, escovar os dentes, enxaguar a boca e cuspir na pia, lavar a escova, pendurá-la e, finalmente, enxugar o rosto numa toalha e pendurar a toalha. Essa sequência pode parecer simples para um adulto ou uma criança normal, mas é exatamente o tipo de atividade que cria problemas para uma criança com TEA. Essa atividade leva mais tempo, porque fazer as trocas de uma atividade para a outra é mais demorado.

## Lembre a criança das mudanças que estão por vir

A mudança de uma estratégia ou de uma atividade para outra é difícil para crianças com TEA. Os adultos podem facilitar a transição, avisando alguns segundos antes. Isso dá ao cérebro da criança tempo para processar a mudança iminente. É um erro dar o aviso com muita antecedência, porque a criança pode esquecer ou começar a pensar sobre a mudança, principalmente se a atividade seguinte não estiver entre suas preferidas. Cinco minutos antes de ir para a educação física, o professor pode dizer: "Bronco, vamos para o ginásio daqui a alguns minutos". Bronco se lembra de ter sido derrubado por outra criança durante a educação física e fica com medo de cair do trepa-trepa. Conforme o tempo passa, ele vai ficando cada vez mais temeroso e começa a chorar. Em geral, é mais eficaz dar o aviso entre 30 segundos e 1 minuto antes da mudança e, poucos segundos depois do aviso inicial, envolver a criança numa atividade de transição que a ocupe, para evitar que ela fique pensando no que não gosta na atividade que se seguirá. Uma afirmação como "Bronco, já está quase na hora de ir para o ginásio [faça uma pausa e conte mentalmente até cinco], vamos começar a guardar os lápis de cera" dá ao menino uma tarefa concreta de transição (arrumar os lápis de cera) que evitará que ele fique pensando na mudança e resista a ela. Outra estratégia é dar à criança um objeto de transição que ela pode devolver ao adulto na situação seguinte e ser recompensada por isso: "Isabel, é hora da música. Dê isto [entregue um cartão com a figura de um piano] para a senhora Jones e ela vai lhe dar uma guloseima".

## Use menos palavras e fale pausadamente

As áreas do cérebro necessárias para a interpretação da fala não são bem coordenadas em muitas crianças com TEA. Portanto, estas levam mais tempo para processar instruções faladas ou para responder a perguntas. Por definição, os sons da fala geralmente acontecem numa sucessão rápida. Se houver palavras demais e elas forem ditas rapidamente, é muito provável que a criança não entenda o que está sendo dito. Para muitas crianças com TEA, falar e interpretar a fala é o mesmo que um trava-língua: "O peito do pé de Pedro é preto". Todos nós conseguimos dizer essas palavras devagar, mas temos dificuldade quando tentamos dizê-las rapidamente. Para as crianças com TEA, isso também se aplica à interpretação das palavras ditas pelos outros. O pai ou a mãe diz: "Você quer manteiga na batata?". Parece bem simples, mas, para uma criança pequena com transtorno autista que esteja aprendendo a falar, seria mais eficiente dizer: "Emily, manteiga na batata". Essa afirmação atinge dois objetivos: indicar que se está falando com Emily e eliminar palavras desnecessárias. Esse discurso telegráfico, que omite artigos e pronomes, no geral, é eficiente no início da intervenção comunicativa. Conforme a criança entende e usa a fala, convém começar a incluir artigos e pronomes.

Se ouvirmos com cuidado um diálogo típico, fica evidente que o falante espera uma reação verbal do ouvinte em alguns segundos. Se o ouvinte não reage, o falante supõe que algo esteja errado. Talvez a pessoa não esteja prestando atenção ou tenha ficado aborrecida com o que foi dito e esteja decidindo como responder. Se o pai lê *Os três porquinhos* para o filho Shou, de cinco anos, que tem síndrome de Asperger, e pergunta por que o terceiro porquinho construiu uma casa de tijolos, provavelmente não vai obter resposta ou vai ouvir algo inesperado como: "Para morar nela". Quando tentamos corrigir essa falha de comunicação, fazemos o que os linguistas chamam de *reparação*. O pai de Shou pode tentar dar uma dica (reparação), perguntando o que aconteceu com a casa dos outros porquinhos. A essa altura, o pai de Shou falou 18 palavras em 15 segundos. Se ele for como muitos de nós, a segunda pergunta talvez seja feita num tom mais alto, para garantir que a criança a ouça. É muito difícil para a criança com TEA entender essas falas extensas, principalmente quando ditas depressa. Se o pai de Shou quisesse fazer uma pergunta sobre a história, seria melhor perguntar "o que aconteceu" e não "por que", que exige a compreensão dos motivos do personagem. Talvez fosse mais eficiente perguntar o que o lobo fez com a casa de palha. Instruções ou perguntas verbais devem ser enunciadas clara e lentamente. Por exemplo, para uma criança com TEA, ouvir "está" talvez não signifique a mesma coisa que ouvir a redução informal "tá". Se o cuidador pergunta a uma criança com TEA: "Você quer bala?", é provável que ela só ouça "bala". Se a criança parece não entender, tente reformular a instrução ou a pergunta da maneira mais clara possível, com menos palavras, sem abreviar as palavras e mais lentamente.

## Não superestime o que a criança compreende

É comum que as crianças com síndrome de Asperger tenham vocabulário e habilidades de leitura adequados ou superiores ao seu nível escolar. A profundidade do entendimento das palavras que elas usam ou leem, no entanto, talvez seja mais limitada. Isso é verdade principalmente em relação aos conceitos e à linguagem referentes às razões para as ações das pessoas. Uma criança com síndrome de Asperger que esteja no ensino fundamental pode conhecer todos os personagens de *Guerra nas estrelas*, mas provavelmente não compreende o significado de "Que a força esteja com você". Conheci crianças com síndrome de Asperger que sabiam os nomes de todos os estados dos Estados Unidos e de suas capitais, mas não eram capazes de explicar por que as pessoas raramente vão de carro de Nova York à Califórnia, mas frequentemente dirigem de Maryland até Virgínia. É fácil os adultos confundirem o que uma criança "sabe" com o que ela "compreende". Uma criança com TEA pode saber muitos fatos, mas não compreender as relações entre eles. A linguagem pragmática talvez seja mais limitada do que a fala sintaticamente correta. Falar com uma criança autista de alto nível funcional ou com síndrome de Asperger, supondo que ela pensa como uma criança normal de sua idade e consegue fazer inferências comparáveis, pode criar problemas. Essa criança, ainda assim, precisa de mais tempo para processar o significado da fala do que seus pares com desenvolvimento normal.

## Mantenha a calma e não eleve a voz

Quando um professor tem uma turma cheia de crianças para atender ou um pai está envolvido com suas responsabilidades familiares cotidianas, pode ser muito frustrante falar com uma criança do espectro autista e não receber resposta ou receber uma resposta ecolálica, tal como a repetição de uma propaganda da televisão. Se o adulto levanta a voz, fala com severidade (por exemplo: "Qual é o problema? Não está ouvindo?") ou, pior ainda, grita com a criança, ela não vai ouvir nada do que for dito em seguida. As crianças com autismo costumam ficar muito amedrontadas e um tom de voz áspero dispara alarmes no cérebro dela que interferem na habilidade de pensar e ouvir. Reagir com aspereza ou voz alta ensina à criança que as interações com os adultos são desagradáveis e assustadoras.

É melhor respirar fundo, manter a calma e repetir a instrução ou a pergunta mais devagar, num tom de voz uniforme. Se a criança se recusar a interromper o que está fazendo (por exemplo, uma atividade favorita) a fim de passar para outra atividade necessária, experimente olhar a situação do ponto de vista dela. Pense que o seu trabalho é como o de um atendente de serviços ao consumidor, que lida com a frustração dos clientes. Geralmente, o cliente tem um motivo para estar aborrecido, embora sua reação seja frequentemente exagerada. Elevar a voz, ser mais enérgico ou forçar fisicamente uma criança a fazer o que você pediu só vai piorar as coisas. Ao manter a calma, você vai ter mais facilidade para solicitar a cooperação dela da próxima vez. Diga o nome dela, espere até que ela se vire para você e, então, faça o pedido.

### Situações perigosas: Uma exceção à regra

Uma exceção a essa regra geral é o momento em que uma criança com TEA está prestes a fazer algo potencialmente perigoso para ela ou para os outros. Se Ariel está a ponto de inserir um clipe de metal numa tomada elétrica ou se Ashley parece preparada para cutucar o rosto de outra criança com um lápis, o adequado é chamar a criança pelo nome e dizer "pare" com firmeza e alto (por exemplo: "Ariel, pare!"). A criança vai se assustar com a situação em que se encontra (prestes a fazer algo perigoso), o que a deixará alarmada durante tempo suficiente para que não se machuque nem machuque os outros. Essa é uma atitude razoável e responsável.

## *Resumo*

Praticamente tudo o que se faz com uma criança com TEA exige mais tempo do que com um irmão ou colega dela que tenha desenvolvimento normal. Os pais que preferem seguir o ritmo costumeiro têm muito mais dificuldade de comunicação e cooperação por parte do filho com TEA. Professores, que geralmente estão preocupados, apressados e um pouco atrapalhados, terão problemas recorrentes com alunos com TEA, mesmo que estes tenham nível funcional elevado. Uma combinação de planejamento, avisos antes da mudança de atividade e comunicação verbal mais lenta e simples pode evitar problemas.

# 4.

## Era uma vez...
## A descoberta do mistério das palavras

Palavras são coisas misteriosas. Elas criam na mente imagens do passado e do futuro, reais e imaginárias. Quando eu estava no terceiro ano, não sabia ler direito e ganhei no Natal três livros do Zorro. Eles eram ilustrados com maravilhosas reproduções coloridas de desenhos de artistas, representando o mascarado em seu cavalo Silver, acompanhado do parceiro Tonto. No começo, a leitura era arrastada, mas, à medida que adentrei no primeiro livro, a velocidade aumentou e fiquei encantado com as histórias. Antes do ano-novo, tinha lido os três livros e minha imaginação estava preenchida com aroma de fogueiras em acampamentos, com imagens de moitas de sálvia rolando e de entardeceres avermelhados sobre o Deserto Pintado, e, é claro, com tiroteios com os fora da lei. Não é necessário dizer que todas essas cenas eram imaginárias e não baseadas em experiência real, pois cresci em Minnesota. As palavras realmente têm poderes mágicos.

As palavras são os meios que as pessoas que amamos usam para nos contar acontecimentos importantes da vida delas. Steve, pai de um menino com TEA, chega em casa meia hora atrasado, vindo do trabalho, e diz com a voz exasperada: "Desculpe, estou atrasado. Fiquei preso no trânsito". A esposa, Helen, pergunta: "O que aconteceu? Foi acidente?". Steve responde: "Foi um engavetamento ao norte do centro da cidade. Um caminhão articulado ficou dobrado ao meio. Um caos!". Experimente imaginar o que uma criança com transtorno autista entende desse diálogo. Ela tenta pensar no que significa ficar *preso*. Houve um *acidente* como derramar o leite? O que é *engavetamento*? O que significa *dobrado ao meio*? A criança talvez se pergunte se *caos* é como seu quarto, quando a mãe pede que ela recolha os brinquedos e as meias do chão, porque está um *caos*.

## *A conversa comum é incompreensível para muitas crianças com transtorno do espectro autista*

A conversa normal que gira em torno de crianças com TEA geralmente é incompreensível para elas, repleta de figuras de linguagem. As palavras se sucedem rapidamente, enquanto a criança ainda está tentando decifrar a primeira parte da sentença e mais palavras se juntam à primeira, o que costuma gerar um deus nos acuda.

### As figuras de linguagem são uma barreira à comunicação

As formas corriqueiras de expressão são muito confusas para a maioria das crianças e jovens com TEA. Nós dizemos: "Choveu o dia inteiro!". A criança vai se perguntar quem choveu o dia todo; a quem se refere o verbo *choveu*? Pior ainda se dissermos: "Está chovendo canivetes". A criança talvez olhe para o lado de fora para ver se há canivetes no gramado. Ou, então, pense na situação em que um irmão chega da escola e diz: "Nossa, tive um dia horroroso". Uma criança com autismo vai pensar que essa é simplesmente a afirmação de um fato e pode dizer "Ah...", virar-se e ir embora. A criança com TEA não percebe que o comentário do irmão é uma deixa, à qual ela deve responder, perguntando o que aconteceu. O pai de uma criança diz: "Onde será que pus minhas chaves?". Se a criança souber que as chaves estão na mesa da cozinha, talvez não saiba dizer isso ao pai. A criança simplesmente pensa que o pai está se perguntando alguma coisa e não pedindo especificamente que ela o ajude a encontrar as chaves. Se o pai ou a mãe diz para a filha: "É hora do jantar", no intuito de pedir a ela que, por favor, se sente para comer, a filha pode simplesmente tomar isso como a declaração de um fato e não como um pedido. O fato de ela não se sentar pode ser interpretado pelo pai ou pela mãe como desobediência e não como falha na comunicação da intenção da frase. Nossa linguagem cotidiana está repleta de expressões confusas, como "estou cheio", "estou maravilhado" ou "estou farto". Quando uma criança com TEA ouve um dos colegas dizer que a gravata do professor é *de mau gosto*, isso a confunde. Para ela, a gravata não parece ter gosto. A linguagem referente aos sentimentos é ainda mais vaga. Se a mãe diz: "Você feriu os sentimentos da sua irmã", isso significa pouco para uma criança com TEA. Ela entende o que é ferir alguém batendo, mas como é possível ferir os sentimentos de alguém e onde eles estão localizados?

### Habilidade limitada no uso do contexto para interpretar a fala

Não surpreende que as crianças com TEA, com frequência, fiquem sem entender o que está acontecendo em torno delas e, consequentemente, se desliguem das conversas dos adultos. As crianças de desenvolvimento normal também têm dificuldade para decifrar esses diálogos, mas deduzem muito do contexto (por exemplo, ficar preso no trânsito é como ficar preso na cadeirinha do carro). Elas aprendem com as respostas do outro adulto (por exemplo, ficar preso no trânsito tem alguma coisa a ver com sofrer um acidente), o que as capacita a se familiarizarem com os detalhes da comunicação em seu idioma. As crianças com autismo têm dificuldade maior no uso do contexto como fonte de dicas para a interpretação da fala e não compreendem linguagem figurada como *ficar preso no trânsito*.

## *A compreensão dos objetivos da comunicação*

Os problemas de comunicação estão entre os três *deficits* principais das crianças com transtorno autista e TGD-SOE. As crianças com síndrome de Asperger têm menos dificuldade com a fala, embora também tenham problemas com seu uso prático, chamado de *pragmática*. O primeiro problema que muitas crianças com transtorno autista e TGD-SOE enfrentam é compreender que a comunicação tem objetivos e um deles é servir de instrumento para solucionar problemas.

### Estímulo à comunicação

Ethan, que tem 12 anos e diagnóstico de TGD-SOE, pergunta-se o que as pessoas tanto conversam o tempo todo. Ele ouve as pessoas falando, falando, mas elas raramente dizem algo que interesse, como a extensão do rio Mississippi, de quantas casas decimais do valor de *pi* conseguem se lembrar ou quais os selos de presidentes da República que há na sua coleção. Os adultos estão sempre falando sobre quem disse o que para quem: ele disse, ela disse. Ethan ouve a mãe dizer ao pai que acha que eles estão tendo problemas de relacionamento. Ethan tenta evocar a imagem de um relacionamento, mas isso lhe dá um branco. As pessoas que têm TEA, como Ethan, veem televisão, mas acham incompreensível a conversa entre os personagens nas comédias e nas novelas. Homens e mulheres ficam parados nesses programas, dizendo coisas do tipo: "Você sabe que não foi isso o que eu quis dizer" e "Não queria magoar você", que parecem não ter significado prático para crianças como Ethan. Ele se pergunta por que as pessoas dizem coisas assim. Quem tem TEA vê noticiários, previsões meteorológicas e assiste ao Discovery Channel. As pessoas que aparecem nesses programas falam de avalanches e descrevem curvas isotérmicas que atravessam mapas, e os biólogos da vida silvestre discutem como as cabras se adaptaram para subir a encosta das montanhas. Essas coisas fazem sentido. A maioria das conversas parece não ter propósito algum na opinião das pessoas com TEA. Aí está uma das razões mais básicas pelas quais a comunicação é tão difícil para a maioria delas.

Grande parte da comunicação cotidiana cria e estreita laços entre as pessoas. Compartilhamos experiências com os outros, porque supomos que eles estejam tão interessados nos detalhes de nossa vida quanto nós nos da deles. Discutimos nossas vicissitudes e tribulações e recebemos encorajamento, apoio, comiseração e sugestões úteis de nossos familiares e amigos. Pouco de nossas conversas é realmente sobre coisas. Os diálogos são principalmente sobre o que aconteceu conosco, com nossos amigos e com as pessoas que amamos e sobre nossos sentimentos (e os deles) a respeito desses acontecimentos. Esse aspecto da comunicação é intangível para a maioria das pessoas com TEA. Elas têm uma compreensão limitada do modo como os outros pensam e sentem e não têm a percepção de que suas experiências podem ser interessantes para os outros. Elas acham que as conversas entre as pessoas são confusas e não sabem qual é a função delas. Para que alguém com TEA se interesse em se comunicar com os outros, essa comunicação tem de ter um propósito prático.

## O papel do fonoaudiólogo

Embora pais e professores alcancem sozinhos bons resultados na estimulação da comunicação das crianças, essa eficiência pode ser multiplicada se trabalharem com um fonoaudiólogo experiente em crianças com TEA. Os programas das escolas públicas para crianças com TEA, assim como os das pré-escolas e dos centros de diagnóstico especializados em TEA na comunidade, geralmente têm entre seus profissionais fonoaudiólogos preparados para ajudar nesse processo. Em todo este capítulo, estamos supondo que pais e professores consultam regularmente um fonoaudiólogo experiente no que diz respeito às estratégias de comunicação mais adequadas para uma determinada criança.

## O aprendizado do propósito da comunicação

Não ocorre a um menino pequeno com transtorno autista que, se quiser o suco que está na geladeira, pode usar palavras para pedir à mãe que pegue a bebida para ele. Em vez disso, ele puxa a manga da roupa dela e chora, na esperança de que ela entenda o que ele quer. Se não funcionar, ele tem um acesso de raiva, enquanto a mãe tenta desesperadamente descobrir qual é o problema.

Às vezes, mesmo crianças com TEA e boas habilidades verbais não conseguem usar a linguagem para resolver problemas práticos. Parece que elas simplesmente não pensam em usar a linguagem para superar obstáculos. A mãe de uma menina de nove anos com autismo e alto nível funcional me contou que a filha, que tinha controle esfincteriano desde que entrou para o jardim da infância, de repente começou a fazer xixi nas calças na escola. O pediatra da menina descartou qualquer causa física para o problema. Se não fosse por isso, essa criança ia bem na escola e parecia gostar de lá. Foi convocada uma reunião na escola, e o analista comportamental apresentou um plano com um sistema de fichas para a menina; nesse plano, ela receberia recompensas tangíveis e teria acesso a suas atividades favoritas conforme aumentasse o tempo em que ficasse sem molhar as calças e urinando corretamente no banheiro. Quando a reunião estava chegando ao fim, pediram à menina que explicasse o sistema de fichas, o que ela conseguiu fazer, e perguntaram se concordava com ele. A menina respondeu que o sistema estava ótimo, mas disse que a professora também poderia tirar a aranha do cubículo preferido dela no banheiro. Acontece que essa menina, extremamente compulsiva, só usava um cubículo no banheiro para urinar e morria de medo da aranha. Então, em vez de usar o cubículo, fazia xixi nas calças. Quando a mãe perguntou por que ela não havia dito nada antes sobre a aranha, a menina pareceu confusa e respondeu que não sabia. Afirmou que não pensou em dizer nada. Aparentemente, não ocorreu a ela usar as palavras para pedir ajuda.

É importante que pais e professores ensinem bem cedo às crianças com TEA o uso da comunicação verbal ou aumentativa, como os Sistemas de Comunicação por Intercâmbio de Imagens (Picture Exchange Communication Systems – Pecs; Bondy e Frost 2001), para resolver problemas como pedir as coisas, pedir ajuda e pedir para postergar a execução de determinadas tarefas das quais não gostem. O primeiro passo no aprendizado das habilidades de comunicação é o uso de gestos, que são ensinados por imitação.

## A superação da fala não convencional

Muitas crianças, aos dois anos, simplesmente não falam, ou usam as palavras apenas porque gostam do som delas. É possível que repitam frases curtas de comerciais da televisão e de letras de canções e cantigas infantis. Elas não usam essas falas para se comunicar, mas como uma forma de autoestimulação, chamada de *ecolalia*. Grace anda pela casa repetindo "Dickory Dock, Dickory Dock",* que aprendeu com os pais, que cantam cantigas infantis para ela na hora de dormir. Jonathon repete: "Aplique diretamente sobre o ferimento", que ouviu num comercial de televisão. Ele não tem fala funcional, mas às vezes repete essa frase quando os pais lhe fazem uma pergunta. A ecolalia pode ser enganosa, porque sugere que a criança é capaz de usar as palavras, mas é importante perceber que essa é frequentemente uma forma de autoestimulação e não de comunicação. Em alguns casos, as respostas ecolálicas às perguntas são tentativas de responder (porque a criança percebe que lhe fizeram uma pergunta), mas, sem saber o que ou como dizer, a criança emprega uma frase ecolálica memorizada.

O segredo para superar essa fala não convencional está em nos concentrarmos no que a criança está tentando comunicar e não nas palavras que ela diz. Tendo oportunidade para treinar, dizendo o que realmente quer dizer no contexto (por exemplo, pergunta: "O que você quer?"; resposta: "Suco", em lugar da frase ecolálica), a criança gradativamente empregará menos a fala não convencional, substituindo-a por uma comunicação intencional mais adequada. Repreender ou fazer comentários depreciativos, como, por exemplo: "Isso não faz sentido", só piora as coisas, porque não ensina habilidades alternativas e pune as tentativas de comunicação.

## *Imitação e gesto*

Quase sempre, as crianças no início se comunicam apontando ou levantando os braços para pedir colo. Os gestos geralmente são aprendidos por imitação. Uma avaliação preliminar pode ajudar a determinar quando começar uma

---

* *Dickory dock* significa *clock* (relógio) na gíria *cockney*. No caso, a expressão é parte de uma cantiga infantil: "Hickory, dickory, dock, / The mouse ran up the clock. / The clock struck one, / The mouse ran down, / Hickory, dickory, dock". (N.T.)

intervenção. No livro *Do watch-listen-say*, Kathleen Ann Quill (2000) apresenta ferramentas excelentes de avaliação funcional, que podem ser usadas para avaliar as habilidades iniciais que uma criança traz para a situação comunicativa. A lista dessas ferramentas ultrapassa o escopo deste livro, mas é muito recomendada, principalmente para professores e terapeutas que trabalhem com crianças com TEA. Aconselhamos os pais a consultar um fonoaudiólogo quando planejarem esse tipo de avaliação e a elaborar planos de comunicação.

## Imitação motora e gesto

Crianças de desenvolvimento normal começam a imitar os sons e as expressões faciais e a se esforçar para pegar objetos que estão fora de seu alcance, estendendo os braços, entre os seis e sete meses de idade. Elas retribuem os sorrisos dos pais e fazem contato visual. Aos 12 meses, imitam gestos, como bater palmas, viram-se quando ouvem o próprio nome, gostam de brincar de esconder e estendem os braços, como se fossem pegar alguma coisa, num gesto de solicitação. Começam a imitar algumas palavras por volta de um ano. Aos 15 meses, a maioria das crianças está combinando duas palavras para criar frases (por exemplo: "mais leite") e, aos dois anos, aponta para objetos ou figuras quando dizemos os nomes deles (e também para partes do corpo, como nariz ou orelha).

Os gestos, a postura e a linguagem corporal proporcionam informações visuais importantes para a maioria de nós. A postura curvada sugere que a pessoa está cansada, desanimada ou, talvez, não se sinta bem. Movimentos animados e gesticulação indicam que alguém está bem-humorado. Ao desviar o olhar, a pessoa indica que não está à vontade. Detectamos esses sinais em poucos segundos ou até em menos tempo. Embora a maioria das crianças pequenas aprenda muito cedo a produzir e interpretar gestos pela imitação, isso não acontece com muitas crianças com TEA. A melhor previsão de aprendizado rápido entre crianças com TEA é sua capacidade de realizar imitações motoras e/ou verbais entre os dois e os três anos (Sallows e Graupner 2005). Cerca de metade das crianças com diagnóstico de TEA entre dois e três anos não imita espontaneamente os gestos dos pais, como bater palmas, por exemplo. Elas precisam ser ensinadas a imitá-los.

## Imitação motora simples

A imitação motora é o primeiro passo na comunicação. O procedimento de imitação de coordenação motora grossa que se segue pode ser repetido três ou quatro vezes durante um dia comum. Escolha momentos em que a criança esteja de bom humor e não envolvida numa atividade autoestimuladora repetitiva, como agitação dos braços, rodopios ou outros comportamentos compulsivos da preferência dela. É melhor encaixar a imitação numa atividade que ocorra naturalmente na rotina diária. Por exemplo, quando a criança estiver brincando com água na banheira ou envolvida numa brincadeira de fazer cócegas e fugir, o pai ou a mãe pode bater palma e dizer: "Ah, que legal!".

## Imitação de mãos e braços

Sente a criança numa cadeirinha apropriada para o tamanho dela, numa cadeirinha de carro ou no chão, de frente para você. Chame-a pelo nome e espere até que ela olhe. Levante as mãos diante de você, diga: "Faça assim", e bata palma. Algumas crianças com TEA vão tentar imitar o gesto, muitas não. Se a criança não tentar imitar, segure as mãos dela com as suas e junte-as, fazendo o movimento de bater palma. Assim que as mãos da criança se juntarem, batendo uma palma, sorria e faça um elogio. Você pode dizer, por exemplo: "Isso! Foi ótimo!". Com crianças resistentes, goles de suco, pequenos pedaços de fruta ou outros petiscos podem ser usados para recompensar as tentativas de imitação.

Espere cinco segundos, mais ou menos, e repita o procedimento explicado anteriormente. Tenha certeza de que a criança está olhando para você antes de dar a instrução "Faça assim". Quando ela estiver olhando para você, bata palma novamente e diga: "Faça assim". Elogie bastante e estimule com frases do tipo: "Isso é divertido!", "Que menina esperta!" ou "Você é um menino muito bom!". Ao trabalhar com crianças de dois ou três anos, esse procedimento pode ser repetido a cada cinco ou dez segundos, durante cerca de cinco minutos, seguidos de um período de descanso ou brincadeira livre. Pare sempre num momento positivo, garantindo a conclusão da sessão antes que a criança fique inquieta ou chore. No fim do período de imitação, sente-se com a criança, ofereça uma guloseima ou atividade favorita e faça um comentário sobre o bom desempenho dela.

Em muitos casos, em uma semana, assim que você disser "Faça assim" e levantar as mãos, a criança imediatamente baterá palma. Então, você poderá passar à etapa seguinte: imitar batidinhas no alto da cabeça. Use exatamente o mesmo procedimento. Comece com cinco repetições do exercício já conhecido de bater palma; depois, mude para as batidinhas no alto da cabeça. Dê uma batidinha no alto de sua própria cabeça e diga: "Faça assim". No começo, é provável que a criança bata palma. Chame a criança pelo nome (espere até que ela olhe para você) e, então, diga: "Faça assim", e bata novamente no alto da cabeça. Verifique se a criança está olhando para você antes de dar o exemplo do gesto. Se a criança bater palma ou não imitar a batida no alto da cabeça, guie as mãos dela até o topo da cabeça dela e a elogie pelo gesto. Se a criança resistir, não a force. Espere alguns segundos e tente novamente. Alterne cinco tentativas de bater palma com cinco tentativas de bater no alto da cabeça. Repetindo isso durante vários dias, a criança vai acabar executando ambos os gestos motores corretamente quando você der o exemplo.

Os procedimentos anteriores são repetidos com o acréscimo do gesto de esfregar a barriga, alternado com as tentativas de bater palma e dar batidinhas no alto da cabeça. Finalmente, acrescente um quarto gesto de imitação de coordenação motora grossa, batendo nas duas coxas com as palmas das mãos viradas para baixo. Assim que a criança tiver dominado essas quatro imitações corporais de coordenação motora grossa, você estará pronto para as imitações com objetos, pois a criança começou a desenvolver uma habilidade chamada *imitação motora generalizada*. Depois de desenvolver essa habilidade, a criança geralmente tentará imitar todos os outros movimentos que você fizer ao dizer: "Faça assim". Outras atividades prazerosas, como fazer gestos ao cantar canções, são mais cativantes, e o interesse por elas se mantém durante a prática da imitação motora generalizada.

## Imitação com objeto

Seu filho entende que "Faça assim" é uma deixa para que ele repita o movimento que você está fazendo. Ele aprendeu que essa é uma atividade prazerosa, sempre seguida de um agrado; logo, na maioria dos casos, a resistência foi vencida ou é mínima. Começar a imitação com objeto geralmente dá mais resultado se forem usados brinquedos que produzam som, como chocalhos, sinos e xilofones. Esses brinquedos têm a vantagem de que a criança pode ver de imediato que o movimento dela produziu um efeito concreto e, portanto, ensinam a relação de causa e efeito. O procedimento é idêntico aos de imitação de movimentos com partes do corpo, mas balançando um chocalho ou sino e tocando as teclas do xilofone com a baqueta. Escolha duas das atividades anteriores de imitação com partes do corpo e insira cinco tentativas de balançar o chocalho. Por exemplo, você bate palma, esfrega a barriga, balança o chocalho e repete essa sequência. Na maior parte das vezes, as crianças aprendem as atividades de imitação com brinquedo mais depressa do que aprenderam a imitação com partes do corpo.

Quando a criança tiver aprendido a imitar o movimento feito com um brinquedo, acrescente uma nova atividade de imitação com outro brinquedo (por exemplo, tocar o xilofone) e substitua uma das tarefas de imitação com partes do corpo aprendidas previamente (por exemplo, batidinha no alto da cabeça, palma, tocar uma lâmina do xilofone).

A etapa seguinte envolve o aprendizado de atividades de imitação de coordenação motora grossa com brinquedo que produza retorno auditivo mínimo (ao contrário do chocalho e dos sinos, que produzem um som característico). Uma boa atividade é deixar cair blocos coloridos numa caixa. Dê um bloco para a criança, pegue um para você, diga "Faça assim" e deixe cair o bloco na caixa. Se você der à criança uma pilha de blocos, é provável que ela deixe cair todos de uma vez ou os atire longe; por isso, é melhor entregar um bloco de cada vez. Intercale cinco tentativas da atividade com o bloco no meio de uma atividade de imitação de coordenação motora grossa com partes do corpo e uma atividade de imitação com brinquedo que produza barulho. Continue a praticar com a criança as habilidades adquiridas previamente, para garantir que ela não as esqueça. Outra atividade parecida de imitação com brinquedo é empilhar argolas. Assim que a criança estiver imitando com êxito duas ou três atividades motoras com brinquedo, você pode começar a ensinar a ela a imitação com outros brinquedos ou brincadeiras, como ninar uma boneca ou empurrar um carrinho pelo chão ou sobre o tampo de uma mesa. Isso prepara a criança para brincadeiras espontâneas semelhantes às de outras crianças da mesma idade. Os métodos são os mesmos utilizados no aprendizado das habilidades anteriores.

## Imitação com vídeo

Algumas crianças acham difícil imitar brincadeiras vendo um modelo vivo. Ficam distraídas com a camisa xadrez do professor, com a criança que está conversando perto delas na escola ou com o som do carro dos bombeiros na rua. Para crianças que se distraem com facilidade, substitua o adulto ou o irmão mais velho que executa o movimento da brincadeira com objeto por um vídeo, com o objetivo de eliminar as distrações. Charlop-Christy, Loc e Freeman (2000) e LeBlanc *et al.* (2003) demonstraram com eficiência o uso do modelo e do reforço em vídeo para ensinar a crianças com autismo as atividades com brinquedos e a habilidade de adotar o ponto de vista do outro. O material básico está ao alcance de muitas famílias, e os procedimentos podem ser aprendidos com facilidade. Muitas famílias têm câmeras de vídeo digitais, que podem ser usadas para fazer vídeos curtos que mostrem repetidas vezes o pai, a mãe ou um irmão mais velho arrastando um carrinho no chão para frente e para trás, empilhando blocos ou embalando uma boneca. Na gravação, o adulto ou o irmão diz: "Faça assim" e arrasta o carrinho no chão para frente e para trás. Os segmentos não devem ter mais do que cinco segundos de duração. É prudente gravar várias versões ligeiramente diferentes do mesmo modelo de atividade com brinquedo. Assim, a criança não fica esperando que o modelo adulto real seja o mesmo em todas as ocasiões. Os modelos em vídeo são reproduzidos num monitor de televisão, e a criança é estimulada a assistir ao vídeo e, em seguida, a imitar o que vê. Em geral, assim que a criança estiver imitando o modelo do vídeo, é fácil mudar para um modelo vivo executando o mesmo movimento. Nesse momento, é menos provável que a criança se distraia, e ela vai se concentrar no movimento do brinquedo.

Quando a criança atingir esse nível no aprendizado das imitações, ela tentará reproduzir todos os movimentos de coordenação motora grossa que você fizer. Isso é chamado de *imitação motora generalizada* e tem dois propósitos importantes. Primeiro, facilita a aprendizagem de qualquer habilidade nova, simplesmente demonstrando-a para a criança. Logo que a criança aprende o "Faça assim", você pode ensinar como colocar a mesa, segurar o giz de cera ou escovar os dentes, demonstrando e dizendo "Faça assim". O segundo propósito, mais importante, é que ensinar à criança o "Faça assim" é um trampolim para o aprendizado da fala ou comunicação aumentativa, que inclui o uso de um objeto ou símbolo para representar outra coisa no momento da comunicação, tal como um objeto tridimensional, uma figura ou um símbolo gráfico.

As crianças que não produzem os sons da fala ou só dizem vogais ou consoantes de modo repetitivo devem ser avaliadas por um fonoaudiólogo, a fim de determinar a abordagem comunicativa mais adequada. Califiero (2005) propõe uma boa discussão sobre as estratégias de comunicação aumentativa e alternativa para crianças com TEA e comunicação verbal mínima ou ausente. O foco está na comunicação funcional espontânea com uso de linguagem natural assistida, sinais, símbolos comunicativos pictóricos e quadros comunicativos, além de dispositivos de emissão de voz.

## A imitação dos movimentos bucais e dos sons da fala

As crianças têm mais probabilidade de iniciar o desenvolvimento dos sons da fala depois de começarem a balbuciar ou a emitir sons parecidos com "palavras", chamados de *jargão*. As crianças com dificuldade para mastigar, engolir ou movimentar língua e lábios devem ser avaliadas por um fonoaudiólogo, para determinar se são capazes de produzir os sons da fala.

O aprendizado da linguagem verbal começa com a criança aprendendo a imitar os movimentos bucais. Os movimentos bucais que envolvem os lábios e a língua na frente da boca são geralmente aprendidos com mais facilidade, porque a criança consegue ver o modelo adulto mais facilmente. Assim, geralmente se inicia esse aprendizado usando os lábios, de um modo que ajudará a criança com os sons de "m", "b" e "p".

Evan tem respondido corretamente a nove de cada dez tentativas de imitação de coordenação motora grossa e imitação com brinquedo. A professora dele decide introduzir a imitação da pré-linguagem. Evan vocaliza, fazendo "eee-eee" e sons vocálicos semelhantes, mas não produz palavras nem muitas das consoantes. A senhora Glazer se senta diante dele, numa mesinha, levanta o dedo até os lábios, diz: "Evan, faça assim", e fecha os lábios de modo exagerado, para que a boca produza um som de "mmm". Evan a observa com atenção e bate palmas. A senhora Glazer abaixa a mão, para que Evan não pense que a mão faz parte do pedido, e repete: "Faça assim", fechando os lábios e dizendo "mmm". Depois da terceira vez, Evan une os lábios, mas não produz o som "mmm". A senhora Glazer diz: "Ótimo! Está certo". Ela faz mais cinco tentativas com "mmm" e, em seguida, muda para cinco tentativas de empurrar um carrinho sobre a mesa. Evan imita corretamente. Ela, então, retorna à imitação do movimento bucal e repete "Faça assim", fechando os lábios e dizendo "mmm". Dessa vez, Evan a imita corretamente, incluindo a produção do som "mmm". "Muito bem, Evan. Você fala bem", diz ela, e repete a imitação do movimento bucal mais uma vez pela manhã e novamente à tarde. Depois de concluir a sessão, ela se senta com o menino, enquanto ele come umas fatias de maçã e toma suco, e repete: "Evan, você fala tão bem!". A senhora Glazer está tentando inculcar em Evan a ideia de que ele usa a boca para falar, embora ele ainda não esteja dizendo palavra nenhuma.

Na segunda-feira seguinte, a senhora Glazer introduz o segundo movimento bucal: colocar a língua para fora. Mover a língua para frente da boca vai ser útil para demonstrar como produzir o som de "t". Quando ela diz "Faça assim" e coloca a língua para fora, Evan ri. Ela diz: "Engraçado, né? Mas está certo. Faça assim". Ela coloca a língua para fora novamente. Evan imita imediatamente o movimento de estirar a língua. Ela continua, mesclando tentativas de imitação com brinquedos e tentativas de movimentos com a língua, acrescentando o encaixe de peças de madeira de formato geométrico num painel correspondente com quatro formas, uma atividade de imitação motora com objeto. No princípio, Evan necessita de alguma orientação manual para encaixar algumas peças no painel.

Na quinta-feira, Evan está indo tão bem que a senhora Glazer decide ensinar a ele como dizer "mais". Dá ao menino uma jujuba. Depois que ele comeu a jujuba, ela diz: "Evan, quer mmmais?". Evan observa a boca dela atentamente. A senhora Glazer diz: "Faça assim. Diga 'mmmais'", fechando a boca com um som exagerado de "m". Evan fecha os lábios e diz "mmms". Ela diz: "Ótimo, Evan. Tome mais jujubas", e dá a ele duas jujubas. Na sexta à tarde, Evan está dizendo "mais" com segurança quando quer mais jujubas.

## *Como ensinar a criança a pedir: A comunicação útil*

Linda Hodgdon (1995) apresenta uma discussão excelente sobre o uso de suportes visuais para estimular a comunicação em crianças com TEA. Uma das melhores maneiras de ensinar essas crianças a usar a fala ou os sistemas de comunicação aumentativa é dar a elas acesso às coisas e às atividades que desejam (isto é, ensiná-las a pedir).

### Facilite o pedido

Para que as crianças com transtornos autistas e TGD-SOE se interessem pela fala, esta deve ter uma utilidade para elas. A mãe de Evan repete em casa os mesmos exercícios de imitação do movimento bucal que a senhora Glazer usa na escola, porque quer ver se o menino generaliza o uso de "mais" em casa. É o primeiro passo para ensiná-lo a pedir. Num sábado de manhã, enquanto Evan termina o café, a mãe percebe que ele tomou todo o suco de laranja. Ela aponta para o copo vazio e, mostrando os próprios lábios, diz: "Quer mais? Faça assim, diga 'mmais'". Evan olha do copo de suco para a boca da mãe e diz: "Mmais". Ela responde: "Falou muito bem, Evan!", e imediatamente coloca um pouco de suco no copo. Evan logo toma o suco, olha para o copo novamente e, em seguida, para a mãe. Ela pergunta: "Quer mais?", e espera alguns segundos. Evan fala bem rápido: "Mais". A mãe responde: "Muito bem, Evan", e coloca um pouco mais de suco no copo. Evan está gostando da brincadeira. Aponta para o copo (comunicação gestual) e a mãe diz: "Quer mais, Evan?". Dessa vez, quando ele diz sua versão de "mais", a fala está mais próxima da pronúncia correta. O pedido de "mais" ensinado na escola se transferiu quase que imediatamente para casa, um bom prenúncio da transferência para todos os ambientes.

No almoço, Evan está comendo um sanduíche de manteiga de amendoim, maçã e tomando um copo de leite. A mãe enche metade do copo com o leite, que o menino usa para ajudar a engolir a manteiga de amendoim grudenta. Ele olha para o copo e diz: "Mais". A mãe serve mais leite. Quando ele pede novamente, ela diz: "Diga 'mais leite'". Evan tenta imitar a palavra *leite*, mas omite o *l*. Ele aprendeu o conceito, mas precisa trabalhar na articulação. Nas duas semanas seguintes, Evan gradativamente aprende o nome dos alimentos que costuma comer: *suco*, *leite* e *biscoito*. Também aprende a dizer "mais" para pedir mais atividades favoritas, como "mais cosquinha" e "mais TV". É um grande passo; significa que Evan aprendeu uma função importante da linguagem: fazer acontecer as coisas que ele deseja que aconteçam.

## O uso de leitores de cartões e gravadores ativados por botões

Algumas crianças aprendem depressa a falar usando leitores de cartões e roteiros (McClannahan e Krantz 2005). Os leitores de cartões são aparelhos que reproduzem segmentos curtos de fala (de até oito segundos) que os pais ou os professores gravam. Os cartões são de cartolina rígida com uma fita magnética ao longo da borda inferior. O cuidador grava uma palavra ou frase, que fica armazenada na fita magnética. Depois, a criança pode reproduzir essa gravação, colocando o cartão no leitor. Essa estratégia é mais eficaz quando usada com um cronograma visual de atividades e quando a criança é ensinada a usar roteiros. Os cartões são colocados no cronograma de atividades, com a foto da atividade correspondente. Quando uma determinada atividade vai ocorrer, a criança retira o cartão e o coloca no leitor. Assim que um determinado roteiro tiver sido aprendido, os lembretes são gradualmente suprimidos e a criança aprende a simplesmente dizer a frase. Depois que a criança aprendeu a usar o leitor de cartões, outros aparelhos de gravação portáteis podem ser postos em locais nos quais palavras ou frases específicas provavelmente serão necessárias, como na porta da geladeira, ao lado da porta de saída ou no lugar onde ficam guardados os brinquedos. Mini-Me e Voice Over são aparelhos acionados por botões, que servem ao mesmo propósito dos leitores de cartão. Se a criança quer pedir alguma coisa, como: "Suco, por favor", ela pressiona o botão do aparelho que está na porta da geladeira, ao lado da foto de um copo de suco, e a voz da mãe diz: "Suco, por favor". Pede-se que a criança repita a frase para, então, receber o suco. Na escola, o aparelho acionado por botão pode ser colocado no armário onde são guardados os brinquedos. Quando a criança pressiona o botão, a voz do professor diz: "Brinquedos, por favor", e pede-se à criança que repita a frase. Com o tempo, os aparelhos com botão vão sendo retirados e as fotos permanecem. Finalmente, as fotos vão sendo retiradas e espera-se que a criança diga a palavra ou a frase sem outros lembretes toda vez que quiser suco, acesso aos brinquedos ou sair para brincar. Detalhes específicos sobre o uso desses aparelhos e sobre *script fading** podem ser encontrados no livro *Teaching conversation to children with autism: Scripts and script fading*, de McClannahan e Krantz (2005).

## Como pedir coisas que não estão à vista

O primeiro passo geralmente é ensinar as crianças a pedir coisas que estão vendo, mas não conseguem pegar, ou que viram recentemente, como leite no copo. À medida que as crianças adquirem mais competência comunicativa, são ensinadas a pedir algo que queiram, mas que não estejam vendo.

Faduma aprendeu a pedir um alimento que esteja vendo ou uma atividade associada a uma determinada pessoa *presente*, como brincar de ser jogada para o ar quando vê o pai. Antes do café da manhã, a mãe de Faduma percebe que a filha está procurando alguma coisa. Sobre a mesa, há iogurte, torrada, frutas frescas e gelatina, mas não há cereal. A mãe diz: "O que você quer, Faduma?". Durante um momento, a menina parece pensar, vai até a cozinha e olha para o armário e, em seguida, para a mãe, esperando alguma coisa. A mãe repete: "O que você quer, Faduma?". Depois de alguns segundos, Faduma diz: "Lups". A mãe pensa um pouco e conclui que a menina quer o cereal Fruit Loops que está no armário, que está fechado. A mãe pega a caixa de cereal e a coloca na mesa, perto da tigela de Faduma, e põe ao lado dela a caixa de leite. Faduma já não precisa ver o objeto que estimula seu desejo para se lembrar do nome do que quer. Nas semanas seguintes, Faduma começa a dizer espontaneamente: "Papai vem?", logo antes de ele chegar em casa, vindo do trabalho, e "Ir parque", quando quer ir ao parque que fica a algumas quadras de distância.

---

* Uso de *scripts* ou roteiros prontos de interação social que são progressivamente simplificados, até sua retirada total, contemplando possibilidades mais naturais ou flexíveis de interação. (N.E.)

## *Nomear, descrever e elaborar*

Para que as crianças com TEA consigam conversar, devem saber os nomes de pessoas, objetos, lugares e ações.

### Como desenvolver o vocabulário receptivo

O passo seguinte se inicia com o treinamento para que a criança aponte para objetos concretos, como bola, cachorro ou boneca, quando ouve o nome deles. A isso se denomina *vocabulário receptivo*. Uma bola e um cachorro de brinquedo são colocados sobre a mesa, diante da criança. O professor diz: "Aponte a bola". Se a criança não responde, o professor diz: "Faça assim. Aponte a bola", e aponta para a bola. Porque já aprendeu o "Faça assim", a criança começa bem depressa a apontar para a bola. Recebe elogio como recompensa e, de vez em quando, um agrado tangível depois das respostas corretas. O professor coloca uma boneca sobre a mesa, ao lado da bola, e diz: "Aponte a bola". A criança aponta corretamente. Para ter certeza de que a criança está aprendendo qual é o objeto e não a posição que ele ocupa (escolhendo sempre o objeto que está à esquerda), a bola é movimentada da esquerda para a direita e retorna para a esquerda. Em seguida, um bloco de montar e uma boneca são colocados lado a lado sobre a mesa e o professor diz: "Aponte a boneca". Assim que a criança estiver, de maneira receptiva, identificando corretamente os objetos tridimensionais, o passo seguinte consiste em substituí-los por fotos bidimensionais. O professor tira fotos da bola, da boneca e dos blocos e repete o mesmo treinamento, usando as fotos no lugar dos objetos concretos. A maioria das crianças passa imediatamente dos objetos tridimensionais para as fotos deles.

Uma foto da mãe da criança e uma foto comparativa, de algo bem diferente da mãe, como um cachorro ou um gato, são selecionadas e colocadas sobre a mesa, lado a lado. O professor diz: "Aponte para a mamãe". Praticamente todas as crianças apontam corretamente, porque a mãe é especialmente importante para elas. A escolha incorreta é trocada periodicamente (por exemplo, um policial ou um fazendeiro substitui o cachorro ou o gato) e a posição das fotos se alterna entre direita e esquerda. Depois de uma série de oito a dez tentativas corretas, a foto de um irmão mais novo é colocada com a foto da mãe. O professor diz: "Aponte para a mamãe", o que geralmente a criança faz. Na tentativa seguinte, o professor diz: "Aponte para o Andrew" (o irmão mais novo da criança). Frequentemente, a criança com TEA continuará apontando para a mãe. O professor diz: "Faça assim. Aponte para o Andrew", e dá o exemplo, apontando para a foto de Andrew. Muitas crianças começam a responder corretamente depois de três ou quatro repetições alternadas entre "Aponte para o Andrew" e "Aponte para a mamãe". Assim que a criança responder corretamente, elimina-se o "Faça assim". Uma a uma, as fotos de todos os membros da família, dos avós e dos animais de estimação são acrescentadas em várias combinações até que a criança esteja apontando corretamente todos os membros da família, num sinal de que os nomes delas, agora, são parte de seu vocabulário receptivo. Isso nos dá certeza de que a criança consegue identificar corretamente todos os membros da família, o que é pré-requisito para dar nomes a eles.

## Os nomes das pessoas

Os nomes de familiares próximos são geralmente aprendidos com facilidade, porque a criança está habituada ao som deles, embora algumas crianças com TEA tenham problemas de articulação e possam enfrentar dificuldade na pronúncia de alguns nomes. Isso também vale para crianças com desenvolvimento normal. Quando uma jovem mãe começou a se relacionar com um homem que tinha duas filhas, Allison e Madison, os nomes das meninas criaram um problema de comunicação para Emily, a filha de dois anos dessa jovem mãe. Emily tinha dificuldade para pronunciar a sílaba inicial "Al", de Allison; então, chamava as duas meninas mais velhas de "Madson", embora ambos os nomes fizessem parte de seu vocabulário receptivo. Disseram a Emily que as meninas estavam chegando para o jantar, e ela disse: "Madson e Madson chegando". Se pedíssemos a Emily para dar um brinquedo para uma (Allison) ou para outra (Madison), ela acertaria. Crianças pequenas com TEA geralmente têm problemas articulares desse tipo, que costumam ser superados com a prática. Em geral, é útil consultar um fonoaudiólogo, que pode fazer sugestões para melhorar a articulação.

Duas fotos de membros da família, de um adulto e de uma criança, são colocadas diante da criança com TEA. O professor da criança diz: "Aponte para a mamãe. Diga 'mamãe'" (a foto está à esquerda). A criança aponta para a foto, mas costuma não repetir o nome. O professor repete: "Diga 'mamãe'". Qualquer aproximação com "mamãe" deve ser imediatamente recompensada. As duas fotos são retiradas, a foto da mãe da criança é colocada do outro lado (por exemplo, direito) e uma nova foto incorreta é posta ao lado dela (foto de um irmão ou uma irmã, do lado esquerdo). "Quem é esta? Diga 'mamãe'" (apontando para a foto). Novamente, qualquer aproximação com "mamãe" deve ser reforçada. Esse procedimento se repete com uma foto do pai da criança ("Quem é este? Diga 'papai'") e outra foto incorreta para comparação (por exemplo, vovó). Conforme vão aumentando o número e a porcentagem de respostas corretas, a instrução passa a ser: "Quem é este? Papai?". A palavra "diga" é eliminada. O resultado é que muitas crianças verbais desenvolverão a habilidade de nomear a maioria dos familiares, embora, como observado anteriormente, frequentemente existam problemas de articulação – portanto, Andrew talvez soe como "Drew" e avô vire algo como "vô" (ver Figura 1).

Figura 1. Terapeuta ajudando criança a designar os membros da família pelo nome.

## Os nomes dos objetos

O mesmo procedimento é adotado para ensinar para a criança os nomes de objetos comuns que ela encontra no cotidiano, como caneca, colher, camisa, sabonete, escova de dente e assim por diante. Embora se possa ensinar esse vocabulário receptivo usando objetos, no geral, é uma boa ideia continuar usando fotos, porque todo o vocabulário subsequente será ensinado por meio de fotos. Depois que os objetos comuns do dia a dia tiverem sido ensinados, passa-se para as coisas que a criança encontra do lado de fora de casa, como árvore, rua, gramado, céu, nuvem, chuva e carro.

Após o aprendizado de nomes de "objetos" do interior e do exterior da casa, são ensinados os nomes dos lugares, tais como os cômodos da casa ("cozinha"), o prédio escolar ("escola"), a casa da vovó ("vovó") e McDonald's ("Donal"). Depois que dominar os objetos e os lugares, a criança em seguida aprende os objetos que pertencem a cada lugar. Por exemplo, a mãe de Ben pode perguntar: "Onde fica o sabonete?", com fotos de vários cômodos sobre a mesa, para ajudar a criança. Ben olha para as fotos e responde "Banheiro". "Muito bem!", diz a mãe. Assim que a criança conseguir associar os objetos aos lugares (por exemplo, "Onde fica a escova de dente?") usando a orientação visual, as fotos são removidas, feitas as mesmas perguntas e as respostas são repetidas sem o auxílio das imagens. Quando a criança for capaz de dizer onde os objetos ficam sem a orientação visual, essas perguntas deverão ser incorporadas à rotina de maneira informal. Quando a mãe estiver dobrando a roupa lavada, poderá dizer à filha que tem TEA, entregando a ela uma toalha: "Becky, leve isto para o banheiro". Nesse ponto, a criança sabe dizer os nomes das pessoas, os nomes de objetos familiares no interior e no exterior de sua casa e o lugar a que pertencem os objetos domésticos.

Lembrar e nomear de memória os objetos que têm propriedades específicas talvez só aconteça bem mais tarde. Lembrar-se de coisas que ficam juntas ou que são usadas numa atividade específica é muito proveitoso no dia a dia. Essa habilidade é útil para atividades posteriores, que envolvam planejamento. Por exemplo, se uma criança vai pintar um quadro, o professor pode dizer: "Do que precisamos para pintar um quadro?". A criança terá de lembrar que precisará de papel, pote com água, pincéis, tinta e avental para proteger a roupa. Embora uma boa prática seja usar orientação visual (por exemplo, uma lista de itens necessários), são as muitas situações do cotidiano que exigirão da criança prever do que precisará numa atividade futura sem auxílio visual.

## Os nomes das ações

O aprendizado dos nomes das ações geralmente é difícil para crianças com autismo, muitas das quais parecem ter uma disfunção no sistema de neurônios-espelho, que detecta gestos. Para a maioria de nós, ver outras pessoas executarem um movimento (por exemplo, esticar o braço para pegar uma xícara de café) ativa no cérebro os neurônios que seriam ativados se estivéssemos nós mesmos esticando o braço para pegar a xícara. Esses são os chamados *neurônios-espelho*. O espelhamento que ocorre ao vermos um modelo parece ser um dos mecanismos pelos quais compreendemos o significado dos gestos e dos movimentos dos outros. Esse processamento aparenta funcionar mal em algumas crianças e adultos com TEA, o que faz com que tenham dificuldade para reagir de modo adequado ao observar os movimentos dos outros.

Um bom ponto de partida é ensinar as crianças com TEA a nomear ações e movimentos familiares com os quais tenham uma boa dose de experiência, como balançar, pular e correr. Utiliza-se a mesma técnica já descrita (isto é, apresentar à criança fotos dela mesma ou de seus irmãos brincando no balanço, pulando ou correndo, e ensinar os nomes dessas ações). "O que o Billy está fazendo? Diga 'correndo'." Depois de várias repetições, a frase "Diga 'correndo'" é retirada. A mesma técnica pode ser usada para ensinar atividades recreativas, como andar de bicicleta, nadar, jogar bola, e assim por diante. Também aqui é uma boa ideia inserir essa prática informalmente nas atividades rotineiras. Ao andar no parque, a mãe pergunta, apontando para uma criança no balanço: "O que ela está fazendo?". A criança com TEA responde: "Balançando", e a mãe diz "Certo, ela está balançando". Na escola, a senhora Johnson, apontando para um menino numa bicicleta, pode dizer para Chay, que tem TGD-SOE: "O que aquele menino está fazendo na calçada?". Chay responde: "Andando bicicleta". E a professora diz: "Está certo. Ele está andando de bicicleta".

À medida que a instrução ou a terapia progride para ações, movimentos e gestos mais sutis e complexos, a tarefa fica mais difícil, particularmente quando envolve interações de pessoas. As pesquisas têm mostrado que, quando indivíduos com alto nível funcional e TEA assistem a filmes ou vídeos de interações humanas, eles tendem a não se concentrar nos olhos das pessoas; olham para a boca de quem conversa, para o cabelo ou outras características que transmitem pouca informação sobre o significado social da interação (por exemplo, discussão, expressão de carinho). Aspectos das interações sociais, como abraçar, por exemplo, geralmente são ensinados por meio de fotos ou vídeos combinados com a prática das ações como, por exemplo, "Dê um abraço na mamãe".

## *Descrição e elaboração*

As habilidades de conversação exigem que sejamos capazes de descrever objetos, eventos e ações, o que acaba conduzindo à capacidade de elaborar. Como já mencionamos, o livro *Teaching conversation to children with autism: Scripts and script fading*, de McClannahan e Krantz (2005), tem estratégias úteis, baseadas em roteiros e na sua retirada progressiva. Outros métodos minuciosos foram desenvolvidos como parte da Avaliação de Habilidades Básicas de Linguagem e Aprendizagem-Revisada (Assessment of Basic Language and Learning Skills-Revised) e dos currículos associados a ela (Partington 2006). A Escala de Vocalização Espontânea

(Spontaneous Vocalization Scale-L) é dividida em 19 subabilidades que ajudam a ensinar alguns dos itens que se seguem.

## Como ensinar a descrever

As crianças com autismo mais grave têm dificuldade no desenvolvimento da habilidade de usar adjetivos e advérbios, que são úteis para descrever seu próprio mundo. Os adjetivos são palavras que descrevem ou modificam a pessoa ou o objeto mencionado numa sentença, como boné *azul*. As palavras que modificam os verbos, descrevendo as ações, são os advérbios (por exemplo, *rápido*). O treinamento geralmente começa com as propriedades das coisas, como tamanho, forma, textura e cor. Separar por categoria é sempre uma boa maneira de começar a ensinar as propriedades. Algumas delas são absolutas (por exemplo, *vermelho* ou *verde*); já outras são relativas (por exemplo, *maior* ou *menor*) e mais difíceis de assimilar. Um bloco de montar vermelho e um azul são colocados diante da criança; pede-se a ela que diga a cor dos blocos. Aos três ou quatro anos, muitas das crianças com TEA já aprenderam os nomes das cores básicas. Se não tiverem aprendido, aprenderão pelo mesmo método do reconhecimento de objetos (por exemplo, "Aponte o vermelho"). O passo seguinte envolve treiná-las a distinguir uma propriedade comum a objetos que diferem em outros aspectos, como círculo vermelho, triângulo vermelho e quadrado vermelho (por oposição a formas azuis). Em seguida, a criança recebe uma pilha de objetos de formas diferentes e pede-se a ela que separe os objetos vermelhos numa caixa e os azuis em outra. Em casa, os pais podem dar para a criança uma pilha de meias coloridas tiradas da secadora e pedir: "Separe as meias. Ponha as azuis aqui [apontando], as vermelhas aqui e as verdes aqui". O propósito dessa atividade é verificar se a criança consegue distinguir a propriedade (cor) com segurança e se não confunde essa propriedade com outras, como forma, tamanho e textura.

Depois que essa estratégia tiver sido estendida a várias propriedades, pede-se à criança que diga uma frase curta que inclua uma propriedade. Aponte para um objeto (por exemplo, uma bola) e diga: "O que é isto?". Provavelmente, a criança vai dizer: "Bola". Responda: "Certo. De que cor é a bola?". Provavelmente, a resposta será: "Vermelha". Continue, dizendo: "Certo. É uma bola vermelha". Então, mostre à criança uma bola azul e diga, apontando para a bola: "O que é isto?". Com várias repetições, a criança começará a compreender que você está pedindo a ela que nomeie o objeto e a cor dele, e vai responder adequadamente. A mesma estratégia é usada para ensinar outras propriedades, como tamanho e textura. Aponte para a foto de um menino pequeno junto de um menino maior e pergunte: "O que é isto?". A criança responderá: "Menino pequeno". É proveitoso integrar essa habilidade nas atividades diárias, por exemplo, pedindo à criança para levar a bola vermelha para a senhora Johnson e mostrar ao papai o cachorro grande. Coloque um objeto colorido dentro de uma caixa ao lado de uma caixa menor e, enquanto a criança estiver olhando, pergunte: "Onde está o carro?". A criança deve responder: "Na caixa grande". Em seguida, peça a ela para buscar sua blusa verde. A criança vai até o quarto e retorna com a blusa verde. Pergunte que roupa ela está usando hoje, e ela deve responder corretamente. Esse é um processo de acumulação das verbalizações combinadas da criança pela superposição de informações novas sobre as anteriormente aprendidas a respeito das propriedades de objetos do cotidiano.

## Como ensinar a elaborar

Ao se aproximar do jardim da infância e do primeiro ano, as crianças aprendem a contar para os pais suas experiências recentes.

Pais: O que tinha no parque?
Criança: Menino na bicicleta.
Pais: O que você viu no céu?
Criança: Nuvens e passarinhos.
Pais: O que você fez na biblioteca?
Criança: Peguei um livro.

Ensinar as crianças com TEA a relatar ações com exatidão costuma ser um desafio. Por segurança, a criança precisa ser capaz de relatar o que acontece com ela. Os professores da pré-escola podem enviar aos pais bilhetes relatando o que foi feito na escola, como cantar canções, brincar com bolhas de sabão ou receber a visita de um palhaço na sala de aula. Antes que o aluno vá para casa, o professor providencia um formulário com fotos das atividades, que ajudará essa criança a se lembrar do que fez durante o dia. Quando a criança com TEA chega em casa, os pais geralmente perguntam o que ela fez na escola (por exemplo, "O que você fez na escola?"). Se a criança não consegue lembrar ou relatar o que aconteceu, os pais devem ajudá-la, com base no bilhete do professor: "Você viu alguém especial hoje?" ou "Do que você brincou hoje?". Quando a criança se lembrar do que aconteceu, os pais podem fazer perguntas para orientá-la, como: "Me conta como era o cabelo do palhaço", "De que tamanho eram as bolinhas de sabão?", "Que música você cantou?".

Do mesmo modo como ensinamos uma criança a dizer "mais" em relação aos alimentos ou às atividades que deseja (por exemplo, leite, cócegas), vamos ensinar a ela a acrescentar descritores ou qualificadores (advérbios) aos verbos de ação.

Pais: Como ela está pulando?
Criança: Ela está pulando alto.
Pais: Como ele está correndo?
Criança: Ele está correndo rápido.

Palavras como *muito* e *um pouco* podem ser ensinadas da mesma forma:

Pais: Como ele está correndo?
Criança: Muito rápido.
Pais: Quanto suco ele tem?
Criança: Um pouco.

O processo de aprendizado é semelhante ao da nomeação de pessoas, objetos e lugares.

## *Como ensinar a conversar*

As crianças com TEA têm pouca habilidade para conversar, porque seu interesse pelos outros é limitado e porque elas não conseguem ver o propósito de conversar com alguém. Conversar inclui perguntar à outra pessoa sobre a vida dela ou fazer um comentário sobre o que ela diz e responder ao que ela nos conta.

Pais: O que você fez na escola hoje?
Criança: Brinquei com o gerbilo.
Pais: De que cor era o gerbilo?

Criança: Marrom e branco.

Pais: O que o gerbilo come?

Criança: Gerbilo come alface.

Pais: E mais alguma coisa?

Criança: Cenoura e salsão.

Embora não seja uma conversa brilhante, é um bom começo.

## Invente motivos para conversar

As crianças com TEA, em geral, não estão interessadas no que acontece com as outras pessoas ou no que os outros estão fazendo; por isso, raramente iniciam uma conversa. Devemos inventar uma razão para que a criança queira começar a conversar. A criança tem de ser motivada a se comunicar. Um dos meus meios preferidos para estimular conversas entre crianças com TEA e adultos é cozinhar junto, colocando cobertura em biscoitos e decorando-os com confeitos coloridos, por exemplo. O pai ou a mãe pede a ajuda da criança para fazer a massa e coloca uma forma de biscoitos para assar. Quando os biscoitos estiverem frios, são colocados em cima de papel-alumínio ou papel-manteiga esticado sobre a mesa. A cobertura em tubos que possam ser espremidos é mais fácil para as crianças usarem, mas também serve a cobertura em lata, que se espalha usando uma faca. Vários pacotes de confeitos – de chocolate, vermelho e verde – são colocados na mesa diante da criança. Algumas crianças preferem confeitos multicoloridos; então, é uma boa ideia estimulá-las a escolher. O pai ou a mãe convida a criança para ir à cozinha ajudar a decorar os biscoitos.

Um diálogo típico é mais ou menos assim:

Pais: Cecília, vem ajudar a decorar os biscoitos.

Criança: Decorar biscoitos.

Pais: O que vamos fazer primeiro?

Criança: Decorar biscoitos.

Pais: O que vamos colocar primeiro em cima deles?

Criança: Colocar cobertura nos biscoitos.

Pais: Ok, a cobertura está aqui. Faça assim. (Demonstra como apertar o tubo, para que a cobertura se deposite sobre o biscoito.) Agora, você faz. (Entrega para a criança o tubo de cobertura e aponta para o próximo biscoito. Conforme a criança aperta o tubo, o adulto orienta a mão dela, se necessário.)

Pais: Ótimo. Colocando cobertura no biscoito.

Criança: Mais cobertura. (O adulto aponta para o próximo biscoito, e isso continua até que vários biscoitos tenham sido cobertos.)

Pais: O que temos que fazer agora? (O adulto aponta para os pacotes de confeitos.)

Criança: Confeitos.

Pais: O que temos que fazer com os confeitos?

Criança: Colocar confeitos nos biscoitos.

Pais: Quais confeitos vamos colocar primeiro?

Criança: Confeitos de chocolate.

Pais: Ótimo. Vamos colocar os confeitos de chocolate. (O adulto abre o pacote de confeitos, dá alguns para a criança e mostra como salpicá-los no primeiro biscoito direto do pacote.)

Pais: Agora, você faz. (O adulto entrega o pacote para a criança.)

Para muitas crianças, é útil preparar um cronograma visual das atividades relacionadas com fazer biscoitos, que possa ser usado como lembrete. Essa atividade contém um reforço natural, que vai manter o interesse da criança. Outras atividades semelhantes são fazer pipoca, preparar suco em pó, fazer torrada e espalhar manteiga em cima. Atividades como essas, que envolvem ativamente a criança, nas quais ela faz escolhas, podem alimentar o intercâmbio verbal, contêm recompensas inerentes (algo para comer) e são particularmente eficazes. Um tipo parecido de atividade, diferente de alimentação, pode ser organizado em torno de qualquer interesse especial da criança, como pintura, colagem de figuras recortadas de revistas numa cartolina ou coleção de folhas de plantas para colar numa cartolina com cola em bastão. A atividade proporciona o contexto no qual se pode encaixar uma conversa natural.

## Como estimular uma conversa informal

As conversas na hora do jantar também podem ser úteis, principalmente quando há irmãos para servirem de modelo. Quando a família estiver reunida em volta da mesa e começar a comer, a mãe e o pai incluem os irmãos na conversa:

Mãe: Hannah, o que você fez na escola hoje?

Hannah: Conversamos sobre comida e outras coisas.

Mãe: Sobre que tipo de comida vocês conversaram?

Hannah: Frutas e comidas saudáveis, coisas assim.

Mãe: Deve ter sido interessante.

Pai: Você foi à reunião de escoteiros hoje, Avi?

Avi: Fui, aprendemos a fazer nós.

Pai: Por que aprenderam a fazer nós?

Avi: Para quando formos acampar. Vamos precisar fazer nós no acampamento.

Até agora, Michael, que tem transtorno autista e alto nível funcional, observou o diálogo entre os irmãos e os pais. Ele também tem experiência em responder a perguntas na escola e em casa e usa estruturas de conversação que está começando a compreender. Um adulto faz uma pergunta ou um comentário, a criança diz alguma coisa como resposta e o adulto faz outro comentário. Esse diálogo básico em três etapas é o início de uma conversa. Quando a mãe diz: "Michael, o que você fez na escola hoje?", ele percebe que ela espera que ele diga alguma coisa. É muito comum que a resposta seja curta e, no geral, não muito informativa. Michael responde: "Almocei". A irmã Hannah ri, porque entende que a mãe estava perguntando sobre o trabalho escolar. "Interessante, Michael", diz a mãe, ignorando o riso de Hannah, e continua: "Você se sentou perto de quem?". Michael pensa um pouco e responde: "Alice". A mãe pergunta: "O que a Alice almoçou?". Michael: "Uma laranja". Esse intercâmbio é uma parte importante do processo pelo qual as crianças com TEA aprendem sobre a vida familiar e sobre a conversação. Com o tempo, os pais de Michael pedirão que ele desenvolva o que diz. Por exemplo, a mãe poderia perguntar: "A Alice comeu mais alguma coisa no almoço?" ou "O que você fez depois do almoço?". Às vezes, as crianças não são capazes de pensar no que dizer quando lhes fazem essas perguntas e recaem na ecolalia tardia ou na fala não espontânea dos desenhos animados ou das propagandas televisivas.

Mãe: O que você fez na escola hoje?

Michael: Hambúrguer de siri do Bob Esponja.

Geralmente, é melhor ignorar a ecolalia e a fala não espontânea e refazer a pergunta com mais orientação.

Mãe: O que você almoçou na escola?

Michael: Macarrão com queijo.

Mãe: Que gostoso!

Os irmãos de crianças com TEA frequentemente entendem mais depressa as tentativas de falar do irmão com deficiência do que os adultos, porque passam mais tempo com ele. Os irmãos geralmente aprendem a interpretar a fala com a ajuda de sinais (por exemplo, expressão facial, postura, contexto). Durante um jantar ao ar livre, em nossa casa, tive dificuldade para entender o que meu neto Michael, que tem TEA, estava pedindo. Ele tem autismo e nível funcional de moderado a alto. Na época, estava com quatro anos e sua articulação das palavras era difícil de entender. Ele tentou duas vezes pedir alguma coisa, altura em que a irmã mais velha, Emma, disse: "Michael quer mais batata". Perguntei a ela como sabia o que Michael queria e ela respondeu: "Eu falo a língua do autismo". Tive de me conter para não rir.

As conversas familiares à mesa, na hora do jantar, podem ser uma boa maneira de ensinar a uma criança com TEA alguma coisa sobre humor.

Mãe: Quando eu era criança, adorava comer pêssego com creme quando chegava da escola.

Pai: Quando eu era cachorrinho, adorava mastigar ossos depois da escola.

Hannah (fazendo cara de idiota): Ah, papai!

Avi (rindo): Que tonto.

Michael (ouvindo atentamente e falando seriamente em seguida): Papai não era um cachorrinho quando era criança. Ele era um menino. (Todos riem, ajudando Michael a compreender que o pai tinha feito uma piada, e ele ri também.)

As crianças com alto nível funcional e TEA geralmente acham engraçadas essas incongruências verbais, o que pode ser uma boa maneira de ensinar humor a elas e tornar as conversas familiares agradáveis. As conversas que envolvem respostas como "sim" e "não" são menos eficazes do que as que suscitam uma resposta mais extensa, como: "Estava pensando, o que a gente poderia fazer depois?" ou "Quem quer ver um filme?". É preciso prática para aprender a fazer perguntas direcionadas, que produzam uma série de intercâmbios. "De quem é a vez de dar comida para o Fido?" conduz a uma série de comentários, como: "Eu dei ontem" e "É a vez da Hannah", ao que Michael talvez responda: "Eu vou dar comida para ele".

## *Vocabulário* versus *compreensão*

Muitas crianças com alto nível funcional e síndrome de Asperger ou TGD-SOE podem apresentar vocabulário verbal e de leitura bastante extenso. Talvez sejam *hiperléxicas*, mas isso não significa que compreendam totalmente as palavras que usam. Como observamos no Capítulo 1, o vocabulário excepcional dessas crianças pode ser enganador numa conversa. Depois de voltar de um passeio da escola ao zoológico, a professora pergunta aos alunos: "Quem gostaria de falar sobre os animais que viu?". Olívia, com seis anos e síndrome de Asperger, levanta a mão. Quando a senhora Harlee a chama, Olívia diz: "Os cangurus são marsupiais. Eles têm bolsas". Surpresa, a senhora Harlee responde: "É verdade". E continua: "Onde vivem os cangurus?". Olívia responde: "No zoológico". As outras crianças riem. A senhora Harlee acrescenta: "Eu quis dizer de que parte do mundo vêm os cangurus". Olívia responde: "Eu vi um canguru no zoológico de San Diego". A resposta não estava errada, mas não correspondia ao significado embutido na pergunta da senhora Harlee, que as outras crianças, com desenvolvimento normal, compreenderam. A resposta correta era Austrália. Esse tipo de diálogo é típico de crianças com alto nível funcional e TEA. Elas geralmente têm informações isoladas, às vezes bem além do que seria esperado para sua idade, mas essas informações frequentemente não estão integradas para gerar uma conversa produtiva.

Essa deficiência é mais evidente no âmbito das relações interpessoais e dos motivos. O assunto pode ser *Pinóquio* ou *O galinho Chicken Little*, as crianças com TEA têm grande dificuldade para se envolver numa conversa convincente sobre o motivo para o nariz do Pinóquio crescer ou sobre a razão pela qual alguém não deveria dizer que algo terrível está prestes a acontecer quando não está. Uma criança perspicaz com síndrome de Asperger pode contar a história de Pinóquio com detalhes, incluindo a lembrança correta do nome dos personagens (por exemplo, Gepeto), mas talvez não compreenda a moral por trás da alegoria, que a maioria das crianças de desenvolvimento normal na mesma idade entende de imediato.

Juan, que tem TGD-SOE e está no quinto ano, chega desconsolado da escola. A mãe pergunta o que ele tem. Juan conta que alguém colocou uma tachinha na cadeira em que ele se senta na escola, que se sentou sobre ela, pulou e gritou de dor. Juan conta que as outras crianças riram quando ele pulou, mas que "não teve graça; não sei por que elas riram". A mãe abraça Juan e diz: "Quem fez isso com você foi malvado, não foi legal". Juan fica repetindo que "não teve graça" e que não sabe por que as crianças riram quando ele pulou. A mãe tenta explicar o que significa pregar peças nos outros e que, às vezes, isso é maldade, mas Juan não compreende. "Não teve graça", repete várias vezes, vai para o quarto e fecha a porta. Juan não entendeu o motivo da criança que colocou a tachinha na cadeira. É muito difícil para a mãe de Juan explicar a ele por que a outra criança colocou a tachinha lá e o que Juan pode fazer a respeito.

O pai de um menino de seis anos me contou que o filho, Joseph, queria muito brincar com outras crianças da idade dele. Joseph tem autismo, alto nível de funcionamento intelectual e vocabulário extenso para a idade. É muito habilidoso na construção de objetos com peças de encaixe, mas tem poucas habilidades sociais. O pai de Joseph adora esportes e espera que Joseph também venha a gostar. Esse pai inscreveu o filho para aprender a jogar beisebol num parque próximo. Na primeira vez em que Joseph rebateu com o taco, jogou a bola com firmeza entre a primeira e a segunda base, onde a bola quicou e saiu do campo, mas, ao correr, em vez de ir para a primeira base, Joseph foi para a terceira e foi expulso. O pai ficou desconsolado e perguntou ao menino por que ele foi para a terceira base e não para a primeira. Joseph sorriu e disse: "Foi muito divertido! Eu bati com muita força na bola e corri rápido!". O pai retrucou: "Mas, Joseph, você só ganha se correr para a base certa". Joseph pensou sobre o que o pai disse e respondeu: "O Tony ficou gritando 'corre, corre'. Então, eu corri rápido e fiquei perto dele". Tony estava na terceira base. O pai olhou para cima, com uma expressão triste no rosto, e disse: "O Joseph não liga para a vitória. Ele só quer estar com as outras crianças". É muito difícil Joseph e o pai conversarem sobre esportes, porque o menino não compreende por que alguém deseja ganhar e o pai não entende por que Joseph não está interessado em ganhar.

## Como encompridar as conversas

As crianças com TEA geralmente não são eficientes na sustentação de uma conversa variada. As situações de natureza importante para elas podem proporcionar o contexto para interações mais longas. Billy, que tem TEA e alto nível funcional, está no quarto ano. Quando chega da escola, conversa com a mãe:

Billy: Hoje teve briga no parquinho.

Mãe: Nossa, o que aconteceu?

Billy: O Karl xingou o Mickey, e o Mickey bateu nele.

A mãe espera um pouco, para ver se Billy dirá mais alguma coisa; quando fica evidente que ele não vai prosseguir, ela continua:

Mãe: O que aconteceu depois?

Billy: O Karl pegou o Mickey pelo pescoço e jogou ele no chão. Aí, socou o Mickey e saiu sangue do nariz dele. O senhor Jacobson agarrou o Karl e tirou ele de cima do Mickey.

Mãe: Parece que foi horrível! O que o senhor Jacobson fez?

Billy: Ele levou o Karl e o Mickey para a diretoria. Ele parecia bem bravo.

Mãe: Você deve ter ficado assustado.

Billy: Eu não gosto do Karl. Ele é malvado.

Billy estava emocionalmente abalado com a briga e muito motivado para falar sobre o acontecimento. Estimular conversas mais longas sobre eventos menos dramáticos exige que encontremos meios de criar motivação para a comunicação. As crianças com TEA são, com frequência, muito interessadas em atividades ou assuntos específicos, como ver seus desenhos favoritos na televisão, construir coisas com blocos ou conversar sobre assuntos científicos. Perguntar a uma criança o que ela viu nos desenhos do Bob Esponja ou dos Pokémons provavelmente gera uma interação mais longa do que perguntar sobre a escola. Às vezes, os passeios familiares ao zoológico, ao museu de ciências ou ao aquário podem fornecer material para conversas mais compridas depois. Quanto mais prática uma criança com TEA tiver na manutenção de uma conversa mais longa sobre um assunto, maior será a probabilidade de ela fazer o mesmo quando surgirem outros assuntos.

## *Resumo*

A linguagem tem objetivos diferentes em momentos e relacionamentos diversos. Um ponto importante no processo de nos apaixonarmos são as longas conversas com a outra pessoa a respeito do que ela gosta e não gosta, sobre seus interesses e valores. A linguagem é um veículo para sondar as profundezas de nossa compatibilidade com os outros. Mais tarde, contamos a um amigo que estamos encantados com tudo o que descobrimos ter em comum com nosso novo amor. Na maior parte de nosso cotidiano, a linguagem tem propósitos práticos mais imediatos. Ela nos capacita a transmitir e a obter as informações necessárias. Para as crianças com TEA, a linguagem raramente serve para a primeira função descrita, mas pode vir a ser útil para esta última, por meio de métodos pedagógicos ou terapêuticos específicos. Embora a maior parte da linguagem seja adquirida informalmente pelas crianças com desenvolvimento normal, com as crianças que têm TEA usa-se um processo minucioso para que aprendam a imitar, pedir, nomear e descrever que, em última instância, pode conduzir à habilidade de sustentar interações sociais com familiares, professores e amigos. Para os indivíduos com TEA, a linguagem e a comunicação podem ter muitas funções práticas importantes, que evitam o desenvolvimento dos comportamentos difíceis que surgem em decorrência da inabilidade para controlar o ambiente e construir vínculos com as outras pessoas. Entre os indivíduos com TEA e nível de funcionamento mais alto, a linguagem também possibilita a representação de ideias, objetos e eventos que se originam nos processos criativos.

# 5.

## Relacionamentos e sentimentos

É muito difícil para as crianças com TEA saber quem são relativamente às outras pessoas. Essas crianças têm muita dificuldade para criar relacionamentos. Embora possam estar cercadas por familiares que as amam, elas não têm certeza de como se encaixam naquela família. Neste capítulo, examinaremos os pré-requisitos para desenvolver relacionamentos e estratégias que estimulem vínculos fortes entre as crianças com autismo e seus familiares.

### *Como criar relacionamentos*

Logicamente, a qualidade do relacionamento de uma criança com as pessoas de fora do círculo familiar depende de seu relacionamento com os pais.

#### Relacionamentos seguros

Os relacionamentos entre adultos e crianças geralmente são descritos com base na qualidade do vínculo da criança: seguro, evitante, ambivalente ou desorganizado (Bowlby 1988). Uma criança *segura* sente que pode depender da mãe, do pai ou de quem cuida dela. Ela sabe que essa pessoa estará presente se precisar de apoio. Sabe o que esperar. As crianças *evitantes* aprenderam que não podem depender dos pais para lhes proporcionar segurança; por isso, tentam tomar conta de si mesmas. As crianças com vínculo *ambivalente* aprenderam que, às vezes, suas necessidades são satisfeitas e, às vezes, não. Elas talvez apresentem comportamento infantilizado ou inadequado, porque isso atrai a atenção dos pais. Essas crianças estão sempre buscando aquela sensação de segurança que experimentam ocasionalmente, mas que é imprevisível. As crianças com vínculo desorganizado não sabem o que esperar dos pais e, no geral, correm um risco maior de ter problemas de desenvolvimento.

Sandra Scarr (1984, pp. 95-96), eminente psicóloga do desenvolvimento, escreveu: "A maioria dos pais consegue criar um relacionamento seguro com um bebê calmo, agradável e paciente. Só pais especialmente sensíveis e pacientes conseguem estabelecer um vínculo seguro com um bebê difícil". Poucas crianças pequenas são mais difíceis para os pais do que as que têm TEA. Os pais de crianças com TEA geralmente acham difícil estabelecer um relacionamento seguro com elas, porque essas crianças não reagem como as outras ao carinho e aos afagos. Elas parecem ignorar os abraços da mãe e podem até dar as costas ou empurrar quando são pegas no colo. Retesam o corpo e gritam quando os pais tentam confortá-las. Grande parte do esforço para estabelecer um relacionamento seguro e positivo com uma criança que tenha TEA depende de uma paciência infinita e de um trabalho incansável para desenvolver a confiança.

## Confiança: A base dos relacionamentos

Acreditar em outra pessoa significa ter confiança nela, contar com ela e depender dela. A confiança envolve mais do que ter sentimentos de afeição por alguém. Confiamos que os outros farão o que dizem que vão fazer, que são confiáveis. Também confiamos nos outros quando, baseados na experiência, aprendemos que eles não farão nada que nos cause angústia ou um mal desnecessário. Podemos depender deles para nos ajudar quando precisamos. Na forma mais extremada de falta de confiança, uma criança pequena de desenvolvimento normal que tenha sido agredida, com frequência, ama os pais, mas não confia neles. Na verdade, na maior parte do tempo, essa criança vive amedrontada.

A confiança tem um componente cognitivo e comportamental, além do aspecto emocional. Já se disse que "maior elogio é ser digno de confiança do que ser amado" (MacDonald 1877). Alguns pais se comportam de maneira amorosa e tranquilizadora em relação ao filho na maior parte do tempo, supondo que esse comportamento vá estabelecer uma relação de confiança. No entanto, em alguns momentos, gritam com o filho que tem TEA nos momentos em que este tem acessos de raiva, batem nele quando se comporta mal e saem furiosos da sala, gritando com o esposo: "Você cuida dele!". Pode ser que beijem e abracem o filho, o segurem no colo e digam coisas positivas quando tudo está bem, o que é maravilhoso e adequado, mas essas coisas não são o mesmo que ajudar uma criança a aprender que os pais são dignos de confiança. Ser alguém em quem se possa confiar implica, além de ser digno de confiança, evitar a exposição do filho a incerteza e sofrimento emocional desnecessários.

As crianças com TEA têm problemas com a confiança, porque são especialmente suscetíveis ao medo e porque seu mundo geralmente lhes parece imprevisível, senão caótico. Elas frequentemente não conseguem interpretar o significado das ações dos outros, o que significa que têm poucas maneiras de saber o que os pais ou outros adultos estão fazendo que possa levá-las a uma situação da qual tenham medo. A criança vê os pais fazendo algo diferente do habitual e se pergunta: "O que vai acontecer depois?". A intolerância da criança à mudança gira em torno da capacidade limitada dela para compreender as sequências de eventos. Mudanças pequenas no comportamento de um adulto cuidador podem parecer situações novas e potencialmente ameaçadoras para uma criança com TEA. As crianças com TEA dependem dos pais e de outros cuidadores adultos para estruturar o mundo delas, a fim de que ele seja seguro e previsível.

*Estrutura e confiança* – Medidas de reforço podem ser muito úteis para as crianças com TEA no estabelecimento da confiança, pois proporcionam indicações facilmente compreensíveis que ajudam a estruturar o mundo desses indivíduos. Quando os pais elogiam de imediato um filho com TEA por usar a colher e não os dedos, é criada uma estrutura explícita que a criança compreende. Oferecer sinais ambíguos, inconsistentes e difíceis de entender faz o inverso, criando incerteza e ansiedade. As crianças com TEA se desenvolvem bem em ambientes estruturados. Estrutura significa rotinas previsíveis que envolvam pessoas, lugares e atividades. A estrutura informa à criança quando e onde as coisas vão acontecer e quais das suas ações são adequadas e quais não são. Um ambiente seguro e organizado não significa ausência total de riscos ou proteção completa contra falhas. Na verdade, expor uma criança gradativamente a situações que ela teme e às quais pode inicialmente resistir e confirmar para ela que nada de mal acontecerá é parte importante da construção da competência e da confiança. Quando uma criança está se esforçando por aprender uma habilidade nova, é provável que algumas vezes não tenha êxito. É bom ajudá-la a aprender que não é sempre que se consegue. Isso faz parte da construção da confiança. A criança deve ser elogiada, abraçada e recompensada por seus esforços, parte fundamental de seu crescimento para se tornar um jovem mais persistente e independente.

*Confiança e tolerância à mudança* – Quanto mais uma criança com TEA confiar nos pais e nos outros cuidadores, maior será sua tolerância às mudanças e às novas situações. Ela acaba aprendendo que a mãe e o pai não farão nada para prejudicá-la. Se um deles diz que vai haver mudança numa rotina, ela deve ser boa. Nada de mau vai acontecer. Se ela precisar de ajuda, poderá contar com os pais para ajudá-la. Para os adultos que cuidam de crianças com TEA, a confiança deve ser conquistada por meio de um processo paciente de reafirmação constante de dois compromissos: 1) dentro dos limites de minha capacidade, não farei nada para causar sofrimento desnecessário em meu filho; 2) estarei presente para ajudar meu filho quando o mundo dele ficar confuso e incontrolável e ele precisar de ajuda para encontrar seu caminho.

## Confiança: Como fazer o que você diz que vai fazer

Se você promete a seu filho que tem TEA que ele poderá tomar sorvete de chocolate na sobremesa, é melhor que possa cumprir a promessa. Vá ver se tem sorvete de chocolate no congelador antes de prometer. As crianças com TEA não compreendem circunstâncias atenuantes. Elas não se impressionam com explicações nem com desculpas. O fato de que seu outro filho tomou a última porção de sorvete na noite anterior sem você saber não ajuda a criança com TEA a aceitar o fato de que você não está cumprindo a promessa que fez.

Se você disser a seu filho, antes de ele sair para a escola de manhã, que vocês vão passar na casa da vovó quando estiverem voltando para casa à tarde, ele vai supor que você fará exatamente isso. Se você se atrasar e não puder passar na vovó, isso não faz a menor diferença para a criança que tem TEA. Ela espera que você faça o que disse que ia fazer.

## O confiômetro

Seu relacionamento com seu filho tem um medidor que sobe e desce (ver Figura 1). Toda vez que você honra um compromisso assumido, ou seu filho se sai bem em alguma coisa e você o cobre de elogios, o medidor sobe um ponto. Se a impressão é de que você o abandonou, em razão do mau comportamento dele, ou o expôs a uma experiência muito negativa, como perder as estribeiras e gritar com ele, o medidor desce um ponto ou dois. O grau de confiança que seu filho tem em você depende do equilíbrio nesse medidor. Se a vida de seu filho com você é cheia de experiências positivas compartilhadas, de elogios que reforcem as tentativas dele e de compromissos honrados, implicitamente ele vai confiar em você. As crianças com TEA toleram inconsistências ocasionais ou as palavras duras dos pais depois de aprenderem, por experiência, que eles são confiáveis na maior parte do tempo. Todo mundo perde a cabeça de vez em quando, mas, se isso acontece regularmente, seu filho vai ter medo de você. Se sua vida doméstica é imprevisível ou caótica, se você é incoerente, se grita com a criança quando ela se descontrola emocionalmente ou se frequentemente a repreende por não fazer o que foi pedido, o ponteiro do confiômetro provavelmente vai cair para o lado negativo (ou seja, falta de confiança). A falta de confiança se traduz em ansiedade aumentada, choro e explosões de raiva, incluindo agressividade. As crianças que não conseguem confiar nos adultos que as cercam balançam mais o corpo, estalam mais os dedos, agitam mais as mãos, colocam mais as mãos sobre as orelhas, rodopiam mais e apresentam outros comportamentos não funcionais repetitivos.

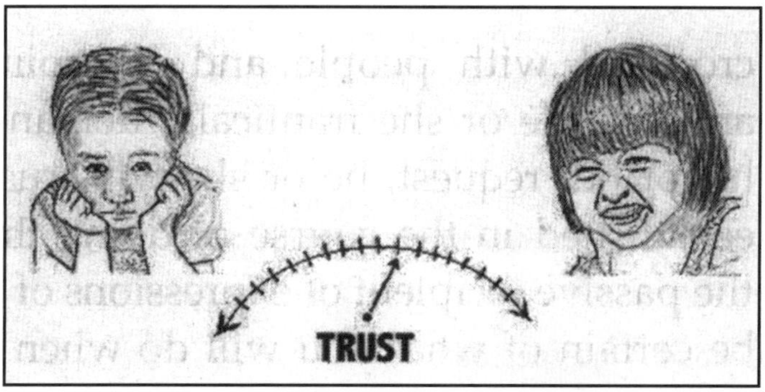


Figura 1. A confiança que uma criança com autismo tem nos adultos é como um medidor que varia de acordo com a constância dos pais no cumprimento das promessas feitas ao filho. O nível de ansiedade da criança e a ocorrência de comportamentos difíceis são inversamente proporcionais ao nível de confiança dela. Quanto maior a confiança, menos a criança apresenta comportamento disfuncional repetitivo e acessos de raiva.

## A confiança é interativa

O estabelecimento da confiança é uma via de mão dupla. Às vezes, a criação da confiança é vista como algo semelhante a regar uma planta e vê-la crescer. No entanto, a confiança surge das atividades cotidianas compartilhadas que tenham consequências positivas para a criança. Seu filho pode ficar alarmado com a cacofonia nos corredores do supermercado, cheios de pessoas e carrinhos de compras batendo uns nos outros. Em pânico, ele pede: "Embora agora!". Se você ignorar o pedido, ele vai confiar menos em você. As relações se estabelecem enquanto fazemos as coisas, não com a criança sendo receptora passiva de expressões de afeição. Seu filho quer ter certeza do que você fará na hora H, quando realmente interessa.

## *Como construir relacionamentos*

Assim como amarrar os sapatos e pegar uma bola são habilidades que precisam ser aprendidas, comportar-se de modo a estimular e conservar relacionamentos positivos também requer aprendizado. Às crianças pequenas com autismo, devemos ensinar explicitamente muitas coisas que as crianças de desenvolvimento normal aprendem naturalmente ou com esforço mínimo durante as interações cotidianas com os familiares. O Capítulo 6 examina estratégias úteis para o desenvolvimento de habilidades sociais. Aqui, o foco é no modo como essas habilidades dizem respeito a relacionamentos em desenvolvimento.

### Habilidades interpessoais

Sabemos que uma pessoa está nos ouvindo, porque, quando falamos, ela se vira para nós e faz contato visual conosco. Se não faz isso, supomos que não esteja prestando atenção em nós. Poucas crianças com autismo olham para o rosto das outras pessoas quando estas lhes dirigem a palavra e, quando olham, é só rapidamente. Elas não têm razão para olhar, pois parece que as partes do cérebro envolvidas na leitura dos rostos (amígdala e giro fusiforme) são deficientes nessas crianças. Essas crianças obtêm pouca informação útil ao olhar para os rostos das pessoas. Podemos, porém, lhes ensinar a olhar para os pais, os irmãos e para os outros quando estes falam com elas, e elas acabam aprendendo o que aquelas expressões faciais significam.

As crianças com autismo frequentemente não reagem quando falamos com elas. Não é que não gostem das pessoas ou não tenham interesse por elas. Essas crianças simplesmente não sabem reagir de modo adequado. Talvez pareça que não ouviram o que se disse a elas. Se uma criança vizinha convida, "Vamos jogar bola", mostrando uma bola para uma criança com TEA, e esta não demonstra reação ou se afasta, é improvável que a vizinha faça o mesmo convite novamente. Ensinar a criança a reagir de modo adequado às aberturas sociais dos outros é um passo fundamental no desenvolvimento das habilidades necessárias para estabelecer e manter relacionamentos.

## Como ensinar as habilidades interpessoais

No exemplo que se segue, cada etapa da habilidade é ensinada individualmente e, depois, as etapas são combinadas para criar uma sequência de interações recíprocas. É melhor começar com uma situação específica, como o convite para jogar bola. Comece fazendo a criança olhar para o interlocutor adulto, como o pai ou a mãe, quando fala com ela. Comece dizendo, por exemplo: "Emily, vamos jogar bola". Espere até que Emily esteja olhando para você antes de dizer ou fazer qualquer coisa. Assim que ela se virar para você, diga: "Ótimo! O que eu disse?". Espere que Emily responda: "Jogar bola", elogie-a e role ou jogue a bola para ela. Depois que Emily estiver respondendo adequadamente a um determinado adulto quando este fala com ela, como a mãe, por exemplo, o pai deverá repetir o mesmo procedimento e depois um irmão. A essa altura, muitas crianças vão reagir adequadamente a qualquer outra criança conhecida quando ocorrer a mesma sequência de eventos. Uma vez aprendida uma interação pequena, esta pode ser substituída por uma segunda atividade, como brincar com bonecos de ação ou outra atividade preferida pela criança. Na terceira sequência nova de interação, a maioria das crianças já estará generalizando esse comportamento para praticamente toda nova aproximação de um adulto ou de uma criança que conheçam.

- Etapa 1. Objetivo da criança: olhar para o rosto da pessoa que fala com ela.
- Etapa 2. Objetivo da criança: ouvir atentamente o que a pessoa diz.
- Etapa 3. Objetivo da criança: responder de acordo com o que a pessoa diz. Ela fez uma pergunta ou deu uma sugestão?

Essa interação simples capacitará seu filho a mostrar para os outros que está ouvindo e compreende o que foi dito. Indicará também que a criança com TEA é alguém com quem é agradável interagir. Quando as crianças com TEA começam a aprender interações recíprocas como essas, seu comportamento parece seguir um roteiro e falta-lhe espontaneidade. No entanto, quanto mais elas praticarem essas habilidades no cotidiano, mais ficarão expostas a comentários espontâneos de cuidadores e colegas, como: "Nossa, que ótimo!" ou "Legal!", e começarão a incorporar espontaneamente essa linguagem emocional a suas interações. Gradualmente, as emoções subjacentes a esses comentários passarão a fazer parte, com mais autenticidade, das interações com familiares e colegas. Em vez de parecerem roteiros, as interações serão genuínas.

## *Como compreender as emoções*

As diferenças de funcionamento em várias áreas do cérebro (por exemplo, amígdala, giro fusiforme, córtex frontal) dificultam para as crianças com TEA o reconhecimento das emoções dos outros e a expressão de suas próprias emoções adequadamente. Muitas crianças com TEA conseguem aprender algumas dessas habilidades, embora com frequência continuem a ter limitações no entendimento de emoções mais sutis. Nesta seção, examinaremos estratégias para ensinar essas habilidades às crianças.

### Como reconhecer as emoções do outro

A surpreendente incapacidade da maioria das crianças com TEA de entender os sentimentos dos outros e sentir empatia é mais difícil de superar. Ao serem reconfortadas, as crianças com TEA geralmente não reagem da mesma maneira que as crianças de desenvolvimento normal (ver Figura 2).

A maioria das crianças com TEA percebe emoções fortes expressas por pais ou irmãos, como manifestações de raiva em voz alta ou choro; no entanto, frequentemente consideram essas emoções perturbadoras e não uma fonte de sentimentos de empatia. Em vez de se identificar com o irmão que chora, a criança pode bater nele ou tentar fazer com que pare de chorar. Parece que as crianças com TEA têm diferenças no sistema de neurônios-espelho do cérebro, usado para interpretar movimentos e gestos dos outros, como um erguer de ombros, com as mãos estendidas e as palmas viradas para cima, a fim de expressar que não se sabe alguma coisa. A linguagem corporal, que desempenha um papel importante na expressão de sentimentos, é vaga para as crianças com TEA.

Figura 2. Esta menina com autismo está sendo reconfortada pela professora, mas parece não reagir ao consolo da mesma forma que as crianças com desenvolvimento normal. Muitas crianças com autismo afastam a cabeça, empurram, se soltam, correm ou dão cabeçadas para escapar do abraço do adulto que tenta reconfortá-las. Muitas crianças com autismo podem até chegar a aceitar serem reconfortadas fisicamente, porque aprendem que os pais ou os professores são amorosos e prestativos, mas talvez não sintam prazer nisso.

## As etapas da reação às emoções do outro

A compreensão das emoções e a reação adequada aos sentimentos dos outros envolvem a identificação do que a outra pessoa sente, do que a fez se sentir assim e do que se pode fazer em resposta a esse sentimento. Esse processo tem várias etapas, que, combinadas, levam a reações mais apropriadas aos sentimentos das outras pessoas.

## *Como ensinar o reconhecimento de emoções nos rostos*

As afirmações que se seguem incluem os objetivos que temos ao ensinar as crianças com TEA a reconhecer emoções no rosto de outras pessoas.

1. Distinga a expressão de emoções nos rostos: felicidade, raiva e tristeza.
2. Determine que eventos fizeram a pessoa se sentir assim (por exemplo, a pessoa ganhou um prêmio, o irmão da pessoa derrubou sua brincadeira com blocos de montar, o animal de estimação da pessoa fugiu).
3. Escolha uma ação que corresponda aos sentimentos da outra pessoa (por exemplo, dizer: "Que maravilha!" ou "Isso me faz ficar com raiva", dar um abraço na pessoa que está triste).

Fotos de rostos expressando alegria, raiva e tristeza são boas ferramentas para ensinar a diferenciar as expressões faciais. As fotos são mais eficazes do que os desenhos, geralmente abstratos demais para muitas crianças com TEA. Se a criança for verbal, mostre a ela a foto de uma criança feliz e pergunte: "Como ela se sente?". Se a criança tiver pouca habilidade verbal, coloque, sobre pedaços grandes de papel diante dela, duas fotos de crianças expressando emoções diferentes e diga: "Aponte quem está feliz". Recompense as respostas corretas e dê dicas para a resposta correta se a da criança estiver incorreta. Em seguida, coloque três fotos sobre a mesa, diante da criança: uma no alto do papel (como se fosse o vértice de um triângulo) e duas na base do papel, completando os dois outros vértices do triângulo. A foto no topo do triângulo é de uma criança com expressão de raiva no rosto. Ela é chamada de *modelo*. Na base, em um dos vértices, fica uma foto de outra criança, também com expressão de raiva. No terceiro vértice, fica uma criança com expressão de felicidade no rosto. Peça à criança com TEA para apontar na base do triângulo a foto que mostra a mesma emoção que a foto do alto. A isso denominamos *pareamento conceitual com o modelo*, no qual a criança deve demonstrar a capacidade de compreender o conceito de "raiva", a fim de parear as duas fotos que apresentam a mesma emoção, embora ela esteja expressa no rosto de pessoas diferentes.

Variando as fotos em combinações de expressões faciais de felicidade, raiva e tristeza, muitas crianças com TEA acabam reconhecendo essas três emoções básicas. As fotos podem ser complementadas com vídeos de crianças expressando emoções variadas. O Centro de Pesquisa em Autismo da Universidade de

Cambridge produziu um DVD intitulado *Mind reading: An interactive guide to human emotions* (Baron-Cohen 2002) que inclui módulos interativos para ensinar uma gama variada de emoções. Há seis videoclipes para cada emoção, mostrando em *close* pessoas diferentes (por exemplo, velha, jovem, homem, mulher, meninos, meninas, e assim por diante).

## *Como ensinar que eventos provocam determinadas emoções*

A etapa seguinte é ensinar à criança o tipo de evento que leva a determinadas emoções. Mais uma vez, pode-se fazer uso de fotos de crianças em situações que levem à felicidade, à raiva ou à tristeza da seguinte maneira: mostre a foto de uma criança recebendo um presente embrulhado. Pergunte à criança com TEA: "Como ela se sente?". Se a criança identificar a emoção incorreta (por exemplo, tristeza), dê dicas da resposta correta e aguarde que ela responda corretamente. Mostrando-se repetidas vezes à criança várias situações que possam desencadear determinadas emoções, ela acabará conseguindo antecipar como outra pessoa se sente ao vivenciar um tipo de acontecimento específico. Isso é importante para aprender a compreender por que os outros se sentem de determinada maneira. Também se podem usar fantoches, que são particularmente eficazes para crianças com alto nível funcional. Faça o fantoche segurar uma casquinha de sorvete e diga: "Ah, o sorvete caiu no chão. Como é que o Bobby [o fantoche] se sente?". Algumas crianças gostam de manusear o fantoche, o que oferece mais uma oportunidade para praticar situações que conduzem a emoções específicas.

### Como ensinar a reconhecer emoções por meio de simulações

O passo seguinte é a transferência das habilidades aprendidas para situações simuladas com familiares ou amigos. Um irmão ou um vizinho faz o papel da pessoa a quem acontecem coisas positivas ou negativas. Essa criança treina como exibir no rosto as expressões faciais adequadas a acontecimentos bons ou ruins. No início, é útil fazer uma expressão exagerada, a fim de facilitar para a criança com TEA a identificação daquela emoção. Seguem-se alguns exemplos.

*Receber um presente: Felicidade* – Uma criança da vizinhança entrega ao irmão da criança com TEA um presente embrulhado. O irmão sorri e diz: "Obrigado". Pergunte à criança com TEA como o irmão se sente.

*Derrubar alimento: Tristeza* – O irmão está chupando laranja e "acidentalmente" a fruta cai no chão. O irmão diz, exibindo no rosto uma expressão triste: "Ah, minha laranja caiu no chão". Pergunte à criança com TEA como o irmão se sente.

*Derrubar a brincadeira com blocos de montar: Raiva* – O irmão e o vizinho estão brincando com blocos de montar. O irmão empilhou cinco ou seis blocos e, de repente, o vizinho os derruba. O irmão diz, com expressão de raiva no rosto: "Ei, você não devia fazer isso!". Pergunte à criança com TEA como o irmão se sente.

Os pais podem criar muitas variações dessas cenas para oferecer mais prática na antecipação e no julgamento das reações emocionais a situações reais.

## Como ensinar a reagir às emoções dos outros

Finalmente, a tarefa é ensinar à criança como reagir às emoções dos outros. Essa habilidade pode ser exercitada em simulações e também em situações reais. Usando as cenas anteriores, os pais podem servir de modelo para a reação à emoção do irmão, fazendo diversos comentários:

- O que dizer ou fazer quando alguém está feliz: "Que maravilha!", num tom de voz alegre e batendo palmas.
- O que dizer ou fazer quando alguém está triste: coloque os braços em volta da criança e diga, num tom de voz reconfortante: "Você deve estar se sentindo triste. Vamos pegar outra laranja".
- O que dizer ou fazer quando uma pessoa está com raiva: "Você deve estar com raiva. Vou ajudar com os blocos", num tom de voz reconfortante e interessado.

## Como reconhecer emoções no cotidiano

Depois que os pais tiverem servido de modelo em uma das reações anteriores, cada uma das cenas precedentes pode ser repetida, pedindo à criança com TEA que faça como o pai ou a mãe. Na maioria dos casos, ao enfrentar o cotidiano, seu filho depara frequentemente com situações semelhantes às simulações que praticou. Por exemplo, ele pode ver uma criança chorando no parque, porque soltou o balão de gás e ele subiu para o céu. É uma boa hora para parar e perguntar: "Como ela se sente?" e "Por que ela está triste?". Pode ser que vocês vejam meninos brincando de cavalinho num *playground* e um tira o boné do outro e foge. O menino de quem o outro tirou o boné tem uma expressão de raiva no rosto e grita: "Ei, devolve o boné!". Pare e pergunte a seu filho: "Como ele se sente?" e "Por que ele está com raiva?". Depois que os pais começam a pensar sobre as situações corriqueiras do dia a dia, percebem que há muitos momentos favoráveis para as crianças aprenderem alguma coisa sobre as emoções e os motivos pelos quais as pessoas se sentem de determinada maneira.

Figura 3. Scott, que tem autismo, aprendeu a dar um abraço encorajador na irmã Zoey, que tem desenvolvimento normal, quando ela fica aborrecida. Embora essas interações geralmente tenham uma aparência ensaiada no início da intervenção, quanto mais elas são praticadas, mais naturais tendem a ficar e desempenham um papel importante na relação da criança com TEA com os familiares e os amigos.

Quanto mais seu filho com TEA praticar o abraço encorajador no irmão ou no vizinho que ficou triste depois que algo ruim aconteceu e disser "Tudo bem", mais naturais e espontâneas vão se tornar as expressões de empatia dele (ver Figura 3). Os pais com frequência me perguntam se a criança com TEA sente o mesmo tipo de empatia que as outras crianças da mesma idade. Não há como termos certeza. O que podemos dizer, com base em conversas com adultos com TEA de elevada habilidade verbal, é que ela compreende rapidamente os sentimentos mais exacerbados das outras pessoas (por exemplo, raiva, felicidade), mas, no geral, tem dificuldade para interpretar emoções sutis ou contraditórias, como sentir carinho e raiva ao mesmo tempo. Os psicoterapeutas passam um tempo enorme ajudando pacientes com desenvolvimento normal a aprender a interpretar e a reagir a sentimentos complexos e contraditórios em relação às pessoas que amam, a seus chefes e amigos. Então, não deveria surpreender ninguém o fato de essas situações emocionais serem de solução muito difícil para indivíduos com TEA.

## *Como aceitar a necessidade que a criança tem de ficar sozinha*

Os pais querem que os filhos com TEA se integrem à família e passem mais tempo brincando com os amigos. Supõem que algo esteja errado se um filho prefere atividades solitárias à socialização com família e amigos.

### Ficar sozinho não é ser solitário

Muitos pais expressam preocupação, porque o filho com TEA parece passar tempo demais sozinho no quarto, construindo maquetes, pintando ou erguendo torres com blocos de montar. Acham que o filho se sente solitário ou infeliz. Ajuda muito quando os pais conseguem aceitar a ideia de que, assim como um filho é extremamente sociável, passa a maior parte do tempo com amigos ou familiares e gosta de ser o centro das atenções, a criança com autismo é o oposto. Tudo bem, ninguém precisa ser igual aos outros.

### Ficar sozinho pode ser terapêutico

As pessoas com TEA geralmente ficam muito bem quando passam bastante tempo sozinhas. Para elas, estar só não é fonte de infelicidade ou solidão. Intimidade demais não é bom para a maior parte dos indivíduos com autismo. Eles são essencialmente introvertidos, guardam para si os próprios pensamentos, observam primeiro e agem depois, fazem pausas antes de responder a perguntas, preferem atividades individuais ou em grupos pequenos, costumam iniciar conversas se baseando no próprio ponto de vista e talvez o mais importante seja que usam o tempo que passam sozinhos para organizar pensamentos e se reenergizar. Se você perguntar a muitos adolescentes ou adultos jovens com autismo e nível verbal elevado por que passam tanto tempo sozinhos, eles responderão que é quando se sentem mais relaxados e são capazes de pensar com mais clareza, sem o bombardeio constante das demandas sociais. Eles usam esses períodos calmos de reflexão para dar sentido aos eventos do dia anterior e manter o intelecto funcionando. Desde que a família – incluindo avós, primos e amigos – envolva a criança com TEA nos eventos familiares com frequência, dando a ela margem para se isolar quando sentir necessidade, a maioria dessas crianças consegue desenvolver vínculos amorosos fortes com familiares e amigos. Tudo bem ser diferente.

## *Relacionamento, namoro e casamento*

Em algum momento, a maioria dos pais pergunta aos profissionais se o filho ou a filha vai namorar e se casar. Estatisticamente, a resposta é que alguns vão namorar, mas é menos provável que se casem. Em qualquer caso, é impossível ter certeza, mas podemos prever com segurança que apenas os jovens com alto nível funcional têm probabilidade de manter relacionamentos de namoro e casamento.

### O desejo de relações íntimas

Alguns adolescentes e adultos jovens com alto nível funcional conhecem pessoas pelas quais se sentem atraídos e com as quais travam relacionamentos íntimos. Um adolescente com autismo e alto nível de funcionamento intelectual perguntou aos pais por que não podia abraçar e beijar as meninas como os outros meninos do ensino médio faziam no estacionamento ao lado da escola. Ele queria saber se era porque ele tinha autismo, uma pergunta de cortar o coração. Os pais estavam tentando protegê-lo da exploração por parte de colegas com desenvolvimento normal e da confusão, porque ele não compreendia bem os limites do comportamento adequado entre rapazes e moças. Foi uma época muito difícil para esses pais, na tentativa de ajudar o filho a entender os limites da intimidade adequada.

### As habilidades nas relações íntimas

Além da atração sexual inicial e do relacionamento, as habilidades necessárias para compreender os sentimentos dos outros e para negociar diferenças no que é importante para os parceiros em qualquer relacionamento são extremamente difíceis para a maioria das pessoas com TEA. Compreender a motivação do outro é difícil para os indivíduos com TEA, mesmo para os que têm nível funcional elevado. Entender por que é importante elogiar a aparência da pessoa que estamos namorando ou a refeição que ela preparou é confuso para muitas pessoas que têm TEA. Para uma jovem que tem TEA, perceber por que o namorado ficou tão aborrecido quando ela chegou em casa várias horas depois do combinado, após uma festa da empresa, talvez seja confuso. Essa jovem não entende o ciúme nem o medo que o namorado tem de perder seu amor, provocados por seu atraso. Os sentimentos contraditórios de amor e ciúme e a importância dos atos simbólicos que fazem parte de qualquer relacionamento confundem a maioria dos indivíduos com TEA. Consequentemente, embora algumas pessoas com formas menos severas de TEA namorem, esses relacionamentos geralmente não levam a casamentos bem-sucedidos.

## *Resumo*

A terapeuta familiar e escritora Stephanie Martson (1990) escreveu: "A autoestima das crianças se desenvolve proporcionalmente à profundidade da confiança alcançada em sua relação com os pais". Sermos pais confiáveis, previsíveis e amorosos é um passo enorme rumo ao estabelecimento da confiança fundamental para criar um filho com TEA emocionalmente saudável e forte. As crianças com TEA conseguem aprender as habilidades necessárias para desenvolver novos relacionamentos e manter os já estabelecidos. Se essas habilidades adquiridas são idênticas às dos colegas com desenvolvimento normal é um fato menos importante do que sua eficácia no estabelecimento de relações que representem uma vida melhor para essas crianças. Ao aceitar e amar uma criança introvertida, descobrimos novas maneiras de compreender como tirar o melhor dela, além de descobrirmos o melhor em nós mesmos. Ninguém sabe que relacionamentos futuros seu filho conseguirá desenvolver. No entanto, se houver um alicerce sólido, é provável que ele construa os vínculos positivos duradouros que formam a base de uma vida boa.

# 6.

## Como libertar o gênio da lâmpada: O estímulo à socialização

Aristóteles (1914) disse que o homem é, por natureza, um animal social e, de fato, a maioria de nós é muito sociável. Nossas relações com família, amigos e colegas de trabalho são parte de nossa razão de ser. Conhecemos pessoas extremamente sociáveis e outras que demonstram desenvoltura em público, características que as tornam particularmente adaptadas às reuniões sociais. Para muitas delas, o maior medo é serem consideradas socialmente desajustadas ou rejeitadas. Em algumas sociedades, o banimento ou o isolamento do contato com os outros está entre os castigos mais severos. Por isso, é profundamente perturbador que um filho nosso ou um aluno com TEA em nossa classe nos pareça completamente indiferente à socialização com os demais. O maior medo da maioria das pessoas dá a impressão de ser algo aceitável, e até agradável, para muitas crianças com TEA. Parece incompreensível.

### A preferência pela proximidade, mas sem interação

Ouvimos as pessoas dizerem: "Qual o problema daquele menino? Ele não se interessa pelas outras crianças". Seria mais acertado dizer que ele não compreende o comportamento das outras crianças, o que elas pensam ou sentem, nem o que significa ser um parceiro social. Uma coisa é não compreender os outros e não ter habilidade para interagir com eles e outra é não ter interesse social. A maioria das crianças com TEA prefere ficar no mesmo cômodo em que está seu cuidador principal. Se a mãe (ou o pai) vai para outro lugar, a criança geralmente a segue em poucos segundos. Se o irmão ou a irmã está sentado no chão, brincando com objetos, a criança com TEA talvez se sente distante e se ocupe da mesma brincadeira, mas pareça desinteressada do que o irmão ou a irmã está fazendo. Se o irmão ri ou emite um som incomum, a criança talvez olhe para ver o que está acontecendo, mas logo volta para a brincadeira solitária. O problema é que a criança com TEA não tem consciência dos sinais sociais nem as habilidades necessárias para estabelecer e manter interações sociais. Nossa tarefa, como adultos afetuosos, é aproveitar os interesses dela para ensinar as habilidades necessárias para que ela possa interagir de maneira significativa com familiares e colegas e desenvolver relacionamentos com eles. Esse é o assunto deste capítulo.

## Referências sobre habilidades sociais

Weiss e Harris (2001), em *Reaching out, joining in: Teaching social skills to young children with autism*, proporcionam um panorama excelente dos princípios envolvidos no estímulo à socialização de crianças com TEA, sem causar confusão ou alarme desnecessário. O livro traz um anexo particularmente útil das fontes disponíveis comercialmente para estimular a compreensão e as interações sociais. O livro de Jed Baker (2003) *The social skills picture book teaching play, emotion and communication to children with autism* é muito útil. Ele decompõe os elementos da brincadeira em habilidades que podem ser ensinadas, incluindo compreender a distância social, evitar interrupções, cumprimentar os outros participantes, compartilhar e sustentar uma conversa e terminar uma conversa. As habilidades mais avançadas incluem pedir para brincar e entrar na brincadeira, assim como compartilhar, fazer concessões e ceder a vez. Conforme as crianças progridem no desenvolvimento das habilidades sociais, aprendem a aceitar "não" como resposta e a experimentar coisas novas, o que geralmente é bastante difícil. Nas seções que se seguem, ideias colhidas nessas fontes, e também na abordagem baseada em jogos de Galmmeltoft e Nordenhof (2007), foram incorporadas em estratégias que achei particularmente eficientes na experiência de desenvolver as habilidades sociais de crianças com TEA.

## A observação do outro

Para as crianças com TEA, observar outra criança brincando é mais ou menos como tentar entender o comportamento de um ser de outro planeta. As crianças com TEA geralmente são fascinadas pelas atividades de seus pares, mas não têm a menor ideia do que fazer com elas. Mais ou menos aos três anos, praticamente todas as crianças já fazem brincadeiras paralelas. Elas se sentam no chão, constroem com blocos de montar ou brincam com bonecos, prestando um mínimo de atenção na criança que está ao lado. Geralmente conversam consigo mesmas, descrevendo as próprias ações ou fazendo a voz do personagem com o qual estejam brincando, como a boneca mãe, por exemplo. Entre os três e os quatro anos, geralmente começam a se interessar pelo que as outras estão fazendo e tentam envolver outra criança na brincadeira. Isso raramente acontece com crianças com TEA. Muitos pré-escolares com TEA continuam a demonstrar interesse limitado em brincadeiras interativas, e, quando tentam interagir, a abordagem é frequentemente imprópria e rejeitada pelos colegas.

## Demonstrações de afeto inadequadas

Brandon, de quatro anos, passa três tardes por semana numa pré-escola regular. Ele tem autismo e alto nível funcional e passou por dois anos de terapia comportamental intensiva precoce em casa. Tem um vocabulário verbal significativo, funciona bem na maioria das situações cotidianas e raramente tem acessos de raiva, mas não tem compreensão social. Fica de pé observando atentamente duas outras crianças brincarem. Parece querer se juntar a elas, mas não sabe o que fazer. Aproxima-se de Gina, uma menina de três anos de sua turma, e coloca o carrinho de brinquedo que está segurando no alto da cabeça dela. Ela se afasta e diz: "Não!". O carrinho cai no chão, fazendo barulho. Brandon se afasta com uma expressão confusa no rosto e começa a chorar. Sua demonstração de afeto inadequada vai fazer com que Gina provavelmente não queira brincar com ele no futuro, e esse insucesso vai desestimulá-lo de tentar outra vez.

## Atenção compartilhada, imitação e apresentação oral

Aprender a observar o que os outros estão fazendo e imitá-los é uma das primeiras etapas do processo de socialização de pré-escolares. Aprender a olhar para o outro e a se concentrar nos olhos dele indica que a criança está prestando atenção na outra pessoa (ver Figura 1). É mais provável que as demais crianças aceitem um colega com TEA em suas brincadeiras se ele se envolver na mesma atividade em que os amiguinhos estão envolvidos ou numa atividade semelhante. Observar os outros faz parte do processo de se interessar por eles. A atenção compartilhada diz respeito a prestar atenção no mesmo estímulo em que a outra pessoa está prestando: um passarinho voando do lado de fora, a bola quicando pela sala ou a atividade que outra criança realiza. Se Brandon mostrar para as outras crianças que está interessado nelas, é mais provável que elas brinquem com ele. A professora se senta no chão com Brandon e desliza um caminhãozinho de brinquedo sobre o tapete, para frente e para trás, dizendo: "Vamos brincar de carrinho". Depois de observar um pouco, Brandon começa a empurrar sobre o tapete, para frente e para trás, o carrinho que estava segurando. "Muito bem, Brandon", diz a senhorita Peters, acrescentando: "Estamos brincando de carrinho". Mais tarde, ela diz: "Brandon, a Beth está brincando de boneca. Olha [apontando], ela está ninando o bebê". Brandon observa Beth atentamente, mas não sabe o que fazer. A senhorita Peters dá outra boneca para Brandon e diz, apontando para Beth: "Brandon, brinque de boneca com a Beth". Brandon se aproxima de Beth, se senta no chão ao lado dela e começa a ninar a boneca que está segurando, de modo semelhante ao de Beth. Um pouco depois, Beth diz: "Balança o bebê". Brandon repete a frase. Estimular as crianças com TEA a observar primeiro e, em seguida, indicar por meio das próprias ações que estão interessadas no que as outras estão fazendo, imitando-as, ajuda quem tem TEA nos primeiros passos da socialização.

Figura 1. Ao chamar a atenção de Greg com a mão e apontar com o dedo para os próprios olhos, a professora de Greg o ensina a olhar para ela quando a cumprimenta. Assim que o menino a encara, ela o elogia e dá a ele uma recompensa tangível. Depois de sucessivas repetições, a recompensa tangível é retirada, e o elogio, seguido de uma conversa, é suficiente para manter o contato visual.

Robin tem cinco anos e está numa turma integrada de jardim da infância, na qual um terço das crianças tem deficiência de desenvolvimento e dois terços têm desenvolvimento normal. Robin tem diagnóstico de TGD-SOE. Ela se envolve principalmente em brincadeiras paralelas; por isso, a professora está trabalhando com ela, para que aprenda a compartilhar com os outros suas conquistas ou as coisas que acha interessantes. O senhor Greeley, assistente, está sentado à mesa ao lado de Robin. Robin está empilhando anéis de plástico coloridos num pino.

Quando ela coloca o último anel no pino, o senhor Greeley diz, apontando para a professora: "Nossa, que lindo! Mostre para a senhorita Levine". Robin vai até a senhorita Levine, segurando o brinquedo de empilhar, e o estende para ela, que diz, batendo palma: "Maravilhoso! Você empilhou os anéis". Ao criarmos oportunidades para as crianças com TEA compartilharem suas conquistas, elas acabam aprendendo a fazer isso espontaneamente.

A apresentação oral é outro veículo ótimo para ensinar as crianças com TEA a compartilhar seus interesses com as outras e uma oportunidade ideal para a cooperação entre a escola e a família. A senhorita Levine manda um bilhete para os pais dos alunos, explicando que, às terças-feiras, cada criança está convidada a trazer consigo para a escola um objeto que queira compartilhar com os colegas. A professora determina regras básicas para o tipo de objeto mais adequado. No domingo à tarde, Max e sua família saem para caminhar na beira do lago e catam bolotas de carvalho e espigas dos juncos das margens. Ao voltar para casa, o pai de Max conversa com o menino sobre as coisas que cataram. Max separa os objetos em caixas e aprende os nomes de cada um: bolota de carvalho, folha, espiga de junco. Na noite de segunda-feira, o pai de Max pergunta a ele: "O que você gostaria de levar para a apresentação na escola?". Max não compreende. O pai explica que no dia seguinte ele poderá levar um objeto e apresentá-lo para as outras crianças. Max aponta para uma espiga de junco, e o pai diz: "Ótimo! Como é o nome disso?". Max responde: "Espiga de junco". "Certo", diz o pai, que ensaia com Max o que o menino vai dizer quando mostrar a espiga de junco aos colegas. "Isto é uma espiga de junco. Ela estava na beira do lago", repete Max. Na manha seguinte, quando a senhorita Levine chama Max, ele tira a espiga de um saco e a ergue, para que as crianças possam vê-la, dizendo, orgulhoso: "Isto é uma espiga de junco da beira do lago". As outras crianças dizem: "Nossa!", "Legal!", e se juntam em volta de Max para tentar tocar no objeto. Max fica perturbado e tenta se afastar, mas a senhorita Levine diz a Max que está tudo bem e estimula as crianças a tocar suavemente na espiga. Em seguida, diz: "Max trouxe uma espiga de junco. Foi ótimo ter compartilhado conosco". Muitas repetições desse tipo de sequência são necessárias antes que as crianças com TEA comecem a compartilhar espontaneamente seus interesses.

## Oportunidades informais de aprendizado

Há muitas oportunidades, praticamente todos os dias, para que as crianças pequenas com TEA aprendam a mostrar seus interesses para os outros. Quando uma criança está brincando com um cachorrinho de pelúcia no chão, a mãe pode dizer: "Mostre o cachorrinho para a vovó". A avó está sentada perto e naturalmente vai perguntar, antes de imitar um som de "au-au": "Ele late?". Quando a criança está ajudando no serviço de casa, colocando a mesa, por exemplo, a mãe pode dizer, apontando para os talheres sobre a mesa: "Mostre para o papai que você é um bom ajudante". A criança aponta para os talheres e o pai diz: "Ótimo! Você é um bom ajudante". Com um pouco de planejamento, os pais e os professores vão perceber que há muitas oportunidades para ensinar informalmente as crianças a mostrar suas realizações e seus interesses durante as tarefas rotineiras.

## *Como demonstrar interesse pelos outros*

Geralmente, é mais fácil ensinar crianças pequenas com TEA a mostrar aos outros o que fizeram do que a reconhecer espontaneamente as oportunidades para demonstrar interesse pelas outras pessoas. Como todas as crianças, as que têm TEA estão interessadas principalmente em si mesmas e no que estão fazendo. Com paciência e planejamento, podemos ensiná-las a fazer comentários e perguntas sobre os outros.

### Como suscitar comentários espontâneos

Pais e professores podem estimular o interesse da criança usando uma peça de roupa incomum, como uma camisa com estampa de animais ou uma faixa de cor viva no cabelo. Quando a criança nota os animais na camisa, o pai pode dizer: "O que você está vendo?". Talvez a criança nomeie os animais que reconhece. Isso dá ao pai a oportunidade de fazer comentários e mais perguntas (por exemplo, "Como é que a vaca faz?"). Os professores e os terapeutas geralmente carregam um saco de surpresas com objetos interessantes que encantam a criança, como fantoches de dedo bem coloridos, bola colorida, pinhas ou prisma de plástico. Quando o terapeuta chega à casa de Max, o menino imediatamente quer ver o que há no saco de surpresas. O terapeuta espera até que Max olhe para seu rosto e diz: "Ok, Max, vamos ver o que tem no saco". Tira um fantoche de dedo. Na escola, a assistente de uma turma aponta para a faixa que usa no cabelo e pergunta de que cor é. Quando Robert, outra criança, chega à escola de cabelo cortado, pode-se perguntar à criança que tem TEA o que está diferente no colega. Isso a ensina a prestar atenção nos outros.

Como observamos no Capítulo 4, as crianças com TEA geralmente estão interessadas nas atividades dos adultos que fogem da rotina, como trocar uma lâmpada ou costurar uma colcha de retalhos. Quando Robin se aproxima e mostra estar interessada no que o pai está fazendo, ele pode dizer: "Estou trocando a lâmpada. Quer ajudar?". Robin talvez responda: "Ajudar lâmpada". Depois de remover a lâmpada queimada, o pai pode pedir, entregando a lâmpada a Robin e apontando para a lata de lixo: "Ponha a lâmpada no lixo". Manter a criança ocupada aumenta a chance de que ela continue interessada.

A mãe de Ben está fazendo uma colcha de retalhos, e isso atrai a atenção do menino. Pode ser que ele pergunte: "Fazendo?". E a mãe continua: "Estou fazendo uma colcha de retalhos. É como um cobertor". Em seguida, ela diz: "Ela tem muitos pedacinhos" [aponta para os retalhos que compõem a colcha]. Ben responde, quando a mãe aponta cada retalho: "Vermelho, roxo, verde". Ela diz: "Está certo. Você gosta da colcha?". Talvez ele responda: "É vermelha e roxa". E a mãe pergunta, dando sequência à conversa: "É bonita?". Talvez a resposta seja: "Bonita, vermelha e roxa".

A prática desse tipo de diálogo, embora inicialmente pareça artificial, acabará por adquirir um caráter mais natural, conforme a criança for aprendendo a expressar interesse genuíno pelos outros e por suas atividades e à medida que seu vocabulário for se expandindo.

## Como planejar oportunidades para demonstrar interesse

O planejamento é importante para identificar oportunidades de ensinar a criança com TEA a mostrar interesse pelos outros. À noite, antes da hora de dormir, tome nota do que planejou para o dia seguinte (por exemplo, deixar Keith, irmão de Sarah, na escola, levar sua mãe ao médico, fazer compras antes de voltar para casa, tomar café com sua amiga Anne, preparar o almoço, ir à biblioteca pegar um livro para o Clube do Livro, fazer bolo para as crianças comerem ao chegar da escola). Para cada uma dessas atividades, que você realizará na presença de Sarah, pense nas oportunidades de ensiná-la a mostrar interesse pelos outros. Talvez Sarah possa dizer alguma coisa para o irmão sobre a jaqueta nova (por exemplo, "jaqueta azul"). Ela pode fazer um comentário sobre as flores da casa da avó (por exemplo, "flores bonitas"). Ela pode dizer a Anne que o suéter dela é verde. Pode perguntar ao bibliotecário onde ficam os CDs. Pode pedir para ajudar a fazer o bolo. Em cada situação, a mãe de Sarah relembra a menina de olhar para o rosto da pessoa com quem está falando antes de dizer alguma coisa. Esses diálogos diários são oportunidades de aprender como demonstrar interesse pelas outras pessoas e por suas atividades.

### Como fazer perguntas e participar

Conforme os jovens se aproximam da adolescência, aprendem a demonstrar interesse fazendo perguntas e se oferecendo para participar. Uma criança de 11 anos pode perguntar ao pai, que está cortando ingredientes para a salada: "O que é isto?". O pai responde: "São azeitonas. Quer uma?". Quando a mãe de uma adolescente de 13 anos está separando e dobrando a roupa lavada, a filha pergunta: "Posso ajudar?". A mãe pode responder: "Claro, você pode dobrar as camisetas", e mostrar como fazer. Um adolescente de 15 anos, observando o irmão jogar *videogame*, pergunta: "Posso jogar?". Os pais podem criar situações em que essas habilidades sejam exercitadas; assim, quando a situação real aparecer, é mais provável que o jovem reaja adequadamente. Compensa preparar os parceiros de comunicação para que compreendam o plano e reforcem as tentativas de comunicação da criança. É uma boa ideia criar uma lista de oportunidades e colocá-la como lembrete num lugar de destaque, como a porta da geladeira ou sobre a carteira da criança na escola.

## *Reciprocidade e revezamento*

A reciprocidade envolve dar e receber, é um relacionamento de cooperação. Aprender a começa com o revezamento. O livro de Galmmeltoft e Nordenhof (2007) *Autism, play, and social interaction* contém muitas ideias para o uso da abordagem baseada em jogos no ensino da reciprocidade e para o estímulo às habilidades mais complexas de interação. A obra começa com jogos bem simples para duas pessoas, passa para jogos mais complexos, que incluem atividades de faz de conta, e termina com jogos de regras sociais mais complexas para crianças mais velhas com nível de funcionamento mais elevado.

### Como rolar uma bola e montar um quebra-cabeça

A situação prototípica envolve o cuidador e a criança, sentados no chão, de frente um para o outro, com as pernas afastadas. O adulto rola uma bola para a criança e diz: "Sam, rola a bola", e fica com as mãos estendidas para receber a bola quando ela for rolada. Muitas crianças devolvem a bola rolando, algumas necessitam de outro adulto, atrás delas, orientando-as manualmente a rolar a bola de volta para o primeiro adulto. Assim que o adulto recebe a bola que Sam rolou, o menino é elogiado. Essa atividade é repetida durante vários minutos ou até que a criança comece a perder o interesse. Depois de repetir esse exercício várias vezes por dia, a criança logo corresponderá, rolando a bola de um lado para o outro. Outra atividade útil na aprendizagem do revezamento é a montagem de quebra-cabeças com peças de madeira. O assistente do professor coloca um círculo no lugar apropriado do tabuleiro do quebra-cabeça, entrega um quadrado para a criança e diz: "Sam, faz você" ou "É sua vez". O adulto e a criança se revezam até que todas as peças do quebra-cabeça estejam no lugar.

### Jogos de tabuleiro com ponteiro giratório

Uma criança que tenha habilidade suficiente para participar de jogos de tabuleiro geralmente consegue aprender a ceder a vez. Monta-se um ponteiro giratório sobre um disco dividido em três segmentos, que correspondem aos números *um, dois* e *três*. Kang é estimulado a escolher, de um conjunto de quatro animais, uma peça para jogar. Ele escolhe a girafa, e a mãe escolhe o leão. A mãe de Kang espera até que o filho esteja olhando para ela e diz: "É minha vez". Gira o ponteiro, que para no número dois. Ela diz: "Dois, eu pulo duas casas". Com movimentos animados, ela faz o leão pular duas casas. Então, espera até que Kang se vire para ela e diz, apontando para o ponteiro: "É a vez do Kang girar o ponteiro". Kang gira o ponteiro, que para no número três. A mãe pergunta qual é o número. Kang responde: "Três". Ela responde: "Ótimo". Kang avança três casas com a girafa. A cada avanço, a mãe conta: "Um, dois, três". A maioria das crianças rapidamente começa a repetir os números com os pais. Depois de três ou quatro jogadas, a mãe de Kang para de contar para ele e diz: "Kang, conte". Depois que Kang tiver dominado o jogo de tabuleiro para duas pessoas, o pai ou um irmão mais velho pode se juntar ao jogo, que passa a ter três jogadores se revezando. Independentemente de quem chegue primeiro ao final, todos devem receber um prêmio.

### Jogos de empilhar

Uma variação dessa estratégia inclui um jogo de empilhar, no qual cada membro da família (ou colega de turma) pode acrescentar um bloco numa torre na sua vez. A torre vai acabar caindo quando ficar alta demais e instável. Esse jogo é emocionante para crianças pequenas, em razão do suspense criado em torno do momento em que os blocos vão cair. Em vez de se revezarem sucessivamente em volta de uma mesa, por exemplo, os participantes podem girar um ponteiro para determinar quem vai colocar o bloco seguinte. Fotos dos membros da família (ou dos alunos da turma) substituem os números no mostrador do disco sobre o qual fica o ponteiro. A última pessoa a colocar um bloco gira o ponteiro e, quando ele parar, a pessoa indicada pelo ponteiro vai colocar o próximo bloco na pilha. Essa é uma atividade particularmente boa, porque estimula a criança com TEA a olhar de pessoa para pessoa, para ver as reações nos rostos delas quando o ponteiro para sobre cada foto (é uma tarefa de pareamento com o modelo) e como cada uma reage quando os blocos caem.

## *Como criar motivação para a comunicação*

O estímulo às interações sociais das crianças com TEA com adultos ou colegas geralmente começa com a construção do desejo de interagir.

### Material desejado fora de alcance

A professora de Alexis está trabalhando com a menina, para estimular nela um interesse maior em se comunicar. A senhora Olson coloca um pino plástico sobre a mesa, diante de Alexis, e entrega a ela a primeira argola (a maior) para colocar no pino. Alexis coloca a argola no lugar e recebe um elogio. A senhora Olson coloca duas argolas em cada uma de duas caixas de plástico transparente numa prateleira atrás de si e na frente de Alexis. Depois que a menina coloca a primeira argola no pino, a senhora Olson diz: "Alexis [pausa], o que você quer?". Faz um gesto com as mãos para cima, as sobrancelhas erguidas e os olhos bem abertos. Alexis olha para o pino e, depois, para o rosto da senhora Olson. Olha para a prateleira atrás da senhora Olson, onde foi colocada uma das caixas plásticas transparentes com duas argolas coloridas. A senhora Olson repete: "O que você quer?". Alexis aponta para a caixa e emite um som de "mmm". A senhora Olson diz: "Ótimo, vou pegar mais argolas para você". Tira a caixa da prateleira, colocando mais duas argolas diante de Alexis. Rapidamente, a menina as empilha sobre a primeira, que já está no pino. Faltam duas argolas para completar. Alexis parece compreender como funciona o jogo. Levanta-se e anda na direção da prateleira onde está a outra caixa plástica transparente com as duas últimas argolas. Olha para a senhora Olson, aponta para as argolas e diz "mmms". "Maravilha", responde a senhora Olson, "vou pegar mais argolas". Coloca as duas últimas argolas sobre a mesa, diante de Alexis, que rapidamente as empilha sobre as outras para completar a tarefa.

## Atividades cooperativas

No início, as crianças com TEA não coordenam harmonicamente suas ações com as das outras crianças. Várias atividades de coordenação motora grossa e fina fortalecem essa habilidade.

*Cooperação na coordenação motora grossa* – Adriana tem cinco anos e diagnóstico de TEA. Tem bom vocabulário receptivo, mas é limitada na linguagem expressiva. Já participou de vários jogos de revezamento; portanto, consegue tomar parte em uma atividade de duas a quatro pessoas sem apresentar problemas de comportamento. O senhor Romero vai iniciar uma atividade de coordenação motora grossa na aula de educação física adaptada. Ele pede a Adriana e a outra criança que desenrolem um colchonete no chão. Cada criança deve ficar de um lado do colchonete e desenrolá-lo até que fique totalmente aberto sobre o piso. Essa é uma atividade muito simples de coordenação motora grossa, que exige que a criança com TEA coordene suas reações com as de outra criança.

Fazer boneco de neve é outra atividade de coordenação motora grossa eficaz, da qual a maioria das crianças com TEA pode participar com irmãos ou colegas, independentemente de seu nível cognitivo. Em climas mais quentes, cavar um buraco na areia da praia e se revezar para encher o buraco com água produz efeito semelhante.

A mãe de Adriana pede a ela e ao outro filho que dobrem as toalhas, que são grandes demais para uma criança dobrar sozinha. A mãe mostra como cada criança, uma de cada lado, deve segurar as pontas da toalha, juntar as duas pontas e, em seguida, levar a toalha meio dobrada até a outra criança, para que seja dobrada novamente. Essa é uma versão ligeiramente mais complexa da atividade de desenrolar o colchonete.

A família de Tao está fazendo piquenique no parque. Estão se preparando para acender uma fogueira e assar *marshmallows*. O pai, Neng, pede aos três filhos que catem gravetos para colocar no centro de um círculo de pedras, a fim de acender a fogueira. Tao observa os irmãos e os imita, recolhendo pedaços de madeira num bosque próximo, onde há muitos galhos caídos, e se reveza com os irmãos, colocando a madeira dentro do círculo de pedras. Neng acende a fogueira e logo a família está assando e comendo os *marshmallows*. Essa atividade envolve uma combinação de imitação e coordenação no momento de colocar os gravetos no local da fogueira e tem uma consequência natural agradável.

*Cooperação na coordenação motora fina* – O artesanato geralmente é um veículo excelente para a cooperação nas atividades de coordenação motora fina. Uma atividade cooperativa muito conhecida é forrar uma bexiga com pedaços de papel de seda. Ela começa com as crianças rasgando papel de seda em pedaços e colando-os na superfície de um balão cheio, para fazer uma esfera de papel machê. O material necessário constitui-se de cola branca, várias folhas de papel de seda de cores variadas, um balão, uma vasilha plástica grande, uma lata (com aproximadamente dez centímetros de diâmetro) sobre a qual o balão ficará apoiado e aventais para todas as crianças. O professor, ou os pais, enche o balão e amarra a boca, para o ar não escapar, e o coloca sobre a lata, com a boca virada para dentro da lata. Ajuda bastante fixar a base do balão na lata com fita crepe, para que ele não caia. As crianças, incluindo uma que tem síndrome de Asperger, recebem instruções para rasgar o papel de seda em vários pedaços irregulares de tamanhos diferentes. Em seguida, o professor derrama um pouco de cola na vasilha plástica e acrescenta um pouco de água para diluir a cola. A água e a cola são misturadas, e, então, o professor demonstra como mergulhar os pedaços de papel de seda na cola e colocá-los na superfície do balão. Conforme mais e mais pedaços de papel vão sendo colados no balão, o professor (ou os pais) aponta os lugares onde o balão ainda não está coberto e estimula a criança com síndrome de Asperger a mergulhar outro pedaço de papel na cola e cobrir as áreas descobertas. Deixa-se secar o balão coberto com esse papel machê. A parte do balão que ficou dentro da lata é cuidadosamente retirada com uma tesoura, e a esfera de papel machê pode ser pendurada com pedaços de barbante, de boca para cima, na sala de aula ou na casa da criança. Essa atividade tem numerosas vantagens; entre elas, não envolve reações certas ou erradas e é muito flexível. As crianças geralmente gostam de mergulhar o papel na mistura de cola, gostam da sensação que ela provoca nos dedos. A atividade exige que cada criança reaja ao que outra criança fez (por exemplo, cole um pedaço de papel ao lado do de outra criança). Tudo termina quando o balão está completamente coberto com papel de seda e há um produto concreto da atividade cooperativa que todos podem apreciar. Como nas atividades anteriores, essa requer reações coordenadas com as dos outros. Os colegas ou os membros da família podem participar do recorte de uma abóbora para a comemoração do *Halloween*. Nessa atividade, a criança com TEA pode retirar as sementes da abóbora com uma colher, já que não tem habilidade suficiente para fazer os recortes, o que pode ser feito por um irmão ou um amigo (ver Figura 2).

Figura 2. Fazer recortes numa abóbora de *Halloween* pode ser uma atividade eficiente, da qual a criança com autismo e seus familiares podem participar. Michael, que tem autismo, está retirando as sementes e a polpa da abóbora e, em seguida, a irmã e o irmão, que são mais velhos, vão ajudá-lo a recortar os olhos, o nariz e a boca. Algumas habilidades de coordenação motora fina estão presentes, e muitas crianças com TEA gostam da sensação da polpa mole nas mãos, que lembra as atividades com água da pré-escola.

*Cooperação no jogo* – Crianças mais velhas e crianças com alto nível funcional podem participar de jogos cooperativos de orientação mais acadêmica. Numa versão dessa atividade, uma criança coloca um quadrado de cartão com um número escrito sobre uma mesa, e a criança ao lado coloca um segundo cartão com um número que resulta numa determinada soma (por exemplo, sete). A primeira criança olha para seus cartões, seleciona o número três e o coloca sobre a mesa. A criança ao lado, que tem TGD-SOE, olha para seus cartões, procura um cuja soma com três dará sete, escolhe o quatro e o coloca na mesa, com o cartão do colega. Ambos recebem uma estrela ou ponto. Frequentemente, as crianças de desenvolvimento normal ficam animadas durante o jogo e estimulam a criança com TEA: "Emma, procura um quatro". Isso promove interações entre elas. No fim do jogo, todos recebem um prêmio.

Para as crianças mais velhas com alto nível funcional, jogos parecidos com *detetive* geralmente dão bom resultado. A cada problema novo a ser resolvido, uma pilha de cartas viradas para baixo é colocada no centro da mesa. A cada carta virada, aparece uma pista impressa. As crianças viram as cartas uma por vez, da esquerda para a direita, em volta da mesa. Pistas como "é marrom", "tem cauda", "late", e assim por diante, podem ser usadas com crianças menores. Esse é um exemplo óbvio, mas as charadas a serem resolvidas podem ficar mais difíceis, de acordo com o nível cognitivo da criança. A tarefa do grupo é colocar todas as pistas sobre a mesa, uma por vez, para ver quem adivinha a resposta correta, baseando-se nas pistas de todos. Nesse caso, a resposta era Brownie, o cachorro da família. Ganha a primeira criança a adivinhar a resposta correta; porém, todos os participantes recebem um pequeno prêmio.

Para crianças do ensino fundamental com síndrome de Asperger, TGD-SOE ou autismo e alto nível funcional, uma atividade compartilhada de contar histórias é geralmente agradável e muito eficiente para estimular interações. O professor (ou o pai ou a mãe) começa a história, criando o contexto e formulando a sentença inicial. Por exemplo, a senhora Gross pode começar a história, dizendo: "Bobby estava caminhando numa floresta escura e muito assustadora, quando chegou a uma clareira e viu um enorme monstro verde". A primeira criança à esquerda (ou à direita) da professora acrescenta uma nova sentença à história. Abigail pode dizer: "O monstro rosnou e correu atrás do Bobby". Cada criança acrescenta uma sentença até que todas tenham tido a oportunidade de contribuir para a história. Se houver mais um adulto disponível, ele pode anotar o que cada criança diz e fazer cópias do texto para todo o grupo. A maioria das crianças acha essa atividade social divertida e agradável. Ela exercita habilidades linguísticas, além da atenção ao que dizem os demais integrantes do grupo.

## Como brincar com os irmãos

Faz parte da vida dos irmãos aprenderem a brincar juntos. Os irmãos de crianças com TEA tentam envolvê-las desde muito cedo nas brincadeiras e aprendem depressa que elas não reagem da mesma maneira que as outras crianças. As crianças com TEA, na maior parte das vezes inadvertidamente, interrompem as brincadeiras e as atividades dos irmãos com desenvolvimento normal, provocando brigas. Quando a criança com TEA tem três ou quatro anos, emergem padrões previsíveis de interação, nos quais o irmão de desenvolvimento normal faz acomodações para o que tem TEA. A extensão e o tipo das interações dependem da capacidade cognitiva da criança com TEA e do fato de ela ter ou não passado por serviços eficientes de intervenção precoce. Nas famílias em que a criança com TEA passa por terapia comportamental precoce intensiva, parte da intervenção geralmente inclui ensinar à criança como brincar com outra criança. O aprendizado da comunicação e da imitação é normalmente enfatizado no início da terapia; assim, a criança com TEA aprende a imitar os irmãos e a comunicar necessidades e desejos básicos.

Embora seja uma boa ideia estimular a brincadeira entre irmãos, geralmente cometemos um erro ao insistir que o irmão de desenvolvimento normal incorpore a criança com TEA na maior parte de suas atividades recreativas. Os irmãos precisam ficar sozinhos, livres de interrupções e da necessidade de incluir o irmão que geralmente tem limitações importantes na capacidade de brincar de modo interativo e cooperativo. Forçar proximidade demais entre a criança de desenvolvimento normal e o irmão ou a irmã com TEA pode levar a ressentimento e agressividade contra a criança com TEA. Assim como os cronogramas visuais são usados na escola para ajudar a organizar as atividades didáticas da criança, os pais podem criar cronogramas visuais em casa, com horários determinados para as brincadeiras interativas. Fotos das duas crianças brincando juntas podem ser usadas para marcar esses horários numa agenda. Usando as estratégias traçadas nas seções anteriores, os pais podem ensinar a criança com TEA a se tornar uma companheira de brincadeiras mais agradável para os irmãos.

## Habilidades sociais: Grupos e modelagem em vídeo

Crescem os indícios de que o treinamento das habilidades sociais em grupo pode ser eficaz para melhorar as habilidades de crianças menores (quatro a seis anos) (Kroger, Schultz e Newsom 2007) e de adolescentes com TEA e alto nível funcional (Tse *et al.* 2007). Embora a participação em grupos de atividades e brincadeiras relativamente desestruturados possa gerar alguns ganhos, os grupos que exercitam habilidades específicas e simulam situações sociais parecem produzir mais resultados. Usada em conjunto com a modelagem em vídeo, essa estratégia promete conquistas importantes nas habilidades sociais. Nikopoulos e Keenan (2007) fizeram crianças com TEA assistirem a um vídeo curto de duas pessoas participando de uma sequência simples de atividades. Em seguida, na mesma sala, avaliou-se o comportamento de cada criança. A modelagem em vídeo incrementou a habilidade social de tomar iniciativa em todas as crianças e facilitou a brincadeira recíproca. Essas mudanças nas habilidades sociais se generalizaram para todos os colegas e se mantiveram nas avaliações seguintes, depois de um mês e depois de dois meses.

## *Encontros para brincar*

Muitas crianças com TEA não têm irmãos com quem brincar. Outras vivem em regiões rurais, distantes de outras famílias, ou em cidades onde não é seguro brincar ao ar livre sem supervisão. Isso pode dificultar a criação de oportunidades para que algumas crianças com TEA adquiram a habilidade de brincar com outras crianças.

### Como identificar potenciais companheiros de brincadeira

Durante uma das primeiras reuniões que fiz com os pais de um filho único com TEA, pedi a eles para pensarem em crianças mais ou menos da mesma idade que pudessem ser convidadas para brincar na casa deles. É comum os pais de crianças com TEA se isolarem dos vizinhos e dos amigos, em razão dos problemas de comportamento do filho. Em geral, no começo, os pais dizem que não conhecem crianças da mesma idade na vizinhança. No entanto, sondando um pouco mais, costumam se lembrar do nome das crianças que viram fazendo compras com os pais, lendo na biblioteca ou caminhando pelo bairro. Às vezes, encorajo os pais a pensar nos filhos de pessoas que frequentam a mesma igreja e que possam vir a ser companheiros de brincadeira.

### Como preparar os companheiros de brincadeira

É importante que os pais que estão procurando companheiros para brincar com uma criança que tem TEA expliquem aos pais das crianças a natureza do autismo, o que é, o que não é e o que se deve esperar. Pais que possam ter visto movimentos estereotipados bizarros, como agitação das mãos ou outros, ou que talvez tenham assistido a um acesso de raiva geralmente ficam apreensivos no início. Entretanto, depois de passar meia hora tomando um café na casa da família que tem um filho com TEA, observando a criança, percebem que muitos dos interesses e das atividades dela são parecidos com os de seus próprios filhos. Isso é ainda mais patente no caso das crianças menores. Também é importante que os pais preparem ambas as crianças para o primeiro encontro. Deve-se preparar a criança com TEA, praticando compartilhar, ceder a vez e, se possível, fazendo brincadeiras cooperativas com os pais. Os pais do companheiro de brincadeira devem tentar evitar comentários negativos (por exemplo, aquela criança agita as mãos, grita) e, em vez disso, concentrar-se nos aspectos positivos que possam interessar a seu filho (por exemplo, gosta de brincar de carrinho, tem uma casinha de brinquedo com bonecas). É mais sensato limitar os primeiros encontros para brincar a períodos entre 30 e 45 minutos e sempre terminar com uma atividade positiva, como tomar leite com biscoitos juntos antes que o companheiro vá embora. Uma família com quem trabalhei tinha uma empregada doméstica que, uma vez por semana, levava para o trabalho a filha, que tinha a mesma idade da criança com autismo que vivia na casa. Cada criança tinha uma caixa com seus brinquedos num armário, para evitar disputa pelo mesmo material quando brincavam juntas. Ambas as crianças eram recompensadas por brincar num clima amigável e adoravam o tempo que passavam juntas.

## *Atividades em pequenos grupos*

A vida social das crianças com TEA é mais tranquila quando se assemelha a cantar num quarteto e não num coro. As atividades em pequenos grupos são atrativas, porque não há tantas demandas sociais inesperadas. Quando as crianças com autismo entram no ensino fundamental, frequentemente é possível participarem de grupos com colegas de desenvolvimento normal, como escoteiros, associações religiosas etc. A vantagem é que os membros desses grupos são relativamente os mesmos e os grupos são pequenos. Além disso, cada reunião tem uma atividade específica planejada.

### Familiarize os líderes dos grupos com as características do autismo

É muito importante que os pais da criança com TEA conversem com o líder adulto do grupo, para ter certeza de que ele recebe bem crianças com necessidades especiais e para explicar o comportamento e o funcionamento de seu filho. O líder do grupo pode pedir que os pais da criança compareçam às primeiras reuniões, a fim de ajudar o filho, se ele necessitar. Na maior parte das vezes, logo que os líderes dos grupos compreendem melhor a criança com TEA, eles a incorporam com satisfação às atividades e aprendem depressa como acomodar as limitações linguísticas e sociais dela.

### Identifique as organizações de apoio

Várias outras organizações comunitárias, como escolas de arte para crianças, grupos esportivos, clubes e grupos vinculados a escolas ou bibliotecas e grupos religiosos, acolhem crianças com necessidades especiais. Algumas crianças e jovens com síndrome de Asperger se recusam a participar de organizações que reúnam muitas pessoas com características físicas distintas e deficiências diferentes, como síndrome de Down e paralisia cerebral. Elas não se acham parecidas com essas pessoas e preferem organizações que envolvam principalmente crianças de desenvolvimento normal. Clubes de caminhada e outros grupos de atividades ao ar livre (por exemplo, clubes de ecologia ou de colecionadores de pedras) podem ser interessantes para jovens com síndrome de Asperger ou TGD-SOE. Para crianças mais velhas, participar de atividades de apoio a adultos mais velhos, que não podem sair de casa e raramente recebem visitas, pode ser muito recompensador, tanto para a criança com TEA quanto para o idoso. Um jovem de 15 anos com autismo e alto nível funcional com quem trabalhei era voluntário na igreja que frequentava no serviço de entrega de refeições para idosos que moravam em casas de repouso. Os idosos acolhiam bem as diferenças dele e geralmente gostavam de sua companhia, e esse rapaz expressava satisfação por estar fazendo algo que ajudava outras pessoas. Algumas organizações comunitárias, como associações locais de autismo ou de pessoas com deficiências, proporcionam grupos de socialização para adolescentes de escola secundária e adultos jovens, incluindo os que têm TEA. Danças e outros eventos sociais são programados com regularidade e dão aos indivíduos jovens com deficiências de desenvolvimento oportunidade para socializar e exercitar as habilidades que aprenderam na escola ou em casa.

## *Atividades em grupos grandes*

Atividades em grupos maiores são mais difíceis para muitas crianças com TEA, que frequentemente ficam muito ansiosas numa sala cheia de pessoas que lhes parecem estranhas. Quanto mais estruturada for a atividade, mais fácil será para os jovens com TEA se sentirem à vontade e adaptados.

## Música e esporte

Corais maiores podem ser uma atividade de socialização excelente em grupos grandes para as crianças com TEA que gostem de música e não se incomodem com grupos grandes de pessoas. Os ensaios são estruturados e têm indicações claras do que se pode esperar. Instituições religiosas e de caridade costumam oferecer oportunidades desse tipo. Os esportes coletivos são normalmente mais difíceis, porque os participantes de desenvolvimento normal são motivados pela vitória e estão menos dispostos a fazer concessões para jovens com deficiências. Alguns times escolares aceitam bem o aluno com TEA como assistente do treinador, para ajudar com os uniformes e o equipamento esportivo, desempenhando, assim, um papel de apoio. É fundamental que os pais e o treinador do time expliquem a deficiência do jovem e deixem claro que não serão tolerantes com quem fizer provocações e tirar vantagem da vulnerabilidade do aluno com TEA.

## Como abrir espaço para acomodações

As reações das crianças e dos jovens ao assistir a eventos esportivos, filmes e concertos são imprevisíveis e dependem dos interesses do indivíduo e da tolerância dele às características do ambiente. A música alta e o barulho estridente da multidão em eventos esportivos podem ser alarmantes para muitas crianças e jovens com autismo. A mãe de um menino de nove anos com autismo e alto nível funcional disse-lhe que ele, o irmão e a irmã, mais velhos e com desenvolvimento normal, iriam assistir a um filme do Harry Potter. O filme tinha cenas de batalha com trilha sonora retumbante, repleta de música alta e efeitos sonoros especiais de estourar os ouvidos. O menino tinha visto o *trailer* e, no início, resistiu à ida ao cinema, mas, depois de pensar um pouco, disse: "Se ficar muito alto, eu posso tampar os ouvidos". As crianças e os jovens que aprenderam habilidades adaptativas como essa geralmente conseguem se sentir bem numa variedade de ambientes com grupos grandes, mas é necessário avaliar caso a caso. Também é importante aceitar o fato de que um jovem com TEA talvez necessite sair no meio de um filme ou de um jogo, provocando reação adversa em quem está se divertindo. Uma atitude sensata dos pais é planejar uma alternativa antes de sair para esses eventos (isto é, o que farão se a criança precisar sair com urgência), a fim de evitar interromper a experiência dos que estão se divertindo, mas respeitando a necessidade da criança que precisa de alívio numa situação intolerável.

Um adulto jovem com autismo e deficiência cognitiva e linguística importante mostrou para a mãe que queria assistir a um filme sobre vulcões. Ao se aproximar da porta do cinema com a mãe, ficou muito agitado e se recusou a entrar. Por estarem adiantados para a sessão, a mãe perguntou a um funcionário do cinema se poderiam dar uma olhada na sala. Ao entrarem na sala de projeção vazia, o rapaz parecia assustado, olhando fixamente para as fileiras de assentos vazios. A mãe perguntou se ele estava com medo de não conseguir sair do cinema depois que o filme começasse, e o rapaz assentiu vigorosamente com a cabeça. A mãe apontou um assento vazio ao lado da entrada da sala e perguntou se ele se sentaria ali, caso quisesse ver o filme. Com grande alívio, ele assentiu novamente e disse: "Sim". Esse jovem estava aterrorizado com a ideia de se sentir preso e incapaz de fugir se sentisse necessidade urgente de sair da sala. Nem sempre é fácil adivinhar exatamente o que, num determinado ambiente com muita gente, é perturbador para os indivíduos com TEA, mas, com paciência e perspicácia, normalmente conseguimos elaborar uma hipótese bem fundamentada do que seja, como fez a mãe desse rapaz.

## *Resumo*

As habilidades sociais não se desenvolvem de maneira tão natural nas crianças com TEA quanto nas outras crianças. Crianças menores com TEA geralmente precisam aprender a observar, imitar e mostrar seus interesses para os outros. Atividades cooperativas e de revezamento, que envolvam coordenação motora fina e grossa, podem lançar as bases para atividades sociais mais complexas no futuro. A brincadeira entre irmãos pode ser complementada com encontros de brincadeira com companheiros da mesma idade. À medida que se sentem socialmente mais à vontade, as atividades em grupos pequenos, como nos escoteiros, e as atividades em grupos maiores, como num coral, podem ser oportunidades muito adequadas para a socialização de muitas crianças com TEA. Crianças mais velhas com alto nível funcional talvez apreciem fazer parte de clubes temáticos (por exemplo, colecionadores de pedras, fotógrafos, artistas) que lhes ofereçam a chance de incorporar as atividades sociais num contexto importante que agrade ao jovem.

7.

# Nada é fácil: A superação da intolerância ao estímulo

Muitos de nós sentimos um incômodo quando olhamos para baixo do alto de um edifício ou para um reservatório fundo de águas turbulentas, formas inatas de acrofobia. Acredita-se que essa reação seja a adaptação evolutiva para uma pré-história em que as quedas de lugares altos representavam um perigo real para nossos ancestrais. As pessoas que têm TEA, no entanto, geralmente sentem incômodo numa variedade de situações comuns que são benignas ou até mesmo positivas para as outras pessoas. Numa comunicação pessoal em 7 de junho de 2007, Ruth Elaine Hane, uma profissional culta que tem TEA, relatou:

> Quando criança, eu evitava olhar para o rosto das pessoas e para os olhos delas. Os rostos me amedrontavam. Ao olhar de relance ou fixamente para um rosto, eu sentia que perdia meu eu, minha identidade, e a noção de tempo e espaço. A intensidade da energia de um par de olhos me atravessava, queimando como um facho de luz amarela. Quando eu olhava, as feições não eram separadas – olhos, nariz, boca –, mas um borrão de carne sem sentido que se movia. Eu notava que o movimento que via se concentrava mais em volta da porção inferior do rosto, chamada de *boca*, do que em torno da porção superior da face, chamada de *olhos*.

Embora poucas crianças com TEA relatem reações tão insólitas a rostos, muitas apresentam respostas exageradas a estímulos inesperados. Amy, menina de cinco anos com autismo, está gritando, chorando, soluçando inconsolavelmente. A mãe tenta confortá-la, sem sucesso. O episódio se desencadeou quando a mãe deu à menina um sanduíche de manteiga de amendoim no almoço em vez do costumeiro sanduíche de mortadela. Pais e professores que testemunham esse comportamento inexplicável e inquietante invariavelmente se perguntam o que se passa no íntimo da criança para fazê-la ter reações emocionais tão desproporcionadas. Como pais e professores podem lidar com esses acessos de raiva? Neste capítulo, discutiremos a intolerância aos estímulos e a superseletividade de estímulos, com formas de intervenção para evitar e superar esses problemas.

## *Como superar a intolerância a estímulos novos*

Durante um jantar, numa conferência em Portofino, cidade italiana na margem do golfo de Gênova, famoso pelos frutos do mar, a entrada consistia de lulas minúsculas num molho apetitoso de tomate, manjericão e alho. Aqueles cefalópodes de meia polegada de comprimento, com tentáculos diminutos boiando na mistura aromática, tinham uma aparência desconcertantemente exótica. Para um norte-americano criado no Meio-Oeste, a entrada parecia estranha. Ao olhar para aquelas criaturas pequeninas, uma sensação passageira de nojo se apoderou de mim ao me imaginar engolindo os pequenos animais inteiros, com as pernas se agitando na descida pelo meu esôfago. Felizmente, superei a hesitação inicial, experimentei o prato e descobri, para meu prazer, que era delicioso. Meu horizonte gustativo se expandiu na mesma proporção. Muitos adultos e crianças também compartilham dessa desconfiança inicial quando deparam com alimentos desconhecidos ou de aparência incomum, mas, no caso das crianças com TEA, a rejeição aos alimentos que não conhecem é um problema muito maior.

### Neofobia e preferências alimentares

Praticamente todas as crianças pequenas são neofóbicas; elas se recusam a comer alimentos de gosto desconhecido ou textura diferente. Essa é uma adaptação biológica importante, que as protege da ingestão de alimentos potencialmente prejudiciais antes que tenham desenvolvido a capacidade de diferenciar entre o que é perigoso e o que é seguro para colocar na boca. À medida que crescem, as crianças são gradualmente expostas aos vários sabores e às várias texturas de comida e bebida que fazem parte da dieta de sua família, desse modo aceitando e apreciando uma multiplicidade cada vez maior de alimentos. Num levantamento sobre as preferências alimentares de crianças com autismo, relatadas pelos pais, Schreck e Williams (2005) descobriram que as crianças com TEA tinham preferência por menos produtos dos grupos de alimentos do que suas famílias; no entanto, as preferências alimentares da família pareciam exercer nelas uma influência maior na escolha do alimento do que as características diagnósticas de autismo.

## Intolerâncias generalizadas a estímulos novos

As preferências de sabor e textura nos alimentos são apenas uma de uma série de intolerâncias a estímulos apresentadas por crianças com TEA. Levantamentos feitos com pais indicam, quase que universalmente, que as crianças com TEA têm fortes reações negativas a alguns tipos de textura, sabor, som ou aspecto em diferentes alimentos (Baranek, Foster e Berkson 1997; Rogers, Hepburn e Wehner 2003). Avaliações realizadas mediante o manual de perfil sensorial de Dunn (1999) produzem resultados semelhantes (Kientz e Dunn 1997). Embora vários estudos tenham indicado que algumas crianças com TEA possam ser mais sensíveis à altura e à tonalidade de sons puros (Bonnel *et al.* 2003; Khaifa *et al.* 2004), numa revisão de 48 pesquisas laboratoriais sobre processamento de informação sensorial, Ozonoff e Rogers (2006) descobriram que não existe comprovação satisfatória de que esses sintomas diferenciem o autismo de outros transtornos do desenvolvimento ou de que existam diferenças significativas no processamento sensorial. Os autores descobriram que, no autismo, existe muito pouca fundamentação para a hipótese da excitabilidade aumentada e do fracasso na habituação a estímulos novos, como havia sido proposto; talvez existam mais provas de que as crianças com autismo são hipossensíveis a alguns estímulos sensoriais.

## Quão importante é a intolerância ao estímulo na criança?

Uma primeira pergunta que pais, professores e terapeutas poderiam fazer ao deparar com uma criança com TEA que apresente intolerância a estímulos é: "Existe uma boa razão para que essa criança deva aprender a tolerar o sabor, a textura ou o som de que não gosta?". Em alguns casos, talvez não. Algumas vezes, os pais temem que o filho fique malnutrido se não comer toda a variedade de alimentos que está no prato. A má nutrição entre crianças com autismo é muito incomum. Parar um pouco para analisar de maneira realista a necessidade de a criança tolerar o que quer que seja que possa estar provocando problemas comportamentais costuma evitar preocupações desnecessárias. Às vezes, pode ser melhor concentrar esforços em outras questões, talvez mais importantes. A segunda pergunta a ser feita é: "Quanto a intolerância da criança interfere no cotidiano dela?". E finalmente: "Quanto a intolerância a estímulos nessa criança incomoda os que a cercam?". Às vezes, as crianças com TEA "amadurecem" e deixam para trás intolerâncias específicas a estímulos no curso do cotidiano. Por eventualmente ficarem expostas aos estímulos de que não gostam e nada de ruim acontecer, muitas delas acabam tolerando esses estímulos com serenidade. Outras vezes, pode ser que essas crianças passem parte significativa do dia na escola evitando determinados sons, ou se recusem, com crises de choro e birra, a fazer refeições em casa. Nessas circunstâncias, os cuidadores têm pouca escolha, além de intervir para terminar com a intolerância da criança a esses estímulos específicos.

## As crianças com autismo têm dificuldades sensoriais?

Um comentário muito ouvido em discussões sobre crianças com TEA é que "elas têm dificuldades sensoriais". *Dificuldade* aí é um eufemismo para problema pessoal. A expressão *dificuldades sensoriais* ofusca o comportamento da criança e as circunstâncias em que ele ocorre, em vez de caracterizá-los com exatidão. Podemos achar que compreendemos o que se quer dizer, mas, em geral, não avaliamos as implicações do que é dito. Aqueles de nós que passam a vida no mundo das pessoas com TEA são bem conscientes de que elas frequentemente reagem de maneiras pouco convencionais a determinados tipos de estimulação, textura, som ou sabor. Mas isso significa que tenham alguma diferença no processamento das sensações, o que normalmente está implícito na expressão *dificuldades sensoriais*? Prefiro o *jazz bee-bop* ao *funk*. Duvido que alguém concluísse que tenho dificuldades no processamento sensorial se eu desligasse rapidamente o rádio no momento em que inesperadamente saísse dos alto-falantes do meu carro uma música do grupo de *funk* The Soul Destroyers. As pessoas com TEA são intolerantes a estímulos inesperados e diferentes daqueles aos quais estão habituadas. O conceito de *dificuldades sensoriais* implica que a pessoa com TEA tem uma disfunção na maneira como seu cérebro processa as informações ou, talvez, no modo como ela percebe os estímulos. Na seção seguinte, examinaremos essa ideia.

*Integração sensorial* – No livro *Making sense of autism* (Thompson 2007), fiz uma revisão, resumida aqui, do que se conhece sobre a eficiência da *integração sensorial*, expressão cunhada por Jean Ayres (1979). Ayres elaborou a hipótese de que, como o processamento sensorial eficiente, intacto, leva a criança a se adaptar aos diferentes ambientes, a disfunção em um ou mais dos sentidos poderia levar a um ajustamento deficiente, mal-adaptado. Ayres supôs que intervenções sensório-motoras específicas corrigiriam a disfunção do processamento sensorial. Uma variedade de técnicas terapêuticas de integração sensorial tem sido usada por terapeutas ocupacionais com base nessa teoria de Ayres e no perfil sensorial de Dunn (1999), mas não existem ensaios clínicos bem-controlados entre crianças com autismo. No relatório de 2001, o comitê do Conselho Nacional de Pesquisa da Academia Nacional de Ciências (Lord e McGee 2001) revisou os métodos educativos para crianças pequenas com autismo e descobriu que havia pouca pesquisa referente aos tratamentos de integração sensorial na área de autismo.

As terapias baseadas na teoria da integração sensorial incluem a dieta sensorial, na qual o ambiente é preenchido com atividades de base sensorial que, hipoteticamente, satisfariam as necessidades sensoriais da criança. No máximo, poucos estudos empíricos sobre essas técnicas foram publicados. As técnicas de estimulação sensorial variam, mas geralmente incluem a estimulação sensorial passiva; elas são incorporadas a programas de integração sensorial mais amplos ou usadas isoladamente. Os exemplos são o uso de pressão profunda, a fim de oferecer um elemento calmante por meio de massagem, compressão articular ou uso de aparatos como coletes com pesos. A estimulação vestibular, outro exemplo, é frequentemente usada na tentativa de modular anormalidades hipotéticas na ativação cortical, facilitar o tônus postural ou intensificar as vocalizações. Essas intervenções também ainda não estão fundamentadas por estudos empíricos.

*Terapia de integração auditiva* – A terapia de integração auditiva é um tipo de integração sensorial para o autismo que tem recebido bastante atenção da mídia. Os defensores dessa modalidade terapêutica sugerem que a música consegue "massagear" o ouvido médio, reduzir hipersensibilidades e melhorar a capacidade geral de processamento auditivo. Com base na revisão dos estudos disponíveis, parece que não existe comprovação empírica resultante de investigações controladas de que a terapia de integração auditiva exerça qualquer efeito nas crianças com autismo. As suposições subjacentes ao método foram consideradas questionáveis do ponto de vista científico (Lord e McGee 2001).

Em suma, não existe comprovação consistente de que os tratamentos de base sensorial produzam efeitos duradouros específicos sobre o comportamento de crianças com TEA (Dawson e Watling 2000; Goldstein 1999). Embora a falta de dados empíricos não necessariamente comprove a ineficiência de um tratamento, ela realmente indica que não há provas que demonstrem, até o momento, que esses tratamentos tragam benefícios práticos significativos para as crianças com TEA. Em vez de uma diferença importante no processamento das informações sensoriais, parece que o problema das crianças com TEA é a intolerância à mudança ou à novidade nos estímulos, uma característica mais geral desses indivíduos, como originalmente observado por Kanner (1943). Qualquer experiência sensorial que se desvie do que as crianças com TEA esperam e com a qual estejam habituadas tende a ser rejeitada e pode provocar uma reação extremamente negativa. Uma estratégia alternativa é tentar, por meio da dessensibilização, aumentar a tolerância das crianças com TEA a estímulos novos.

## Dessensibilização e reforço para aumentar a tolerância ao estímulo

Descobriu-se que uma pequena porcentagem de crianças com TEA tem alergias alimentares semelhantes às de outras crianças pequenas. A mais comum é a alergia ao leite de vaca, seguida pelo ovo e pelo amendoim. Alergias alimentares menos comuns incluem trigo, frutos secos de casca rija, peixe e frutos do mar. As alergias alimentares verdadeiras compreendem a interação do sistema imunológico do corpo com a proteína de um determinado alimento. O anticorpo da alergia envolvido na alergia alimentar é chamado de imunoglobulina E (IgE). É importante distinguir as alergias alimentares verdadeiras de outras reações, como constipação e diarreia, porque as alergias verdadeiras podem levar a reações graves ou potencialmente fatais, conhecidas como choque anafilático. Entre 30 e 50 milhões de norte-americanos têm intolerância à lactose e certas etnias e raças são mais suscetíveis que outras. Até 80% dos afro-americanos, de 80% a 100% dos nativos americanos e de 90% a 100% dos asiático-americanos são intolerantes à lactose (NICHD 2007). A lactose é um açúcar do leite que pode causar inchaço, câimbra e diarreia quando o indivíduo intolerante a ela consome leite e derivados. Se os pais estiverem preocupados com a possibilidade de o filho ter uma alergia alimentar verdadeira ou ser intolerante à lactose, deverão levar a criança a um pediatra alergista ou imunologista. Os nomes de pediatras especialistas em alergia e imunologia podem ser obtidos na Sociedade Norte-Americana de Pediatria ou na sociedade de pediatria de seu estado.

Um método tradicional usado pelos pais de crianças com desenvolvimento normal e também de crianças com TEA é estimular o filho a comer uma colherada de brócolis para ganhar uma colherada de purê de maçã. A maioria das crianças acaba aceitando o alimento que inicialmente rejeitava e a recompensa de purê de maçã é retirada. Embora continue a haver preferência por alguns alimentos, os menos escolhidos geralmente são aceitos em certa medida. Relatos de pais de que essa abordagem foi eficiente com seus filhos com TEA são sustentados por estudos clínicos também. Levin e Carr (2001) estudaram os efeitos do reforço positivo aplicado ao consumo de um alimento não preferido. Inicialmente, os participantes apresentaram comportamento significativamente mais problemático durante a situação com alimentos não preferenciais. Durante o tratamento, eles consumiram produtos alimentícios específicos, não preferenciais, só quando o acesso prévio aos alimentos preferenciais era limitado e franqueado apenas depois do consumo de uma pequena quantidade do alimento não preferido. Uma análise cuidadosa indicou que o comportamento problemático das crianças (por exemplo, choro, acesso de raiva) foi mantido pela evitação do alimento não preferido e pelo acesso ao alimento preferido. A retirada gradual do alimento não preferido, em pequenas etapas, foi mais eficaz do que simplesmente tentar induzir a criança a aceitar o alimento não preferido e ignorar os problemas de comportamento. Piazza *et al.* (2002) usaram a apresentação simultânea ou sequencial de um alimento preferencial com um alimento não preferido para três crianças com TEA. Para duas delas, a apresentação de ambos os alimentos juntos aumentou o consumo do alimento não preferido. Para uma das crianças, o consumo do alimento não preferido aumentou apenas quando o alimento preferido foi oferecido depois da ingestão do não preferido.

Crianças com TEA não desistem facilmente do método testado e comprovado de se lamentar e chorar, que funcionou para elas antes, a fim de evitar o alimento não preferido e ter acesso ao que preferem. Os problemas comportamentais inevitavelmente chamam a atenção do adulto durante o processo. As crianças com TEA podem persistir durante algum tempo, na tentativa de evitar os estímulos não preferenciais, chorando e tendo acessos de raiva. Dar bronca e tentar persuadir geralmente pioram as coisas. Se a criança ficar incontrolável, é melhor finalizar a sessão de dessensibilização, mesmo que seja hora da refeição. Depois que a criança se acalmar, repita o mesmo procedimento. Na maioria dos casos, após a segunda ou a terceira tentativa de dessensibilização, a criança aceita a exposição mínima ao alimento não preferido e é recompensada por tolerar esse estímulo não preferencial. Com as repetições sucessivas, diminui o alvoroço, e a criança geralmente aceita a exposição ao estímulo que anteriormente evitava. Talvez o mais importante seja que as crianças aprendem que nada de tão terrível vai acontecer quando elas comerem o alimento anteriormente rejeitado, tolerarem o tecido ao qual resistiam ou forem expostas a um zumbido na sala de aula que antes as perturbava. Assim, ficarão menos agitadas e mais à vontade em situações anteriormente muito alarmantes.

Dependendo de como a criança é recompensada, pode ser proveitoso oferecer um alimento muito apreciado ou outra coisa *apenas* depois da exposição ao alimento não preferido e em nenhum outro momento durante o resto do dia. Para algumas crianças, como as do estudo de Piazza *et al.* (2002), a apresentação simultânea de alimentos preferenciais e não preferenciais também pode ser eficaz. Tira-se proveito da necessidade de controle que a criança tem. Ter escolha pode fazer com que alguns estímulos sejam mais toleráveis. Embora exista alguma comprovação de que esses procedimentos possam se generalizar para os ambientes naturais depois de implantados em ambientes clínicos, eles geralmente são mais eficazes quando realizados no curso das rotinas diárias normais.

## Dessensibilização tátil e têxtil

Antes de iniciar a dessensibilização tátil ou têxtil, é sensato consultar o pediatra da criança para determinar se ela tem alergias de contato específicas. Se tiver, deve-se evitar expor a criança ao alérgeno (por exemplo, um tipo determinado de tecido, sabonete, loção). Se não houver sinal de alergia, essa estratégia geral é eficaz. Ellis *et al.* (2006) trataram de duas crianças com TEA que se recusavam a tolerar a aplicação de loções, pomadas ou outras substâncias na pele. Os pesquisadores usaram uma combinação de exposição gradual às substâncias, modelagem e atenção aos momentos em que as crianças aceitavam os produtos na pele. Os problemas comportamentais diminuíram gradativamente, e aumentou a aceitação dos produtos para o cuidado da pele.

Na dessensibilização têxtil, a técnica é ligeiramente modificada, mas engloba os mesmos princípios. É muito comum que as crianças com TEA não gostem de tecidos ásperos ou que piniquem, como alguns tipos de suéteres, gorros ou cachecóis de lã. Dedicando uma ou duas horas às compras, os pais geralmente conseguem identificar blusas ou camisas que têm tecidos de composição diferente, indo do raiom ou das misturas acrílicas às misturas de raiom com algodão, algodão fino, algodão grosso, lã macia ou lã mais áspera. Na dessensibilização a tecidos, existem dois aspectos: 1) uma hierarquia de textura que vai do macio ao áspero, em inúmeras gradações; 2) uma duração progressivamente mais longa da exposição ao tecido. Uma boa hora para introduzir uma nova textura é logo antes de a criança sair para fazer alguma coisa de que goste e que tenha duração limitada. Por exemplo, sua filha talvez adore ir até a loja de animais para ver os *hamsters*. Pouco antes de sair de casa, peça a ela que vista uma blusa nova, confeccionada com o próximo tecido na sequência hierárquica, digamos, algodão fino (supondo que você acaba de conseguir que ela vista misturas de raiom e algodão). A visita à loja de animais não vai durar mais do que 15 ou 20 minutos e, em seguida, vocês voltam para casa. Diga a sua filha: "Melissa, coloque sua blusa nova para irmos à loja de animais. Quando voltarmos, você pode usar sua blusa vermelha" (que você sabe que é a preferida dela). Da próxima vez que você der uma saída mais demorada, talvez para ir ao mercado, repita a mesma instrução. Em cada exposição sucessiva ao novo tecido, aumente o tempo em que a criança usa a blusa, até que fique claro que ela esqueceu o que está vestindo; geralmente, não são necessárias mais do que quatro ou seis vezes. A essa altura, você pode pedir a ela que vista a blusa antes de ir para a escola, de manhã, e ela deve se sentir à vontade com isso. Agora, você está pronto para passar ao próximo degrau na hierarquia de aspereza de tecidos: o algodão mais grosso. Na exposição gradual a tecidos cada vez mais ásperos por períodos de tempo cada vez mais longos, a maioria das crianças com TEA aprende a aceitar facilmente uma gama variada de tecidos em contato com a pele. Algumas crianças talvez nunca se sintam confortáveis usando tecidos mais ásperos, o que, de maneira alguma, é incomum. Muitos adultos de desenvolvimento normal se sentem assim também.

## Resumo da superação da intolerância sensorial

Entre as crianças com TEA, as exposições breves (por exemplo, de 15 a 30 minutos) a estímulos novos e desvinculados várias vezes por semana (por exemplo, sons, música com fones de ouvido, areia, água, pesos, estimulação tátil, pressão), principalmente em ambiente natural, não parecem ter qualquer efeito na intolerância muito específica a estímulos. Para ser eficaz, a dessensibilização deve ser realizada com o estímulo específico que é evitado pela criança (por exemplo, alimento, tecido, som) e, preferencialmente, durante as rotinas normais do dia. Isso elimina a necessidade de superar a falta de generalização. Lembre-se: as crianças com TEA se desenvolvem bem na regularidade. Se os pais ou os professores são inconstantes na maneira de implementar esses métodos (isto é, o pai segue o método escolhido e a mãe não), a intolerância ao estímulo na criança pode piorar e se tornar mais difícil de superar.

Os elementos principais desses vários procedimentos de dessensibilização são: 1) exposição gradual da criança ao estímulo evitado ou não preferido numa sequência de várias etapas, num procedimento chamado *dessensibilização* (por exemplo, tecido, sons, alimentos); 2) aumento do incentivo por tolerar o estímulo não preferido. Mediante pequenas etapas, evitam-se o sofrimento e a forte resistência da criança. A maioria das crianças com TEA passou pela experiência de evitar elementos não preferidos por meio de lamentação, escândalo ou outras manifestações de recusa. Os pais e os professores são encorajados a evitar reagir ao comportamento negativo usado pela criança anteriormente a fim de evitar o estímulo não preferido. Quando a criança fizer escândalo, olhe para o outro lado e dê a impressão de estar prestando atenção em outra coisa. Se ela começar a chorar, vire-se e converse com outra criança e só retorne sua atenção para a criança quando ela parar de chorar. Como as crianças com TEA geralmente parecem desinteressadas das relações sociais, é fácil para os adultos cometer o erro de supor que a atenção do adulto não é importante. Geralmente é. Tentar reconfortar (por exemplo, "Não é tão ruim assim. Você vai gostar") reforça a lamentação e a resistência, e perpetua o problema.

Se fizer direito, você vai conseguir evitar grande parte da resistência ou dos sinais de sofrimento de uma criança ao implementar os procedimentos de dessensibilização. Na primeira ou na segunda vez que uma criança recebe uma colherada do alimento não preferido, ela talvez faça cara feia e se afaste, mas geralmente, na segunda ou na terceira sessão, consome uma pequena quantidade do alimento com pouca ou nenhuma resistência e sem sinal de infelicidade. Depois que ela agir assim em três ou quatro sessões, aumente bem devagar a quantidade a ser consumida antes de oferecer a recompensa desejada (elogio e um alimento preferido). Aumente a exposição ao estímulo não preferido só depois de várias sessões sem resistência. Com experiência suficiente, muitas crianças realmente chegam a apreciar o alimento que anteriormente rejeitavam. O objetivo é ajudá-las a tolerar sem sofrer a exposição a uma gama mais variada de estímulos que elas encontram no ambiente natural do dia a dia.

## *Superseletividade de estímulos*

Relacionado com a tendência das crianças com TEA de reagir exageradamente a estímulos novos, existe um problema de atenção chamado *superseletividade de estímulos*. Lovaas e Schreibman (1971) foram os primeiros a relatar esse fenômeno, que tem implicações práticas importantes, porque, na maioria das situações cotidianas, as combinações de estímulos auditivos, visuais e táteis são apresentadas às crianças simultaneamente. Se as crianças com autismo estão aprendendo a responder a uma situação complexa, digamos, uma instrução falada e um estímulo visual simultâneos (por exemplo, um quadro), elas tendem a reagir a apenas um ou outro estímulo e não a ambos.

## Superseletividade multimodal

Schreibman, Koegel e Craig (1977) trabalharam com 19 crianças com autismo numa tarefa de discriminação com estímulo complexo, composto de dois estímulos visuais. Depois que as crianças dominaram a tarefa com a apresentação de dois estímulos, foram expostas a uma fase de testes de campo em que os componentes do estímulo eram apresentados isoladamente. Inicialmente, 16 crianças apresentaram superseletividade (isto é, responderam a um estímulo, mas não ao outro) e três responderam a ambos os estímulos. Dessas 16 crianças que apresentaram superseletividade, 13 reduziram o nível de superseletividade com a exposição contínua aos estímulos visuais combinados, sugerindo que a superseletividade não é uma característica imutável do processamento sensorial no autismo. Kolko, Anderson e Campbell (1980) estudaram a relação entre

Figura 1. A criança com autismo dá atenção seletiva a um único aspecto de um estímulo complexo.

estímulo preferido e superseletividade em cinco crianças com autismo e em cinco crianças com desenvolvimento normal. Primeiro, as crianças tiveram a oportunidade de indicar sua preferência por uma modalidade sensorial, escolhendo se queriam ver *slides* ou ouvir música. Em seguida, foram ensinadas a discriminar entre a presença e a ausência de um estímulo audiovisual composto (som e luz). O teste de superseletividade aos estímulos revelou que as crianças com autismo prestavam atenção a apenas um aspecto do estímulo composto (ver Figura 1). Em todos os casos, tratava-se da modalidade sensorial selecionada durante o teste de preferência. As crianças com desenvolvimento normal indicaram preferência igual por música e *slides* e não apresentaram superseletividade. Ploog e Kim (2006) investigaram combinações superseletivas de estímulos táteis. Descobriram que as crianças com autismo respondiam de modo superseletivo aos estímulos táteis também, sugerindo que esse fenômeno não está limitado aos estímulos visuais ou auditivos.

## Superseletividade na escola e em casa

Professores e pais que estejam tentando ensinar crianças com TEA a reagir às experiências corriqueiras do dia a dia devem atentar para o fato de que é provável que elas talvez só estejam aprendendo a importância de um aspecto do estímulo complexo que lhes é apresentado. Por exemplo, um professor está trabalhando consciência fonêmica com uma criança com TEA. Na instrução sobre consciência fonêmica, mostram-se às crianças justamente como pronunciar as palavras, como dividir as palavras ditas em sons isolados e como misturar os sons falados para formar palavras. As crianças devem também entender que os sons podem ser representados por letras e aprender a reconhecer as relações entre os sons e as letras. O professor levanta um cartão com a palavra *gato* escrita. Aponta para cada elemento e diz: "G-aaa-t-o". A criança deve prestar atenção nas letras impressas, no som da voz e na aparência da boca do professor ao pronunciar os componentes fonêmicos de *gato*. Essa é uma tarefa extremamente complexa para muitas crianças com TEA, que, para aprender, provavelmente necessitarão de muito mais repetições do que um colega de desenvolvimento normal, mesmo que tenham QI semelhante ao dele. A maioria das crianças com TEA demonstra preferência por estímulos visuais; portanto, pode ser que se concentrem primeiro nas letras impressas; em seguida, nos fonemas falados; e, por fim, na aparência da boca do professor ao produzir os sons. A mãe de uma criança diz: "É hora de arrumar os brinquedos. Coloque os Legos na caixa azul e os Lincoln Logs na caixa vermelha". A criança precisa diferenciar Legos, Lincoln Logs, vermelho e azul, ser capaz de vincular os sons dessas palavras com os objetos reais e reter toda essa informação no mesmo instante. Ninguém se surpreenderá se muitas crianças com TEA simplesmente se sentarem no chão e continuarem a brincar com os Legos, pois talvez essa tenha sido a única palavra que ouviram quando a mãe falou.

## *Resumo*

Poucas pessoas são menos dispostas a tolerar a exposição a novos sabores, texturas, sons e imagens do que os indivíduos com TEA. A vida não é fácil para as crianças com TEA. As reações emocionais exageradas e incomuns delas a imagens, sons, sabores, cheiros e estímulos táteis diferentes daqueles com que estão habituadas são praticamente universais. Talvez isso não seja resultado apenas da intolerância generalizada da criança a estímulos novos de qualquer tipo; pode ser que exista uma relação com a superseletividade de estímulos, tendência a reagir a apenas um aspecto de um estímulo de cada vez. Pode ser que um estímulo novo se destaque e a atenção seletiva se concentre nele, ou que ele seja excluído do foco de atenção em prol de outra estimulação familiar no ambiente. Alguns estímulos podem ser inerentemente aversivos, e, portanto, evitados, ao passo que outros recebem atenção seletiva, como determinadas partes dos estímulos complexos. Ruth Elaine Hane, sobre quem falamos no início deste capítulo, relatou que não tinha consciência total da própria incapacidade de perceber rostos até a idade adulta:

> Houve sinais na minha vida de que eu não estava lendo nem compreendendo os rostos. Por exemplo, no início da minha carreira, fui escolhida, de modo surpreendente, para um estágio no ateliê de um *designer* famoso na cidade de Nova York: Koos Van den Akker. No fim do estágio, Koos me passou um trabalho final para testar minha memória visual e auditiva: tive de assistir a vários desfiles de moda dos amigos dele e, em seguida, relatar o que havia observado, sem fazer anotações. Quando voltei para fazer meu relatório, consegui descrever as roupas com facilidade e detalhes primorosos – as escolhas de tecido e os estilos, as cores e os comprimentos de calças e saias. Mas não consegui me lembrar de detalhes sobre os modelos – penteados, etnia ou expressões faciais. Conseguia me lembrar da cor do cabelo, mas não do estilo. Lembrei-me do estilo de cada cinto e sapato dos desfiles, mas não guardei nada dos rostos. A música de fundo também era

> indistinta. Consegui me lembrar do tipo de música: *jazz*, *rock*, discoteca, mas não reconheci os títulos das canções nem os artistas.

Ruth Elaine relatou outro incidente que forçosamente trouxe à tona sua incapacidade de perceber rostos:

> A primeira vez que compreendi que não estava reconhecendo a aparência das pessoas quando olhava para seus rostos foi no aeroporto, numa tarde suave de primavera. Susan e eu estávamos sentadas no terminal de Minneapolis, esperando nossos maridos, que chegariam no mesmo voo. Mais tarde, estávamos conversando na área de desembarque, quando os passageiros do voo deles começaram a chegar para retirar as bagagens da esteira. Passei os olhos pela multidão, procurando meu marido, Jay. Não o vi. De repente, minha amiga ficou de pé e saiu depressa para cumprimentar o marido, certa de que o reconhecera no meio daquele grupo de passageiros, em sua maioria parecidos, a uns dez metros de distância. Observei e esperei, mas não me senti segura de qual daqueles muitos homens pudesse ser meu marido. Então, notei um andar familiar e o ângulo dos ombros bem retos. Tive certeza: aquele era o Jay. No entanto, foi quando ele abriu os braços e me abraçou que percebi que, ao procurar nossos maridos, Susan tinha visto algo que eu não vira. Eu não tinha reconhecido o rosto de meu marido a distância e não via o rosto dele como um todo integrado.
>
> Naquele momento, então, entendi uma informação vital sobre mim mesma: entendi que eu não "lia" rostos. E, como eu não lia rostos, isto é, não recebia informações significativas sobre eles, não tinha a capacidade de, num momento futuro, me lembrar deles. Eu não conseguira reconhecer o rosto do Jay, porque, em essência, faltava na minha memória a ordem que induziria a essa lembrança. E não havia um rosto chamado "Jay" cujas partes armazenadas na memória eu pudesse reagrupar de maneira adequada. Mais tarde, descobri um nome para essa incapacidade específica: *prosopagnosia*. Essa condição foi trazida à atenção do público anos atrás, principalmente por intermédio de Oliver Sacks, no livro *The man who mistook his wife for a hat: And other clinical tales* (1998). A agnosia visual é a incapacidade do cérebro de dar sentido ou de usar os estímulos visuais de maneira eficaz; é a incapacidade de reconhecer rostos familiares ou objetos, embora a visão, em outros aspectos, seja normal.

A estratégia de Ruth Elaine para superar essa limitação incluía o estudo sistemático do modo como ela olhava para os rostos em comparação com o das outras pessoas.

> Como faz um antropólogo, observei o que as outras pessoas olhavam, para onde olhavam e por quando tempo olhavam. E procurei também observar imparcialmente meu próprio comportamento: Como eu olhava, para onde olhava e por quanto tempo olhava? O que era necessário para "ler" um rosto? Depois de estudar minha situação durante dois anos, desenvolvi um sistema que me ajudaria. Descobri que conseguia olhar melhor para as pessoas se ficasse de pé junto a uma janela, olhando através de um pedaço de vidro emoldurado. Baseando-me na forma geométrica do retângulo, um objeto específico, eu criava o formato da face com recortes de janelas retangulares, cada abertura posicionada para definir os campos de interesse, delineando os campos orgânicos dos olhos, do nariz e da boca. As formas geométricas, um objeto familiar, enquadravam, como a vidraça de uma janela, as porções difíceis de lembrar. Com essa técnica, aprendi sobre os rostos, sobre como me lembrar deles e como lê-los "em tempo real", enquanto uma pessoa está falando. Desenvolvi novos "caminhos neurais" em meu cérebro. Os rostos já não são aterrorizantes, e reconheço Jay a distância pelos traços do rosto dele e não apenas pelo corpo, pelo andar ou pelas roupas. Foi uma conquista incrível!

A história de Ruth Elaine Hane sobre o desenvolvimento de uma estratégia para superar um tipo específico de superseletividade de estímulos (a prosopagnosia) é extraordinária e nos lembra de que muitas pessoas com TEA, talvez a maioria delas, desenvolvem estratégias únicas para lidar com sua condição, geralmente desconhecida para os outros. Os cuidadores podem ajudar, combinando a dessensibilização e o reforço da tolerância a estímulos novos numa sequência de etapas que geralmente levam à superação da intolerância ao estímulo. A repetição de estímulos complexos com testes periódicos, para assegurar que a criança está prestando atenção a cada elemento do estímulo, é necessária para superar a superseletividade. Embora todas as crianças com autismo se beneficiem do procedimento de dessensibilização para intolerância ao estímulo, as crianças com TEA e nível de funcionamento de moderado a alto parecem aprender a prestar atenção na maioria dos componentes dos estímulos complexos mais prontamente e, como Ruth Elaine Hane, desenvolver soluções originais para sua falta de capacidade de perceber aspectos relevantes dos estímulos complexos.

# 8.

## Controle das explosões: Como enfrentar os problemas de comportamento

Jennifer soube que teria um dia daqueles assim que Alex entrou na sala de aula. Foi como observar uma ameaçadora nuvem carregada se aproximando rapidamente no horizonte, com lampejos de raios a distância, do tipo que provoca tornados. O rosto de Alex estava tenso e os dentes cerrados. Ele olhava direto para frente, sem dizer nada. Depois de jogar a jaqueta no chão, em vez de pendurá-la, como normalmente fazia, foi direto até Jack, que estava sentado no lugar favorito de Alex à mesa. As pernas de Alex estavam bem afastadas e sua marcha era irregular ao atravessar a sala. Ele gritou qualquer coisa para Jack, que pulou, assustado. Alex agarrou Jack e começou a bater nele, gritando e berrando enquanto golpeava o colega. O senhor Blakely, auxiliar de classe, agarrou Alex e o arrastou para longe de Jack, mas, apesar de ter apenas nove anos, Alex é forte e conseguiu morder o senhor Blakely. O rosto de Alex estava vermelho, as pupilas, dilatadas e ele respirava rápido. Os gritos e a agitação de Alex ainda continuaram por 15 minutos, embora o senhor Blakely tentasse acalmar o menino. O suor corria pelo rosto de Alex e sua camisa estava ensopada. Gradualmente, a tempestade passou, e, aos poucos, o corpo de Alex começou a se descontrair. Ele parecia exausto, confuso, começou a chorar e, depois, a soluçar. Jennifer pegou na mão de Alex e o levou para um lugar tranquilo, atrás de um biombo, do outro lado da sala, e disse: "Você estava muito aborrecido, Alex. O que aconteceu? Por que estava com tanta raiva?". Alex soluçou mais alto e respondeu: "Não sei. Vá embora!". Empurrou Jennifer e acrescentou: "Não sei por quê. Só fui mau".

A maioria dos professores e muitos pais de crianças com TEA têm experiências como esse incidente de Jennifer com Alex. Uma tempestade emocional grave parece surgir do nada, seguir seu curso e, depois, amainar gradualmente. Durante uma análise posterior do episódio, os professores ou os pais da criança se perguntam: "De onde saiu aquilo e por que aconteceu?". Na maior parte das vezes, essas explosões graves de agressividade ou automutilação têm boas razões para acontecer, mas geralmente é muito difícil, no momento, descobrir o motivo de qualquer episódio específico. Neste capítulo, as estratégias para revelar as causas dos comportamentos agressivos e autolesivos são discutidas em relação à compulsividade. Uma vez identificadas as causas e os fatores em jogo, são explorados os métodos de intervenção, a fim de evitar a recorrência de explosões semelhantes.

## *Intervenção na crise* versus *prevenção e tratamento*

A maioria de nós atravessa a vida apagando incêndios, em vez de se prevenir contra eles. Esperamos até que a crise irrompa e, só então, em sentido figurado, chamamos o Corpo de Bombeiros para apagar o fogo. Na realidade, é raro que problemas comportamentais graves de crianças com TEA surjam do nada. Os sinais de alerta geralmente vão piorando durante várias semanas, e pais e professores experimentam sozinhos várias medidas paliativas, até que um dia ocorre a crise aguda. A criança se machuca seriamente ou machuca os outros. Porém, em vez de solicitarem assistência para intervenção na crise, pais e professores geralmente chamam um psicólogo ou um analista comportamental e pedem auxílio a eles. Na maioria dos casos, esses profissionais não estão preparados para controlar situações violentas. Eles não conseguem acalmar ou conter a criança que está totalmente fora de controle. Quando as famílias estão no meio de uma crise física séria com um filho com TEA, as opções são chamar um serviço de intervenção que atenda em casa ou hospitalizar a criança. Uma vez contida a crise imediata, é bem provável que um terapeuta experiente possa trabalhar com a família para planejar uma solução de longo prazo a fim de evitar recorrência.

Controlar um jovem perigosamente descontrolado em sala de aula é alçado da política e do planejamento escolar para situações de gerenciamento de crise. Não é assunto para a intervenção comportamental, que demanda dias e semanas para surtir efeito. É a diferença entre dar suco de laranja para um diabético, no intuito de tratar uma crise de hipoglicemia, e administrar o nível de açúcar no sangue do paciente com medicação e dieta de longo prazo. As escolas têm equipes específicas para administrar crises, cuja tarefa é intervir nessas situações. A crise comportamental exige um tipo de intervenção diferente da intervenção de longo prazo e dos programas de prevenção, que são objeto deste capítulo. Fouse e Wheeler (1997), em *A treasure chest of behavioral strategies for individuals with autism*, inclui uma seção sobre gerenciamento de crise no autismo que é um bom ponto de partida. Além disso, nas livrarias, há inúmeras obras sobre gerenciamento escolar de crises de saúde mental.

## *Avaliação funcional do comportamento*

As razões que estão por trás das ações das pessoas podem ser confusas e levar a conclusões errôneas sobre suas causas. Pais e professores frequentemente me perguntam qual é a melhor intervenção para a agressividade no autismo. Outros fazem a mesma pergunta sobre a automutilação. Normalmente, o que eles querem dizer é: "O que devo fazer com meu filho quando ele é agressivo ou se machuca?". É como perguntar qual o melhor tratamento para tontura. A resposta curta é que não há uma intervenção que seja a melhor para esses problemas comportamentais, assim como não existe um único tratamento que seja melhor para a tontura. Do mesmo modo que o médico da criança investigaria a causa da tontura (por exemplo, infecção de ouvido, hipertensão, efeito colateral de medicação) antes de tratá-la, a intervenção mais apropriada depende das razões pelas quais a pessoa está apresentando agressividade, automutilação, acessos de raiva ou descontrole emocional. Uma avaliação funcional do comportamento pode ajudar a identificar os fatores sociais e de saúde que estão contribuindo para o problema de comportamento (Carr *et al.* 1999; Carr, Reeve e Magito-McLaughlin 1995; Horner *et al.* 1990; Kennedy e Thompson 2000; O'Neill *et al.* 1997).

### Histórico

O primeiro passo na elaboração de uma estratégia para intervir num problema comportamental no autismo é explorar a história de seu desenvolvimento.

*Quando ocorreu pela primeira vez?* – Se o problema de comportamento surgiu de repente e bem recentemente, isso sugere que uma condição ambiental ou de saúde que tenha mudado há pouco tempo possa ser a raiz do problema. Houve alguma mudança importante na família (por exemplo, morte de um parente ou de um animal de estimação)? A criança apresentou sintomas de doença, como dor de ouvido, de dente, problema gastrointestinal ou ataque epilético? A criança deve ser examinada pelo pediatra, para que ele possa investigar as possíveis razões médicas dos problemas de comportamento. Se o problema comportamental apareceu pela primeira vez há seis meses ou mais, e foi piorando numa série de episódios, isso sugere que ele representa uma adaptação à incapacidade de se comunicar ou de controlar o ambiente de outra forma.

*O problema melhorou em algumas situações e piorou em outras?* – Se o problema é claramente situacional, isso em geral elimina a questão de saúde como causa principal. Se o problema tende a ocorrer na presença de algumas pessoas, mas não na de outras, isso sugere que há razões sociais importantes para a dificuldade de comportamento.

*Algum tratamento parece estar associado à melhora ou à piora do comportamento?* – Por exemplo, alguma medicação ou intervenção educativa, comportamental ou fonoaudiológica parece melhorar ou piorar o problema? Pistas importantes podem ser obtidas quando o problema parece melhorar temporariamente durante o curso de uma terapia específica (por exemplo, uso do sistema de comunicação por intercâmbio de figuras numa intervenção de comunicação ou adoção de uma dieta rica em fibras).

## Padrão de sono como variável contextual

Durante uma semana, no mínimo, os pais devem registrar o número aproximado de horas (por exemplo, seis horas e meia) que o filho dorme por noite e se ele acorda durante a noite (e quantas vezes). A privação de sono está associada à piora no problema comportamental (Kennedy e Meyer 1996). Pede-se também que os pais mantenham um registro do funcionamento intestinal e da consistência das fezes. A constipação é comum nas crianças com TEA, causa irritabilidade e aumenta a suscetibilidade a problemas comportamentais. Professores e pais devem anotar qualquer evento do início do dia que possa predispor a criança a problemas no restante do tempo.

Becky brigou com um menino no ônibus a caminho da escola e ficou irritada e difícil pelo resto do dia. A senhora Robinson estava doente, e uma professora substituta assumiu a turma. Ramon se recusou a participar das atividades na maior parte do dia e, nos momentos em que participou, fez birra.

A criança apresentou sintomas de outros problemas de saúde, como sonolência, queixas de dor de estômago etc., que parecem associados a um comportamento mais difícil em alguns dias, mas não em outros? Se apresentou, uma consulta ao médico pode ajudar a resolver qualquer problema de saúde que esteja desencadeando problema de comportamento.

## Problemas gastrointestinais como variáveis contextuais

Com frequência, os pais de crianças com TEA relatam que os filhos têm problemas intestinais ou estomacais, geralmente constipação, fezes pastosas, inchaço e gases (Gurney, McPheeters e Davis 2006; Mercer *et al.* 2006).

*Dieta* – Na tentativa de determinar se os problemas gastrointestinais estão contribuindo para o comportamento problemático, os pais podem começar observando a dieta do filho. As crianças com TEA são frequentemente enjoadas para comer e talvez estejam consumindo quantidade insuficiente de fibras. Se uma criança tem problema crônico de constipação, acrescentar cereais ricos em fibras ao café da manhã pode ajudar. Estimular as crianças a comer maçã ou pera com a casca ou ameixa também pode auxiliar o funcionamento intestinal. Faça as mudanças gradualmente. Não acrescente dois ou três alimentos ricos em fibras ao mesmo tempo, porque isso pode provocar cólica e diarreia. As crianças que apresentam fezes pastosas com frequência podem estar sofrendo de diarreia funcional, que muitos pediatras creditam à ingestão de suco em demasia. A diarreia funcional geralmente começa entre os seis meses e os dois anos e meio e desaparece por volta dos quatro anos. As crianças apresentam fezes pastosas de duas a seis vezes por dia, mas, do contrário, parecem bem e ganham peso normalmente. Reduzir a quantidade de suco consumida geralmente resolve o problema.

*Intolerância à lactose* – A intolerância à lactose é comum entre as crianças de todos os tipos, mesmo entre as que não têm deficiências. A intolerância à lactose é a incapacidade de digerir quantidades grandes de lactose, que é o principal açúcar encontrado no leite. A intolerância à lactose é causada pela deficiência da enzima lactase, produzida pelas células que revestem o intestino delgado. Se uma criança é intolerante à lactose, ela vai ter cólica ou náusea com frequência e sentirá necessidade de evacuar duas horas após o consumo do alimento que contém esse açúcar. Algumas crianças precisam suspender o consumo de leite e derivados, mas muitas outras se dão bem tomando leite desnatado ou semidesnatado em porções menores do que uma xícara. Se possível, o leite deve ser consumido com cereais, a fim de reduzir a probabilidade de desconforto (NICHD 2007). O médico de seu filho fará exames para determinar se ele realmente é intolerante à lactose.

*Suplementos alimentares e dietas especiais* – Muitos pais de crianças com TEA oferecem aos filhos dietas especiais e doses altas de vitaminas, minerais, ácidos graxos, ômega 3, aminoácidos, enzimas, probióticos e outros suplementos, além de agentes quelantes, acreditando que podem reverter os sintomas de autismo. Algumas dessas substâncias podem causar náusea, diarreia ou constipação. Alguns pais de crianças com TEA seguem parte ou a totalidade do protocolo Derrote o Autismo Já (Defeat Autism Now – DAN), que inclui 20 substâncias diferentes, muitas das quais têm combinações de agentes individuais (Jang 2003). Além disso, muitas crianças com TEA estão tomando drogas psicotrópicas que têm a constipação como efeito colateral (por exemplo, drogas antipsicóticas atípicas, antidepressivos cíclicos) e antidepressivos com propriedades ansiolíticas (por exemplo, ISRS), que podem provocar náusea, desconforto abdominal e diarreia. Se uma criança estiver tomando erva-de-são-joão com ISRS, os problemas gastrointestinais vão piorar muito e podem causar outros efeitos colaterais sérios. A erva-de-são-joão nunca deve ser tomada com drogas antidepressivas.

*Contaminação fecal* – As crianças que frequentam a pré-escola são particularmente vulneráveis às infecções intestinais que se propagam das fezes para as mãos e, em seguida, para a boca, como resultado da lavagem incorreta das mãos. Algumas crianças talvez não apresentem sintomas, mas podem espalhar a infecção; já outras desenvolvem diarreia intermitente, e outras, ainda, ficam muito doentes. Os pais podem interpretar mal esses sintomas episódicos como indicação de que o filho tem um problema gastrointestinal ou imunológico subjacente, que, por sua vez, na crença dos pais, tem uma ligação importante com a causa do TEA do filho. A comprovação dessa ligação é escassa. Os pais devem consultar o pediatra, que talvez peça exames de cultura de fezes para determinar se há crescimento excessivo de determinadas bactérias.

## Eventos desencadeadores

Muitos professores e pais inicialmente dizem que as explosões de raiva da criança não têm padrão, nem pé, nem cabeça. Isso é muito raro. Na maioria dos casos, coisas específicas acontecem em torno da criança antes que uma explosão se desencadeie. As coisas que acontecem imediatamente antes e provocam uma explosão são chamadas de *eventos desencadeadores*. Pede-se aos pais e aos professores que façam, durante uma semana, o registro de cada explosão (por exemplo, agressividade, acesso de raiva, descontrole emocional, automutilação) e do que aconteceu imediatamente antes de cada ocorrência. Ao registrarem os eventos desencadeadores, os cuidadores devem ser específicos. Assim: "Pedi ao Clinton que fosse se deitar" ou "O irmão da Ashley implicou com ela". Ao revisar uma semana de episódios com um analista comportamental, um especialista em educação especial ou um psicólogo, geralmente fica evidente que existem dois ou três tipos de eventos desencadeadores. O mais comum é interromper ou, de alguma outra forma, impedir que a criança se envolva numa rotina muito agradável para ela ou numa atividade de autoestimulação. Peter gosta de ligar e desligar o interruptor de luz repetidas vezes, o que perturba os outros alunos na sala. O senhor Green, auxiliar de classe, aproxima-se do menino e diz: "Peter, pare de mexer no interruptor". Tenta afastar Peter do interruptor, momento em que o menino bate no auxiliar e grita: "Não! Não! Vá embora!". Mattie está no balanço do parquinho quando um menino da turma se aproxima e a chama de burra. Ela olha para outro lado, mas ele chega perto dela, coloca a mão no balanço para fazê-lo parar e diz: "Qual é o problema, sua burra, o gato comeu sua língua?". Mattie pula do balanço, bate no menino, agarra-o e tenta enforcá-lo, mas é interrompida pela senhora Jamison, auxiliar do pátio. Às vezes, os eventos desencadeadores são mais sutis. A mãe de Fatin diz que uma vizinha está chegando com os dois filhos para tomar chá. Fatin começa a choramingar, mas a mãe ignora. Pouco depois, Fatin está deitada no chão, soluçando. Ela tem medo dos dois meninos mais velhos, porque fazem muito barulho.

## Descrição do comportamento problemático

Kenny apresenta vários comportamentos problemáticos. Pega objetos das prateleiras e os joga no chão, quebrando-os às vezes. Grita muito alto e ameaça bater na própria cabeça com os punhos, embora raramente o faça. Ocasionalmente, bate na irmã, Madeline. Os pais veem esses três comportamentos como problemas diferentes, mas, se formos analisá-los cuidadosamente, descobriremos que o menino faz as três coisas pela mesma razão: todas chamam a atenção de um dos pais. Todas pertencem à mesma *classe de resposta*. O registro minucioso de cada explosão comportamental e do que exatamente a criança faz prepara o cenário para a última etapa na determinação de seu propósito ou função. As avaliações comportamentais funcionais são usadas para descobrir todos os comportamentos diferentes que uma criança apresenta e que servem ao mesmo propósito ou à mesma função e identificam outros comportamentos que têm função diversa. Kenny também chora e soluça inconsolavelmente quando vê aparecerem na tela os créditos de seu vídeo favorito. Esse comportamento não tem o mesmo propósito de chamar a atenção dos pais. Sua função é evitar o fim do vídeo.

## Identificação das consequências

Manter um registro do que acontece depois da explosão comportamental de uma criança pode ser um começo para determinar de modo adequado a função de um comportamento. No caso de Kenny, as funções eram duas: 1) chamar a atenção dos pais; 2) evitar o fim do vídeo favorito. Timmy, não verbal e com habilidades limitadas, é aluno de Anna, que está preocupada, porque, nas duas primeiras semanas de aula, Timmy golpeava a própria cabeça com os punhos e mordia os pulsos com cada vez mais frequência. Ela mantém um registro desses episódios: o que os desencadeou e a consequência costumeira. Quando pediu a Timmy que pareasse cores, ele mordeu o pulso, e ela parou de pedir a ele essa tarefa, redirecionando-o para outra atividade. Quando leu uma história para ele, ele não golpeou a cabeça até que ela pediu para ele apontar a figura do cachorro. Então, ele bateu na testa e ela parou de pedir que ele apontasse figuras. Quando ele estava brincando na mesa de areia e ela pediu que pusesse areia no baldinho, ele obedeceu sem se bater nem se morder. Quando Anna examinou o equivalente a uma semana de dados, ficou claro que os eventos desencadeadores estavam sempre relacionados com pedir a Timmy que fizesse algo que ele não queria ou não sabia fazer, e a consequência era sempre parar de pedir aquela tarefa. A função do comportamento autolesivo de Timmy era evitar que lhe pedissem para fazer tarefas que ele não queria fazer. A intervenção incluiu ensinar ao menino as habilidades necessárias para que ele pudesse completar com êxito algumas das atividades que inicialmente eram tão difíceis e também instruí-lo para que usasse os símbolos do sistema de comunicação por intercâmbio de imagens para pedir uma pausa nas atividades de que não gostava. Com a permissão para pausas curtas nas tarefas difíceis demais, a automutilação já não era necessária.

## Tabelas de antecedente, comportamento e consequência

Pais e professores podem aprender a usar as tabelas de antecedente, comportamento e consequência (ACC) para registrar os desencadeadores antecedentes, o comportamento e as consequências (ver Figura 1). Pode-se fazer uma tabela genérica no computador, com os dias da semana na coluna da esquerda e as palavras *Variáveis contextuais*, *Desencadeadores antecedentes*, *Comportamento* e *Consequência* na primeira linha. O equivalente a um mês de tabelas pode ser impresso com antecedência e grampeado junto. Muitos pais acham mais fácil colocar a tabela na porta da geladeira, onde fica bem acessível. Se a tabela for colocada numa gaveta, é mais provável que os pais se esqueçam de registrar os acontecimentos. Em sala de aula, os professores geralmente mantêm sobre a mesa um caderno para cada aluno, e a tabela ACC pode ser colocada na primeira página, para ser facilmente encontrada. Em outros casos, pregam a tabela com fita adesiva na carteira da criança.

### Figura 1. Tabela sinóptica de antecedente, comportamento e consequência (ACC).

<table>
<tr><td colspan="4">Tabela sinóptica de ACC<br>Instruções: na coluna do problema de comportamento, liste os três problemas mais perturbadores em ordem de importância. Para cada problema comportamental, liste em ordem as variáveis contextuais mais comuns, os desencadeadores antecedentes, o comportamento e a consequência associada a cada problema comportamental.</td></tr>
<tr><td>Variáveis contextuais</td><td>Desencadeadores antecedentes</td><td>Comportamento</td><td>Consequência</td></tr>
<tr><td></td><td></td><td></td><td></td></tr>
<tr><td></td><td></td><td></td><td></td></tr>
<tr><td></td><td></td><td></td><td></td></tr>
</table>

*Exemplo de tabela de antecedente, comportamento e consequência* – Um exemplo de tabela ACC é mostrado na Figura 2, que contém um registro das explosões de Max durante uma semana, incluindo os desencadeadores, a descrição do comportamento e a consequência. A tabela ACC de Max fornece a base para elaborar hipóteses sobre as razões de seu comportamento problemático. Essas impressões terão de ser testadas pela implementação de intervenções que tratem de cada razão para o comportamento problemático, mas as conexões são evidentes. Max recebeu a atenção dos pais em cada uma das nove explosões comportamentais da semana. Os pais pensavam que "repreender" desencorajaria as explosões, mas, do ponto de vista de Max, a reprimenda é apenas outra forma de atenção e está ajudando a perpetuar seus problemas de comportamento. Seis ocasiões envolveram fuga das atividades não preferidas. Isso suscita a seguinte questão: Por que Max sente necessidade de fugir dessas situações específicas? A resposta envolve uma avaliação mais profunda, para determinar se lhe faltam habilidades ou se é necessária a dessensibilização para alguns estímulos. Os pais de Max também estão recompensando o filho de modo diferente quando ele recusa alimentos, oferecendo a ele alternativas quando chora e faz escândalo, e na hora de ir dormir, permitindo que fique acordado até mais tarde a fim de evitar ir para a cama. Essas observações proporcionam um ponto de partida para o próximo passo: a elaboração de um plano de intervenção.

Figura 2. Tabela de antecedente, comportamento e consequência de Max; semana de 11 de fevereiro de 2008.

| Dia | Desencadeador antecedente | Comportamento | Consequência |
|---|---|---|---|
| Segunda | "Coloque seus sapatos no lugar."<br>"Não bata no seu irmão." | Gritou e bateu.<br>Bateu outra vez em Billy. | Coloquei os sapatos no lugar para ele.<br>Dei bronca nele e o fiz parar. |
| Terça | "É hora de dormir." | Chorou e teve um descontrole emocional. | Deixei que ficasse acordado mais 15 minutos. |
| Quarta | "Coma sua aveia." | Jogou o prato no chão. | Dei cereal para ele. |
| Quinta | "Pare de bater no seu irmão." | Bateu em Billy com mais força. | Dei bronca nele e o fiz ir para o quarto. |
| Sexta | Aaron, amigo de Billy, veio ficar conosco.<br>"É hora de dormir." | Chorou e tentou derrubar Aaron.<br>Ficou batendo com a colher na mesa. | Eu o fiz parar e o mandei para o quarto.<br>Eu o fiz parar de bater, li uma história para ele e o mandei para a cama. |
| Sábado | Chegamos à aula de natação.<br>Dei *pizza* para ele. | Soluçou e se recusou a entrar na piscina.<br>Chorou e empurrou o prato. | Deixei que se sentasse na borda da piscina e observasse as outras crianças.<br>Preparei um sanduíche de manteiga de amendoim para ele. |
| Domingo | A vovó Alice tentou pegá-lo no colo e abraçá-lo.<br>O cachorro latiu alto para um gato que estava na janela. | Gritou, retesou o corpo e bateu nela.<br>Cobriu as orelhas e chorou. | Dei bronca nele e o mandei para o quarto.<br>Eu o abracei e consolei. |

*Análise do antecedente, do comportamento e da consequência da explosão de Alex* – Vamos retomar a grave explosão agressiva de Alex na turma de Jennifer. Quando examinamos a história de Alex, percebemos que ele teve explosões semelhantes, mas menos graves, nos últimos meses. Isso sugere que esse é um padrão comportamental adquirido e não um problema repentino de saúde ou do ambiente. Em geral, as agressões anteriores tinham dado ao menino o que ele queria, nos momentos em que ele não sabia como pedir verbalmente o que desejava ou não queria fazer determinadas atividades. Porém, talvez haja outros elementos nas explosões de Alex além desses. Perguntamos a sua mãe como ele dormiu na noite anterior, e ela relatou que o filho tem problemas para adormecer e, na verdade, não caiu no sono até perto das 23 horas. Acordou chorando várias vezes durante a noite. Estava irritado de manhã quando desceu para o café. Recusou-se a comer o cereal e o pai disse a ele que tinha de comer, ou não veria TV depois da escola. Alex, com raiva, jogou a tigela de cereal no chão. O pai perdeu a paciência e foi severo: "Alex, pegue a tigela e limpe a sujeira já, ou não vai ver filme no sábado à tarde!". Alex ficou furioso e tentou bater no pai. A essa altura, o pai o carregou para o quarto, bateu a porta e disse alto: "Você pode sair quando estiver pronto para se comportar". Na verdade, Alex não compreendeu o significado daquilo, mas percebeu que o pai estava muito bravo com ele e que ele não poderia ver seu filme predileto no sábado. Portanto, as variáveis contextuais foram: 1) falta de sono, que aumentou a irritabilidade do menino; 2) altercação com o pai, em que o menino perdeu algo muito importante para ele. Essas variáveis contextuais, combinadas com a história do uso anterior bem-sucedido da agressividade para obter os resultados que desejava, criaram o contexto para os eventos subsequentes. Quando Alex entrou na sala de Jennifer, estava pronto para explodir e só precisava de um desencadeador mínimo (isto é, Jack sentado no lugar preferido de Alex) para dar início a uma grave explosão agressiva. Se o desencadeador não tivesse sido esse, muito provavelmente teria sido outro.

A situação poderia ter sido tratada de modo diferente? Seria útil tentar descobrir por que Alex está tendo problemas para dormir. É um problema de saúde, como dificuldade respiratória noturna ou indigestão, ou ele está sentindo dor? Ele está tomando refrigerante com cafeína à noite, o que dificulta o sono? Está ansioso com um problema que é incapaz de expressar para os pais?

Logo, não é sensato fazer uma série de ameaças cada vez mais graves a uma criança ou jovem com TEA. Isso quase sempre é contraproducente e leva a uma explosão. Se o pai de Alex tivesse permitido que o filho escolhesse o que comer no café da manhã, provavelmente a sequência cada vez mais intensa de acontecimentos teria parado ali. No futuro, é importante garantir que Alex tenha meios de pedir para *não* fazer algumas coisas ou, pelo menos, de retardá-las ou solicitar uma alternativa. Por exemplo, se Alex tivesse dito: "Não cereal. Torrada e manteiga de amendoim", a altercação teria sido evitada, caso o pai aceitasse a alternativa apresentada. Lembre-se: controle e escolha são tudo para as crianças com TEA. Uma abordagem alternativa poderia ter sido anunciar para Alex que o café da manhã estava terminado quando ele jogou a tigela de cereal no chão. O pai poderia ter dito, de preferência com calma: "Acabou. Escove os dentes para ir à escola". Se Alex dissesse: "Estou com fome" e pedisse um alimento alternativo, o pai poderia ter dito: "Ok, você pode comer torrada e manteiga de amendoim quando estiver pronto para ir à escola". Assim, o comportamento inadequado não estaria sendo recompensado, mas o menino teria alguma escolha na situação. É provável que qualquer uma dessas alternativas tivesse evitado a altercação. Infelizmente, assim que Alex chegasse à escola, uma explosão iria ocorrer, não importando o que acontecesse. A menor irritação o teria feito explodir.

## *Ansiedade e rituais compulsivos*

A ansiedade e o autismo andam de mãos dadas. Um levantamento nacional recente revelou que as crianças com autismo têm uma prevalência significativamente mais elevada de problemas de depressão e ansiedade do que as crianças de desenvolvimento normal da mesma idade (38,9% *versus* 4,2%) (Gurney, McPheeters e Davis 2006). As crianças com TEA são mais propensas a medos e fobias. Evans *et al.* (2005) estudaram comparativamente os sintomas de ansiedade entre crianças com TEA, crianças de desenvolvimento normal e crianças com síndrome de Down. As crianças com TEA apresentaram mais fobias situacionais e medo de médicos, mas menos medo de danos e lesões quando comparadas com as dos outros grupos. Para as crianças com TEA, medos, fobias e ansiedades estavam intimamente relacionados com comportamentos problemáticos, ao passo que, nos outros grupos, essa relação se mostrava menos intensa. À medida que crescem, as crianças com TEA dedicam cada vez mais tempo e energia à expectativa de que coisas ruins possam acontecer no futuro. Na última vez em que Karl foi levado ao médico, recebeu uma vacina dolorosa. Hoje, quando a mãe pede que ele tome banho e se arrume para ir ao médico, Karl grita e se joga no chão, soluçando. O problema que o aterroriza não é o banho, é ir ao médico, que talvez lhe aplique outra injeção.

## Uma abordagem equilibrada dos medos infantis

Embora seja importante que pais e professores levem a sério os medos infantis, também é importante que não permitam que a vida seja governada por eles. Já conheci pais que literalmente planejam todo o cotidiano com antecedência, a fim de evitar qualquer situação que possa causar uma mínima ansiedade nos filhos. Evitar situações desnecessariamente alarmantes faz sentido, mas mudar a vida de todos os membros da família para que uma criança de quatro anos com autismo não se sinta desconfortável de vez em quando não é razoável. Às vezes, é preciso um trabalho de detetive para determinar o que, numa situação, está aborrecendo a criança, mas, na maioria dos casos, o problema pode ser encontrado e corrigido.

## Como lidar com medos específicos

Um menino não gostava de sons altos; então, colocava algodão nos ouvidos quando a família ia ao *shopping*, onde havia muitas pessoas falando e música alta. Aos poucos, ele começou a retirar o algodão durante períodos cada vez mais longos, até que o barulho já não o incomodava. Outro jovem tinha medo de ir ao cinema. Anteriormente, algumas vezes, ele sentira necessidade premente de sair da sala de projeção no meio do filme e descobriu que, se estivesse sentado no meio de uma fileira longa de poltronas, ficava com a sensação de estar preso numa armadilha. A solução foi permitir que ele se sentasse na extremidade da fileira, perto do corredor. Um menino com autismo e alto nível funcional temia ir ao barbeiro para cortar o cabelo. Várias semanas antes do horário marcado para o corte, o pai começou a dessensibilizar esse menino para o som e a sensação da máquina do barbeiro. Comprou uma máquina semelhante barata e dessensibilizou o filho para o som e a vibração em várias etapas. Antes de cada sessão, pedia ao menino para escolher a recompensa que receberia pela cooperação. No início, fazia-o segurar a máquina de cortar cabelo desligada. Em seguida, ligava a máquina e encorajava o filho a segurá-la um pouco. No dia seguinte, a máquina era ligada e colocada contra a palma da mão do menino, para que ele pudesse sentir a vibração. A última etapa era ligar a máquina e passá-la, para cima e para baixo, ao longo da nuca do menino, simulando o que ele sentiria quando o barbeiro realmente estivesse cortando seu cabelo.

## Como pedir para ir embora

Podemos ajudar as crianças com medos acentuados, ensinando-as a pedir para "parar" ou "ir embora". Diante de uma situação amedrontadora, como andar de escada rolante, em que a criança esteja começando a ficar irritada, os pais ou os professores podem perguntar: "Você quer parar?". A criança é estimulada a responder: "Pare, por favor", ou a entregar ao adulto um cartão com a figura de um sinal de pare. Quando a criança pede para parar, o adulto deve atender imediatamente ao pedido durante um minuto ou dois. Assim que a criança estiver mais calma, o adulto continua, apontando para o quiosque de sorvete no alto da escada: "Quando sairmos da escada rolante, você pode tomar um sorvete". É melhor pisar na escada rolante quando houver poucas pessoas em volta da criança. Idealmente, um adulto deve segurar a mão da criança e outro ficar de pé atrás dela com as mãos em seus ombros, fazendo comentários reforçadores, como: "Que menino corajoso" e "Estamos quase chegando". Logo que a criança sair da escada rolante, deve receber a recompensa prometida. Geralmente, de três a cinco repetições desse tipo são suficientes para que a criança supere o medo.

Um jovem com autismo tinha histórico de automutilação grave quando ficava irritado. Ele era muito interessado em animais; então, os profissionais que trabalhavam com ele o levaram ao zoológico. Ao se aproximar de uma das áreas de jaulas, a respiração dele ficou acelerada e profunda, e ele começou a se balançar para frente e para trás. Um dos profissionais disse: "Roger, você quer ir embora?". O jovem assentiu vigorosamente com a cabeça; então, deram meia-volta e começaram a deixar o lugar. A agitação de Roger diminuiu. Depois, Roger aprendeu a se comunicar usando ícones, que carregava numa carteira. Um dos ícones tinha a expressão *ir embora* impressa, com uma fotografia de Roger se afastando da câmera. Assim que Roger aprendeu a usar os ícones para fazer pedidos, como sair de uma situação que o incomodava, a automutilação parou.

## Rituais compulsivos

As crianças com TEA frequentemente se engajam em rituais compulsivos que podem incomodar pais e professores. O tipo de comportamento ritualístico varia, em certa medida, com o nível cognitivo da criança. As crianças de nível funcional mais elevado reúnem e acumulam objetos, alinham brinquedos, ligam e desligam a TV repetidas vezes, e algumas crianças muito verbais se envolvem em rotinas verbais repetitivas. Toda manhã, ao chegar à escola, um menino de sete anos com TGD-SOE insistia em ler as etiquetas com os nomes dos alunos em cada carteira. Outras vezes, lia todas as palavras pregadas no quadro de avisos da sala. Se fosse interrompido, ficava muito agitado, chorava e recomeçava a ler os nomes. O clima é um dos assuntos prediletos das crianças com alto nível funcional. Um jovem que regularmente usava o computador imprimia as previsões do serviço nacional de meteorologia e guardava as cópias no caderno. Quando não tinha mais nada para fazer, folheava as previsões, lendo-as atentamente e comentando a previsão do dia. As crianças com menos habilidades cognitivas geralmente se engajam em rotinas e movimentos ritualísticos, como girar o corpo, agitar as mãos, segurar água ou saliva na boca e cuspir, rasgar pedaços de papel ou tirar pedaços de linha das próprias roupas. Um jovem não verbal que visitei, com habilidades bastante limitadas, muitas vezes beliscava o suéter até encontrar um fio solto; em seguida, puxava o fio até destruir o suéter.

*Como limitar os momentos do ritual* – Como observamos no Capítulo 2, geralmente é possível proporcionar às pessoas com alto nível funcional horários específicos durante o dia nos quais possam se dedicar a seus rituais preferidos e limitar esses horários em outros momentos. Essa estratégia é mais difícil de implementar com crianças não verbais, que são cognitivamente menos capazes.

*Medicação para rituais compulsivos* – Às vezes, as crianças e os jovens com TEA que apresentam rituais compulsivos muito graves e que não respondem a intervenções ambientais se beneficiam da medicação. Para crianças, os remédios mais largamente empregados são os ISRS, como fluoxetina, paroxetina, sertralina e citalopram. Para adolescentes e adultos jovens, alguns médicos prescrevem clomipramina, que tem mais efeitos colaterais.

## *Descontroles emocionais e acessos de raiva*

A distinção entre um descontrole emocional e um acesso de raiva, às vezes, depende de quem vê. Em ambos os casos, a criança tem uma explosão emocional e comportamental. A principal diferença é que, num acesso de raiva, ela normalmente se comporta de forma agressiva ou começa a destruir objetos. Pode atacar os professores ou os pais, ou arremessar objetos, como brinquedos ou outras coisas que estejam por perto. A criança geralmente fica com aparência de raiva. As crianças verbais mais velhas podem gritar obscenidades ou ameaças. Um descontrole emocional é uma expressão pura de ansiedade e sofrimento emocional. A criança pode gritar, chorar, soluçar e agitar os braços, mas essas ações não são dirigidas aos outros. Na prática, um acesso de raiva frequentemente termina em descontrole emocional. A explosão da criança pode começar com o ataque a outras pessoas, mas passa para o choro soluçante e a expressão de grande sofrimento. Os desencadeadores mais comuns de ambos os tipos de explosão são mudanças nas rotinas esperadas pela criança. A mudança pode ser oferecer à criança um alimento diferente na refeição, mudar a ordem das atividades na escola ou fazer um caminho diferente até a casa da vovó. Os acessos de raiva com agressividade são provocados, com mais frequência, pela perturbação de uma atividade de autoestimulação favorita ou de uma rotina diária. A criança geralmente parece frustrada e com raiva. Não compreende por que o professor a interrompeu no meio do ritual de girar ou por que o pai desligou o *videogame*. Os descontroles emocionais sem agressividade ocorrem, com mais frequência, quando a criança tem medo de alguma coisa, como entrar na sala de aula, dar de cara com um cachorro quando sai para caminhar ou escutar uma ambulância ou um carro de bombeiros. Consolar racionalmente pouco ajuda a abrandar o medo da criança. Racionalmente, os pais procuram no entorno algo que esteja desencadeando a explosão, mas o problema pode estar no futuro. Por serem geralmente ineficientes na discussão sobre acontecimentos futuros, mesmo as crianças com TEA que têm habilidades linguísticas razoáveis geralmente são incapazes de explicar que estão preocupadas com a ida ao *shopping* depois do jantar, duas horas mais tarde.

## *Agressividade*

As explosões agressivas frequentemente ocorrem por razões sociais que variam de criança para criança. A tarefa é identificar as razões principais para uma determinada criança.

### A atenção do cuidador

A razão mais corriqueira para explosões agressivas é que elas são muito eficazes para chamar a atenção dos professores ou dos pais, o que geralmente leva os adultos a tentar imaginar a fonte do problema. O desencadeador imediato mais comum para as explosões agressivas é a falha dos cuidadores em oferecer à criança o que ela quer, normalmente acesso a uma atividade de autoestimulação de que gosta muito, um alimento, uma bebida ou atenção. De vez em quando, o que o cuidador fez foi alterar uma rotina diária típica. Os pais de um menino de quatro anos com autismo e alto nível de funcionamento ficavam intrigados com o motivo pelo qual o filho batia no irmão ainda bebê e o empurrava, frequentemente muitas vezes ao dia. A razão era bem simples. Toda vez que ele batia no irmão ou o empurrava, o bebê chorava, e a mãe ou o pai vinha correndo resolver o problema. A agressividade era 100% eficaz para obter a atenção dos pais. A solução foi ajudar o menino a aprender outra maneira de chamar a atenção deles, sem machucar o irmão.

## Como obter acesso a objetos ou atividades

A outra razão pela qual o menino se comportava agressivamente era que esse comportamento era muito eficaz para fazer a mãe tentar descobrir o que ele queria, como um alimento predileto que estava na geladeira. A solução que sugerimos incluía estimular a mãe a prestar atenção no filho de modo seletivo, nos momentos em que ele estivesse adequadamente envolvido numa atividade, e ignorar as agressões sem importância, que não colocavam o bebê em risco. O segundo passo foi ensinar ao menino um sistema de comunicação que ele pudesse usar para pedir ajuda ou atenção de modo mais apropriado. Quando as duas etapas estavam implementadas, a agressividade parou.

## Tabelas de antecedente, comportamento e consequência para identificar as funções da agressividade

Em todos os casos, os professores e os pais quase sempre vão achar útil fazer uma análise da tabela ACC das variáveis contextuais que predispõem à agressividade (por exemplo, insônia), dos desencadeadores (por exemplo, interrupção de um ritual predileto) e das consequências (por exemplo, dar bronca e prestar atenção na criança depois do ato de agressão). Alguns pais afirmam que o filho deveria saber como se comportar. As crianças com TEA raramente assimilam essas ideias antes de estar bem crescidas, e mesmo então podem ter dificuldade de aceitar as ideias dos pais ou dos professores sobre comportamento apropriado. Os cuidadores que sustentam que a criança com TEA "deveria saber" estão no caminho de muita frustração.

## *BARRY: UM CASO DOLOROSO DE AUTOMUTILAÇÃO*

*Barry tinha 23 anos quando o conheci. O diagnóstico dele era de transtorno autista e deficiência intelectual moderada. Um psiquiatra suspeitou que ele talvez tivesse um transtorno de humor, e um neurologista achou que talvez fosse epilepsia parcial, mas não havia indícios que confirmassem nenhum desses dois diagnósticos.*

*Quando Barry entrou pela primeira vez em meu consultório, acompanhado por dois profissionais que o seguravam pelos braços, ele estava com uma toalha torcida entre os dentes, amarrada na nuca, para que não se mordesse. Apesar das numerosas cicatrizes nos locais onde havia se ferido durante muitos anos, era um jovem bonito. Os cuidadores anteriores descreveram os episódios assustadores de automutilação em que ele retirou sete dentes com os próprios dedos, arrancou um pedaço do lábio com os dentes, enfiou lápis, canetas e outros objetos pontiagudos no peito, esmagou o nariz contra o rosto, com a mão, até que a cartilagem quebrasse, produzindo sangramento profuso, e em que correu para bater os ombros e a cabeça em paredes de blocos de concreto. Em uma ocasião, jogou a cabeça contra a vitrine de uma loja de móveis, aparentemente tentando fugir, e sofreu lacerações graves. Barry entrara e saíra de três grandes instituições públicas estaduais, fora recusado em vários programas de tratamento residencial e fizera muitas visitas aos prontos-socorros dos hospitais da comunidade para tratar dos episódios de comportamento autolesivo. Era internado quase que anualmente em unidades psiquiátricas para pacientes agudos em momentos particularmente dolorosos de automutilação, nas quais era tratado com altas doses de antipsicóticos. Nos meses que se seguiam à hospitalização, as doses das drogas antipsicóticas eram gradualmente reduzidas e interrompidas. Durante muitos anos, tinha sido tratado com vários medicamentos psicoterápicos e anticonvulsivos, que aparentemente não haviam surtido efeito sobre a automutilação. Quando começamos a trabalhar com Barry, ele tinha passado um período amarrado com correias de couro durante 20 horas por dia.*

*Barry se mudara para uma casa, onde morava sozinho, assistido por dois profissionais que trabalhavam sob nossa supervisão. Retiramos as correias de couro, que nunca mais foram usadas. A medicação de lítio (para o suposto transtorno do humor) e hidrato de cloral (para sedação) foi suspensa. Fomos alertados para nunca levar Barry até o centro recreativo para nadar nem até o* shopping *ou qualquer outro ambiente barulhento. Disseram-nos que ele tinha um histórico de automutilação grave nesses ambientes. Nas três semanas seguintes, profissionais treinados levaram Barry para uma grande variedade de ambientes comunitários, a fim de observar a reação dele. Era importante entender o que o alarmava, o que parecia interessá-lo e se ele apreciava lugares e atividades específicos. Usamos esse período para fazer uma análise de ACC bem detalhada.*

*Observamos que, pouco antes de Barry apresentar sinais de automutilação iminente, ele começava a hiperventilar e a se balançar para frente e para trás. Barry falava um pouco, mas, em virtude do ferimento na língua e dos dentes arrancados, era difícil entender o que dizia. Em uma ocasião, Barry estava num* shopping *com dois profissionais quando ficou agitado e começou a hiperventilar e a se balançar. Um dos profissionais perguntou: "Barry, você quer ir embora?". Ele assentiu vigorosamente com a cabeça. Assim que se dirigiram para a saída, Barry começou a se acalmar e a hiperventilação cessou. Na semana seguinte, Barry aprendeu a usar um sinal manual para dizer "terminou" (mãos com as palmas viradas para baixo que se cruzam diante do corpo), a fim de mostrar que queria ir embora. Nas semanas que se seguiram, Barry visitou o centro recreativo e foi nadar (às dez da manhã de uma terça-feira, quando havia poucas pessoas), foi ao zoológico (também num dia de semana pela manhã, quando o lugar estava vazio), fez compras numa loja de conveniência (que ele adorava, com exceção de esperar na fila), jogou bocha com alguns idosos no parque, lanchou e foi a um fliperama (sua atividade predileta). Em todas as situações, quando o nível de ruído aumentava muito ou havia estranhos demais em volta dele, Barry ficava agitado, começava a hiperventilar e sinalizava que queria ir embora. Os profissionais prontamente atendiam ao pedido. Aqueles eram os fatores desencadeadores. Barry tinha fobia social e claustrofobia. Tinha medo de estranhos perto dele e de ficar aprisionado e não conseguir sair. Uma vez compreendidas as situações que o incomodavam e atendidos seus pedidos para ir embora, feitos com sinais manuais, a maior parte do comportamento autolesivo cessou.*

*Como Barry não tinha um sistema de comunicação, desenvolvemos um sistema de ícones pictóricos em que as atividades e as recompensas eram mostradas em imagens. Tiramos fotos de Barry realizando praticamente todas as atividades concebíveis ao longo do dia, desde acordar de manhã até ir para a cama à noite. O tamanho das fotos foi reduzido, elas foram plastificadas e receberam um pedaço de velcro atrás. Toda manhã, quando Barry se levantava para se preparar para o trabalho, ele folheava os ícones (no fim, havia 125) e selecionava aqueles que representavam as atividades programadas para o dia (por exemplo, tomar café, pegar a* van *para o trabalho, trabalhar, jogar fliperama na hora do almoço, caminhar no parque antes de voltar para casa, ajudar a preparar o jantar, lavar a louça, jogar baralho, tomar banho, preparar o almoço para o dia seguinte, fazer um lanche antes de ir dormir e ir para a cama). Ele retirava de um grande painel os ícones que pretendia usar e os pregava em pedaços de velcro, em ordem, dentro de sua carteira, representando o cronograma de atividades do dia. Quando não conseguia articular com clareza uma palavra, ele apontava para um ícone da carteira e o mostrava à pessoa com quem estava tentando se comunicar. O último ícone era sempre: "Por favor, vamos embora".*

*Nos primeiros seis meses de intervenção, Barry aprendeu a lavar a própria roupa, passar aspirador no quarto, ajudar a preparar uma refeição, fazer o próprio almoço, tomar banho, fazer a barba com barbeador elétrico e arrumar a cama. Seu cronograma de recreação e lazer em atividades coletivas à noite e nos fins de semana incluía mais atividades do que o da maioria dos adultos sem deficiências, como ginástica no centro recreativo, bocha no parque, fliperama e baralho com os amigos. Três outros jovens com autismo se mudaram para a casa de Barry e se tornaram seus colegas de república. Toda a medicação psicotrópica foi gradativamente retirada, exceto a fluoxetina. O comportamento autolesivo diminuiu drasticamente e, depois, cessou e não voltou durante um período de acompanhamento que durou 14 anos, com uma exceção, quando teve uma infecção urinária. Depois que a infecção foi tratada, ele não apresentou outros episódios de automutilação.*

## *Autoestimulação e automutilação*

A *autoestimulação* diz respeito a movimentos não funcionais que servem apenas ao propósito de gerar *feedback* sensorial. Os comportamentos de autoestimulação também são chamados de *estereotipias*. Formas comuns de autoestimulação são balançar-se, agitar as mãos, girar, balançar a cabeça de um lado para o outro e segurar objetos (por exemplo, lápis, colher de cabo longo) e balançá-los para frente e para trás olhando fixamente para eles. Todas as crianças fazem esses movimentos estereotipados quando são bebês, mas, quando começam a desenvolver a linguagem, os movimentos estereotipados não funcionais são gradativamente substituídos por gestos comunicativos e pela fala. Ninguém sabe ao certo por que as crianças com TEA frequentemente realizam movimentos estereotipados generalizados muito além da idade na qual as outras crianças os abandonam. Objetos brilhantes que giram ou oscilam são fontes atrativas de autoestimulação visual. A poetisa Lorine Niedecker escreveu: "Há um brilho melhor / No pêndulo / Do que no meu cabelo / e muitas vezes / Eu o vi ali" (Niedecker 2002, p. 1). Para uma criança com TEA, isso pode provocar autoestimulação visual.

Nas crianças com deficiências mais graves, esses movimentos repetitivos em geral assumem gradualmente uma forma diferente. Em vez de simplesmente se balançar continuamente para frente e para trás, a criança periodicamente bate a cabeça contra o berço ou contra uma parede enquanto se balança. Em outros casos, em vez de lamber objetos sem parar, a criança começa a pressionar repetidamente o objeto contra a língua e a gengiva, até sangrarem. Agitar as mãos no ar aos poucos se transforma em agitar as mãos de modo que elas batam no rosto. Quando um movimento repetitivo e não funcional ocorre com intensidade ou frequência suficiente e é dirigido a uma parte do corpo que pode sofrer dano no tecido, ele é chamado de *automutilação*.

A automutilação é o problema comportamental mais doloroso com que deparam os pais das crianças com autismo, seus professores e médicos. O comportamento autolesivo é um ato repetitivo intencional, realizado pelo indivíduo, que pode danificar seus tecidos. O comportamento autolesivo no autismo é diferente do dano autoinfligido dos indivíduos que têm transtornos mentais importantes, como esquizofrenia, transtorno bipolar ou transtorno de personalidade limítrofe. Nestes últimos casos, o dano autoinfligido é geralmente infrequente (por exemplo, semanal, mensal) e ocorre durante um episódio psicótico (na esquizofrenia ou no transtorno bipolar) ou um ritual consciente (por exemplo, cortar-se, no transtorno de personalidade limítrofe). Entre os indivíduos com TEA, o comportamento autolesivo ocorre diariamente e, de vez em quando, muitas vezes por dia. Em cada ocorrência, a aparência do ato autolesivo é praticamente idêntica ao anterior.

## Os tipos de comportamento autolesivo

Os comportamentos autolesivos mais comuns no autismo são bater a cabeça e se morder. A criança pode bater no próprio rosto, nos braços ou nas pernas com as mãos ou os punhos, ou bater partes do corpo contra superfícies duras (por exemplo, chão, parede, mesa, batente de porta, metais do banheiro). O comportamento autolesivo também pode incluir o morder-se, às vezes causando danos sérios nos dedos, nos pulsos ou nas mãos. Um terceiro tipo de comportamento autolesivo é se arranhar ou se beliscar, provocando escoriações, feridas e contusões, que podem infeccionar se não forem tratadas nem receberem curativo. Não é incomum que os indivíduos cutuquem olhos, nariz ou orelhas ou batam neles, o que é particularmente perigoso.

## Problemas de saúde

Se a criança tem outros problemas de saúde, como dor de ouvido ou de dente, é importante que a raiz do problema seja identificada e tratada. A criança que sofre fica irritada e mais suscetível a um episódio de comportamento autolesivo. Os pré-escolares que apresentam comportamento autolesivo geralmente podem ser ajudados com o emprego das técnicas anteriores isoladas ou, em alguns casos, com tratamento medicamentoso mínimo. Se uma criança se irrita facilmente e tem pouca habilidade para se acalmar quando perde o controle, às vezes, medicamentos para pressão arterial, podem ajudar a reduzir a excitação exacerbada.

## Acessos de comportamento autolesivo

O comportamento de automutilação acontece na forma de acessos, geralmente desencadeados por um acontecimento no ambiente; porém, uma vez iniciado o processo, ele pode continuar independentemente do evento desencadeador. Um acesso de automutilação pode durar um minuto ou menos, com repetidos tapas no rosto, batidas com a cabeça ou tentativas de se morder, mas, às vezes, pode ocorrer intermitentemente durante várias horas. Os fatores associados ao comportamento autolesivo mais grave são QI baixo e falta de habilidades de comunicação (falada ou aumentativa). As crianças com deficiências físicas e doenças frequentes (por exemplo, dor de ouvido, dor de dente, problema gastrointestinal) também são mais propensas a acessos de comportamento autolesivo. A combinação da inabilidade para se comunicar com a falta de habilidades básicas e a irritabilidade provocada pela doença física são fatores predisponentes.

## As funções sociais do comportamento autolesivo

No curso de minha carreira, trabalhei com dezenas de crianças e adultos que se mutilavam, às vezes se desfigurando gravemente. De metade a dois terços dos episódios de comportamento autolesivo são tentativas de fugir de uma situação ou de evitá-la (Kahng, Iwata e Lewin 2002). Muitas vezes, é uma situação que a criança acha intolerável. Os eventos desencadeadores mais comuns são frustrar uma atividade favorita (por exemplo, assistir ao vídeo preferido), alterar a rotina esperada (por exemplo, oferecer à criança pedaços de maçã em vez de sorvete), pedir à criança que faça algo que ela não entende, ou que acha alarmante (por exemplo, entrar numa sala cheia de estranhos). Os cuidadores adultos, com razão, deixam de fazer um determinado pedido, a fim de controlar o episódio de automutilação, o que ensina à criança que esse comportamento é uma maneira eficaz para cessar as demandas dos adultos. Em aproximadamente um terço do tempo, as crianças com TEA que apresentam comportamento autolesivo fazem isso para chamar a atenção do cuidador adulto (*ibidem*). Naturalmente, pais, professores e terapeutas rapidamente intervêm, contendo a criança, para que ela não se machuque ainda mais. Isso ensina à criança que, se ela quer a atenção do adulto, um modo eficaz de obtê-la é se ferindo.

## Como prevenir o comportamento autolesivo

O tratamento mais eficaz para o comportamento autolesivo é, em primeiro lugar, evitar que ele aconteça. Pais e professores às vezes riem quando digo isso, mas é verdade. Se tentarmos "tratar" um episódio de comportamento autolesivo depois que ele começou, já é tarde demais. São duas as razões. A primeira é que, uma vez iniciado o comportamento autolesivo, não há alternativa para os cuidadores. Eles têm de prestar atenção no comportamento, no que o reforça e faz com que seja provável que se repita no futuro. A segunda é que, uma vez desencadeado um acesso grave de comportamento autolesivo, ele se alimenta de si mesmo e continua, em grande medida, independentemente do que estiver acontecendo em torno da criança. Isso parece ser uma resposta química interna à dor autoinfligida.

A prevenção do comportamento autolesivo requer que determinemos os desencadeadores do problema e ensinemos à criança habilidades alternativas que proporcionem a ela os mesmos resultados. Por exemplo, a criança precisa ser capaz de pedir o que quer em vez de morder a própria mão até que o cuidador descubra o que ela quer. Se o cuidador pede à criança que faça alguma coisa que ela não sabe fazer, ela precisa ser ensinada a pedir ajuda. Se dar atenção a um irmão da criança de que estamos falando ou a outro aluno em sala de aula desencadeia o comportamento autolesivo, a criança deve aprender um método legítimo de pedir atenção, que não seja autolesivo.

## A avaliação funcional para o comportamento autolesivo

Quando se faz uma avaliação funcional do comportamento, na maior parte das vezes, surgem padrões claros. Constipação, indigestão e falta de sono estão entre as variáveis contextuais mais comuns que ajudam a transpor o limiar para a automutilação. A correção desses problemas de saúde básicos é pré-requisito para implementar um plano de intervenção comportamental. Quando se estuda uma tabela de ACC semanal da criança, incluindo pelo menos três dias úteis e um dia do fim de semana, geralmente outros padrões se revelam. Seis de cada dez episódios graves de comportamento autolesivo na semana anterior foram precedidos pela situação em que os pais solicitavam à criança que fizesse algo que ela não queria fazer, não era capaz de fazer ou que necessitava da interrupção de uma atividade favorita. E, quando a criança se feria, em todos os casos, os pais paravam de solicitar a tarefa, continham a criança e tentavam confortá-la. Em quatro ocasiões, os pais estavam brincando com um irmão da criança, ignorando-a. Quando ela começou a se bater (não tão gravemente quanto depois das solicitações), os pais se viraram para a criança e disseram: "Pare! Sem bater! Seja boazinha agora" (ou algo desse tipo). A superação da automutilação na criança inclui descobrir qual solicitação dos pais desencadeia o comportamento e como ensinar a criança a reagir de modo alternativo à automutilação, como pedir ajuda, por exemplo. Ensinar à criança formas legítimas de pedir para fazer a tarefa solicitada num momento posterior também pode diminuir os acessos de comportamento autolesivo. Dar atenção diferenciada à criança antes de começar a brincar com o irmão dela provavelmente reduz o comportamento autolesivo desencadeado pelo ciúme. Além disso, os pais podem criar oportunidades para brincar com ambas as crianças e elogiar bastante por sua participação a criança que apresenta comportamento autolesivo.

### Medicação para comportamento autolesivo

A FDA* não aprova os antidepressivos para uso em crianças pequenas, embora alguns médicos os prescrevam em doses baixas, fora da indicação terapêutica. Crianças em idade escolar são mais frequentemente tratadas com fluoxetina, paroxetina ou um dos outros antidepressivos ISRS, em dosagens ajustadas ao menor peso corporal (Kolevzon, Mathewson e Hollander 2006). Crianças mais velhas com automutilação grave podem ser tratadas com medicação antipsicótica atípica, como risperidona (Zarcone *et al.* 2004) ou aripiprazol (Hellings 2002). Alguns médicos tratam as crianças mais velhas com medicamentos anticonvulsivos, também usados para tratar transtornos do humor, como carbamazepina ou ácido valproico (Hellings 2002). As crianças com TEA que também preenchem os critérios diagnósticos do TDAH podem ser tratadas com estimulantes, como metilfenidato, dexmetilfenidato e anfetamina (Santosh *et al.* 2006). Com raras exceções, esses medicamentos, por si sós, não cessam os episódios de automutilação.

De um terço a metade dos indivíduos com comportamento autolesivo crônico grave responde à medicação antagonista opioide naltrexona (Sandman, Barron e Coman 1990; Thompson *et al.* 1994). Os indivíduos que se beneficiaram da naltrexona costumavam apresentar vários episódios de comportamento autolesivo por dia, que envolviam, com mais frequência, mordida nas mãos ou nos dedos e/ou batidas com a cabeça. Também nesse caso, a combinação de intervenção comportamental com naltrexona tende a ser mais vantajosa (Symons, Fox e Thompson 1998).

## *Resumo*

Todas as crianças com TEA apresentam problemas comportamentais em algum grau. A principal razão pela qual pais e professores buscam assistência profissional para um filho ou aluno é geralmente o comportamento perturbador e,

---

* Food and Drug Administration (FDA) é a agência norte-americana de proteção à saúde pública, que regulamenta medicamentos para seres humanos e animais, vacinas e outros produtos biológicos, aparelhos médicos, alimentos, cosméticos, suplementos dietéticos e produtos que emitem radiação. (N.T.)

às vezes, alarmante da criança. Embora inicialmente possa parecer que a explosão da criança ocorre sem mais nem menos, sem razão aparente, do ponto de vista da criança sempre há uma boa razão. A exposição gradual a estímulos novos, combinada com a motivação cada vez maior para tolerá-los, pode superar a maior parte da intolerância a sabores, texturas ou sons que, no princípio, provocavam uma reação muito negativa da criança. Os acessos de raiva incluem comportamento destrutivo e são mais parecidos com as explosões violentas. Por sua própria natureza, os acessos de raiva são coercivos e levam pais ou professores a fazer o que for necessário para interromper a explosão. Isso estabelece um padrão no qual a criança usa os acessos de raiva para resolver problemas, em vez de usar métodos de comunicação mais adequados. Às vezes, os acessos de raiva e a agressividade ocorrem porque a atividade de autoestimulação favorita ou o alimento preferido estão limitados. Limitar o acesso a material de autoestimulação enquanto se ensinam à criança formas mais adequadas de pedir o que deseja geralmente reduz as explosões. Os assim chamados descontroles emocionais são geralmente expressão de ansiedade ou angústia na exposição a uma situação aterrorizante ou perturbadora. A criança sente que não tem controle da situação e não possui outras habilidades para lidar com ela. Ensinar uma criança a comunicar suas necessidades e seus desejos geralmente reduz os descontroles emocionais. Em todos os casos, descobrir as funções do comportamento pode ser de grande ajuda na condução de uma análise de ACC (isto é, dos desencadeadores antecedentes, da natureza exata do comportamento e da consequência que geralmente acontece).

# 9.

## Liberdades e responsabilidades no dia a dia

A liberdade é um conceito abstrato que geralmente associamos a nossos direitos constitucionais, mas, para as crianças e os jovens com autismo, a oportunidade de fazer escolhas diárias práticas é frequentemente a forma mais poderosa de liberdade que vivenciam. Neste capítulo, examinaremos estratégias para capacitar jovens com TEA a adquirir habilidades que tornem possível fazer escolhas e participar mais plenamente de uma gama variada de atividades cotidianas. Além disso, exploraremos como o conceito de responsabilidade pode ser inculcado nos jovens com TEA por meio das experiências práticas do cotidiano.

### *Habilidades básicas para a vida*

Uma criança capaz de usar colher e garfo tem mais opção na hora das refeições. Ela pode escolher alimentos que, de outra forma, seriam difíceis ou impossíveis de comer. Para a criança com TEA, aprender a escolher roupas e a se vestir de acordo com o clima ou a atividade planejada proporciona mais alternativas e mais controle sobre o guarda-roupa. Essas habilidades básicas são a porta de entrada para uma vida com mais liberdade, embora as crianças pequenas com TEA talvez, no início, não as vejam desse modo. Elas costumam interpretar os pedidos dos pais para que exercitem essas habilidades no cotidiano como solicitações extras, que talvez sejam tidas como intromissões indesejadas. No papel de pais e professores, nosso trabalho é ajudá-las a desenvolver habilidades importantes sem causar sofrimento desnecessário durante o processo.

## Hora da refeição

Entre as habilidades básicas, as atividades da hora da refeição são geralmente as primeiras e as mais fáceis, porque há uma recompensa embutida nelas. Ensinar uma criança com TEA a se alimentar é igual a ensinar qualquer outra criança a fazer isso, com a ressalva de que são necessários mais paciência e mais planejamento. Uma criança de três anos recebeu recentemente um diagnóstico de autismo, e os pais se perguntam o que fazer nas refeições, as quais são uma luta. O menino é enjoado para comer desde que começou a ingerir alimentos sólidos. Rejeita alguns alimentos e parece nunca se saciar de outros. Embora a maioria das crianças de três anos com desenvolvimento normal coma pelo menos parte da comida usando colher, é muito comum que as crianças com TEA da mesma idade insistam em comer alimentos que possam pegar com os dedos. Algumas regras para as horas das refeições evitam problemas e ajudam a desenvolver as habilidades adequadas para esses momentos.

*Regra 1: Coma com a criança* – É importante servir de modelo de comportamento na hora das refeições. É menos provável que as crianças percebam o ato de comer como mais uma tarefa se os pais se sentarem à mesa com elas quando estão fazendo as refeições. A criação de rotina e atmosfera positivas reduz os problemas. Mesmo que só tome uma xícara de café e coma um pedaço de fruta ou um biscoito, você deve se sentar à mesa com seu filho enquanto ele estiver comendo e calmamente começar a conversar. Faça comentários positivos sobre o que ele está comendo, como: "Humm, isso é gostoso" ou "Feijão é ótimo". Isso ajuda a definir a hora da refeição como uma experiência familiar agradável.

*Regra 2: Sente-se à mesa para comer, na sala ou na cozinha* – Não permita que seu filho coma de pé ou andando. Há muitos anos, trabalhei com um menino em idade escolar que tinha autismo e que nunca se sentava durante as refeições. Em vez disso, andava por toda a casa, seguindo uma rota circular, de cômodo em cômodo, e toda vez que passava pela cozinha, onde os pais e os irmãos estavam comendo, pegava um biscoito recheado no armário e continuava andando, comendo durante a caminhada. Os pais permitiam esse comportamento para evitar birra. É melhor exigir que a criança se sente, assim que ela começar a fazer as refeições com a família. Se ela se levanta e sai da mesa, o prato dela deve ser retirado até que retorne e se sente. Se a comida esfriar, pode ser reaquecida no micro-ondas.

*Regra 3: Varie com frequência a aparência, a textura e o sabor dos alimentos oferecidos* – Uma vez recebido o diagnóstico da criança, comece a variar o tipo de pão no sanduíche ou a carne do almoço ou o queijo, as frutas e as verduras de cada refeição. Ofereça pelo menos três alimentos de categorias diferentes (isto é, carne, carboidrato, verduras e frutas). Em vez de servir sempre o mesmo tipo de macarrão, ofereça a seu filho massa colorida alternada com o macarrão comum. Variando a aparência, a textura e o sabor dos alimentos desde cedo, você diminui a probabilidade de seu filho aceitar apenas um tipo de alimento.

*Regra 4: Sirva porções pequenas* – Muitas crianças enxergam no prato uma quantidade exagerada de comida, empurram o recipiente para longe e se recusam a comer. Coloque uma colher de sopa de cada um dos três alimentos no prato de seu filho, coloque o recipiente diante dele e diga, com animação: "Hora de comer!". Se a criança comer tudo o que estiver no prato, ofereça mais. Se comer apenas um dos tipos de alimento e pedir mais, diga, apontando para os outros alimentos: "Termine o almoço". Espere alguns minutos, para ver se ela come um pouco dos outros alimentos. Assim que comer, ofereça uma pequena quantidade do alimento que ela pediu para repetir. No caso de reclamação ou choro, evite dar à criança uma quantidade maior do alimento que ela já comeu.

*Regra 5: Não persuada, não implore, não suplique nem tente convencer seu filho a comer* – Na maioria dos casos, quanto mais você tentar persuadir a criança, mais ela resistirá. As crianças comem quando estão com fome. Mesmo que seu filho só coma uma pequena porção numa refeição, quando chegar a hora da próxima, ele estará com mais fome e é provável que coma uma porção maior. É muito raro que crianças com TEA fiquem realmente desnutridas como consequência de serem enjoadas para comer. Se sua preocupação é a nutrição, consulte um nutricionista sobre o uso de suplementos vitamínicos ou minerais na dieta da criança.

*Regra 6: Evite lanches calóricos e doces entre as refeições* – A maioria dos petiscos comercializados para crianças são cheios de açúcar, gordura e sal. Canecas pequenas de suco de maçã, fatias pequenas de legumes cozidos e frios (por exemplo, cenoura, abobrinha), cubos de gelatina ou a metade de uma laranja são bons lanches. Outras opções saudáveis são biscoito goiabinha, barrinhas congeladas de frutas, uvas congeladas e uvas-passas. Ofereça a seu filho uma porção pequena no lanche e, em seguida, estimule-o a retomar outra atividade.

Os lanches não devem substituir as refeições. Não se preocupe: seu filho não vai morrer de fome.

## Comer com a colher

Ofereça a seu filho um alimento de que ele goste muito e que tenha consistência densa e aderente o bastante para ser pego com colher, como purê de maçã, por exemplo. Dê a ele uma colher pequena, com cabo de plástico de fácil empunhadura, e diga, apontando para o purê no prato: "Coma com a sua colher". Coloque a colher na posição correta e sua mão sobre a mão da criança; suavemente, guie a colher até o alimento, pegando uma porção pequena. Dirija a colher para a boca da criança e retire sua mão pouco antes de chegar lá. Deixe que seu filho coloque a colher na boca, enquanto você diz: "Humm, isso é bom!", ou algo semelhante. Espere até que ele tenha engolido o purê. Se você tiver sorte, esse procedimento vai funcionar logo da primeira vez, mas as crianças frequentemente resistem, choram ou tentam pegar o prato de purê. Se seu filho agir assim, empurre o prato para o outro lado da mesa, onde ele não possa alcançá-lo e espere até que a agitação cesse. Assim que ele parar de protestar, coloque o purê diante dele e repita o procedimento, até que ele aceite sua orientação manual. Depois de sucessivas repetições, geralmente durante vários dias, quando guiar a mão da criança na direção da boca, solte sua mão antes (isto é, a meio caminho da boca da criança) e deixe que ela faça o resto. A maioria das crianças derruba um pouco de comida. Diga algo reconfortante, como: "Tudo bem. Vamos pegar mais um pouco". A maior parte das crianças de três ou quatro anos, em mais ou menos uma semana, está tirando colheradas de purê e levando a colher à boca sozinha.

Depois que esse método tiver dado bons resultados em várias ocasiões, faça a criança se alimentar com purê de batata ou carne e legume bem picadinhos. O alimento precisa estar em pedaços bem pequenos, que possam ser facilmente pegos com a colher. Nas primeiras vezes em que carne e legume forem consumidos, misture um pouco de purê de batata com eles, para que fiquem grudados e não caiam da colher. Muitas crianças se frustram, derrubam comida, jogam a colher longe ou pegam o prato. Simplesmente afaste o prato e diga: "Quando você estiver pronto, vamos comer mais". Tente manter a calma, porque, se você se irritar, seu filho ficará ainda mais irritado. É provável que a criança chore, grite e tente fazer tudo o que for necessário para que você devolva o prato de comida. Espere até que a birra passe e, assim que isso acontecer, devolva o prato.

A certa altura, muitas crianças dizem: "Eu faço" ou "Jimmy faz", referindo-se a si mesmas. É uma boa hora para suspender a ajuda manual. Quando um novo tipo de alimento ou o garfo for introduzido, talvez a orientação manual seja temporariamente necessária; no entanto, é sensato estimular a independência assim que a criança tiver habilidade para se alimentar. O fato de derrubar comida se resolve sozinho. Embora a criança provavelmente derrube comida nas primeiras semanas, isso melhora com o tempo, pois ela quer colocar a comida na boca e não vê-la cair na mesa. Muitas crianças gritam e choram quando derrubam o alimento no chão e insistem que querem aquela comida. Em nenhuma circunstância se deve permitir que a criança coma a comida que caiu no chão. É anti-higiênico, pode causar doenças e ensina a criança a comer o que encontra no chão.

De vez em quando, crianças menores ou com problemas de coordenação (por exemplo, algumas crianças com síndrome de Asperger) têm mais dificuldade para manusear colheres, tigelas e pratos comuns. Várias empresas vendem utensílios adaptados ou acessórios para as refeições e pratos que facilitam para essas crianças o ato de usar a colher, o prato e a caneca. Colheres com cabos maiores e pratos ou tigelas com as bordas altas podem ser encontrados em vários fornecedores. Os pais ou os professores podem consultar um terapeuta ocupacional, para que ele avalie a coordenação motora e a capacidade da criança de segurar. Depois dessa avaliação, o terapeuta pode aconselhar os pais sobre os talheres e pratos adaptados mais adequados.

## Escovação dos dentes: Um aborrecimento diário

Escovar os dentes é sinônimo de crise diária em muitas famílias que têm crianças com TEA. A mãe de um menino de quatro anos me contou que temia escovar os dentes dele mais do que qualquer outra atividade do cotidiano. O menino chorava, gritava e lutava com a escova de dente. Cerrava a boca, virava a cabeça para os lados e se recusava a cooperar. Outra mãe me disse que a filha "tinha um ataque" assim que a via colocar creme dental na escova. No entanto, se abordada de modo correto, a escovação dos dentes pode se transformar numa rotina aceita como qualquer outra atividade.

*Crie uma rotina diária de escovação* – De acordo com a American Dental Association (ADA), a escovação dos dentes deve ser uma rotina diária e constante quando a criança tem dois anos, e, aos seis ou sete, as crianças devem ser capazes de escovar os próprios dentes duas vezes por dia com supervisão (ADA 2002). As crianças com TEA são criaturas de hábito e provavelmente cooperarão mais se a escovação for feita sempre na mesma hora e seguindo o mesmo procedimento. Depois do café da manhã e antes de se deitar são geralmente boas ocasiões para escovar os dentes, pois representam momentos invariáveis da rotina diária.

*O ponto de vista da criança* – Se considerarmos a escovação do ponto de vista da criança, a atividade não faz sentido. Por que ela tem de colocar uma coisa na boca, movimentá-la lá dentro e depois cuspi-la? As únicas coisas que a criança põe na boca são comida e bebida, que elas engolem, ou o dedo e a chupeta, que elas sugam. O creme dental não tem gosto de comida, e a escova de dente não se parece com a chupeta. Para a criança, é uma atividade bem estranha que não parece aceitável, e todos sabemos como as crianças com TEA reagem às coisas que não acham aceitáveis.

*O primeiro objetivo* – O primeiro objetivo é ajudar a criança a aceitar a colocação da escova de dente dentro da boca, com uma pequena quantidade de creme dental de sabor agradável, movê-la lá dentro e, em seguida, cuspir o creme dental na pia do banheiro.

*Use uma escova de dente macia* – As crianças que resistem à escovação dos dentes não gostam da sensação da escova sobre os dentes e as gengivas ou não gostam do sabor do creme dental. Várias empresas fabricam escovas de dente macias e supermacias e cremes e géis dentais com sabor para crianças. Escovas macias têm cerdas de náilon com 0,17 milímetros de diâmetro. Essas cerdas são rígidas o suficiente para remover a placa bacteriana, mas não tão rígidas que machuquem o tecido sensível da gengiva. Há marcas que produzem escovas com cerdas de 0,07 milímetros de diâmetro, ainda mais macias, em grande parte porque as cerdas são mais finas e flexíveis. Todas as cerdas devem ter extremidades arredondadas. Isso significa que o fabricante as passou por uma máquina polidora, a fim de arredondar as terminações ásperas dos filamentos. Algumas empresas anunciam que suas escovas são macias, mas elas não são; portanto, o consumidor deve verificar com o fabricante, para ter certeza de que as cerdas têm menos de 0,17 milímetros (de preferência, menos ainda).

*Use creme dental com sabor* – Para crianças de dois ou três anos, uma bolinha de creme dental do tamanho de uma ervilha é suficiente. Elas preferem os cremes dentais com sabor à maioria dos cremes com sabor forte de menta. Embora a maioria dos cremes dentais tenha forte sabor de menta, elas preferem cremes e géis com sabor de morango, banana, cereja, goma de mascar, entre outros, que também se encontram no mercado. Portanto, é bem provável que pelo menos um deles agrade ao seu filho.

*Recompense o progresso* – Antes de começar o treinamento da escovação, descubra como recompensar seu filho pela cooperação. Se ele tiver um vídeo curto predileto, deixe que o veja logo depois da escovação após o café da manhã. À noite, se ele gosta de um determinado jogo, planeje uma partida para depois de completar a escovação feita antes da hora de dormir. Se você for inconstante, o procedimento não vai funcionar.

*Dessensibilize a criança para a escovação* – Comece colocando uma pequena quantidade de creme dental com sabor no dedo de seu filho e o estimule a prová-lo, pondo o dedo dentro da boca. Porque a criança tem controle sobre o que é colocado dentro da própria boca, isso costuma funcionar melhor do que se for um dos pais a pôr o creme dental dentro da boca do filho. Assim que a criança descobrir que gosta do sabor, o passo seguinte é colocar uma pequena quantidade numa escova de dente infantil com cerdas macias e deixar que a criança leve a escova à boca com orientação manual. Diga: "Escove os dentes". A criança geralmente chupa ou mastiga as cerdas. Por enquanto, tudo bem. Deve-se repetir esse procedimento durante pelo menos três ou quatro dias.

O passo seguinte é guiar manualmente a mão de seu filho, para que as cerdas escovem levemente toda a língua dele uma ou duas vezes. Estimule a criança a cuspir o creme dental em vez de engoli-lo. Isso normalmente é difícil com as crianças menores que têm TEA. Em seguida, guie a mão de seu filho para que ele sinta as cerdas escovando levemente uma vez a superfície externa dos dentes superiores e inferiores. Se ele resistir, diga: "Tudo bem. Quase terminamos" e pare assim que possível. Lembre-se: sempre recompense a criança imediatamente depois que ela cuspir o creme dental e enxugar o rosto. Em uma ou duas semanas, a maioria das crianças tolera escovar as superfícies internas e externas dos dentes superiores e inferiores. Nas duas semanas seguintes, aumente gradativamente o tempo de escovação, de 15 para 30 segundos, de 30 para 60, e assim por diante.

*Passe gradualmente para o creme dental comum* – Os pais podem decidir continuar usando o creme dental de sabor diferente ou passar para os sabores mais convencionais, escolhendo o mais suave. Lojas especializadas geralmente vendem cremes dentais com leve sabor de menta que podem ser misturados aos poucos com um dos cremes ou géis com sabor de frutas até eliminar os sabores exóticos em favor do sabor padrão, que a maioria das crianças aceita depois de algumas semanas.

*Estimule a autossuficiência* – Num determinado ponto, a maioria das crianças dá sinal de que quer escovar sozinha os próprios dentes, e tudo o que devemos fazer, como pais, é observar e ajudar no enxágue da escova e na limpeza do excesso de creme dental no rosto. As crianças devem ser capazes de fazer a escovação sozinhas aos sete anos.

*Estimule a higiene* – Não permita que seu filho compartilhe a escova de dente com os irmãos. Escovas compartilhadas podem transmitir resfriados ou outras infecções. Enxágue bem a escova com um jato forte de água depois da escovação, a fim de remover todos os restos de creme dental e resíduos. Guarde a escova na posição vertical, para que seque até ser usada novamente. Não cubra a escova nem a guarde em recipiente fechado. Em ambiente úmido, como o de um recipiente fechado, a probabilidade de crescimento de micro-organismos é maior do que ao ar livre. Substitua a escova de dente depois de alguns meses. Algumas das escovas mais macias precisam ser substituídas com mais frequência, principalmente se a criança mastigou as cerdas durante as primeiras semanas do aprendizado da escovação.

*Resumo da escovação dos dentes* – Escovar os dentes é uma daquelas atividades cotidianas que podem representar uma luta constante ou simplesmente ser mais uma rotina previsível que a criança aceita, dependendo de como é abordada. Se tentarmos compreender o ponto de vista da criança, usando uma escova macia e creme dental com sabor, e realizarmos a dessensibilização para a sensação que a escova ou o gosto do creme dental provocam, a maioria das crianças com TEA aprenderá a escovar os dentes com independência.

## Controle esfincteriano

Todas as famílias têm seus termos preferidos para se referir ao controle esfincteriano pelas crianças. Algumas dizem "fazer pipi", outras, "xixi". Ao se referir ao funcionamento intestinal, alguns pais dizem "fazer cocô", "caca" ou "caquinha". Qualquer que seja o termo mais familiar para os pais, é importante que decidam quais palavras usarão antes de começar a educar o filho para o uso do vaso sanitário e que se atenham a elas, a fim de conseguir transmitir de maneira coerente o que querem para a criança com TEA.

*Controle da micção* – A maioria dos pais inicia com o controle da bexiga. Antes de começar, verifique se seu filho está excretando urina com cheiro normal e se não apresenta sinal de desconforto na micção. A urina com cheiro forte ou incomum e os sinais de dor ao urinar podem significar que a criança tem infecção no trato urinário ou problema mecânico na uretra. Essas ocorrências exigem que ela seja levada ao pediatra. Se a criança, de vez em quando, tem assaduras pelo uso de fraldas, ou se a urina tem odor incomum, leve-a ao pediatra antes de começar o treinamento do controle da bexiga.

### Quando começar

Muitas crianças com TEA começam a treinar o controle da micção entre os três e os quatro anos, embora alguns pais tentem em idade mais precoce. Antes de apresentarem o vaso sanitário ou o penico à criança, é útil os pais terem uma rotina diária estabelecida. Dessa maneira, a nova atividade de usar o penico pode ser inserida nessa rotina normal. As crianças geralmente estão prontas para aprender a controlar a bexiga quando ficam com a fralda seca durante pelo menos duas horas, o que normalmente ocorre entre os dois e os três anos. Isso significa que são capazes de segurar a urina na bexiga, que se esvazia automaticamente nas crianças menores. Outro sinal de que seu filho pode estar pronto para esse treinamento é o interesse dele em ver outras pessoas urinando. Se uma criança com TEA quer ver o irmão ou a irmã urinar, ou quer ficar no banheiro enquanto a mãe ou o pai urinam, isso também é sinal de que ela talvez esteja pronta. Uma das indicações mais seguras é o fato de a criança não gostar de ficar com a fralda molhada. Pode ser que ela tente tirar a fralda quando se sentir molhada.

### Equipamento e recompensa por sentar-se no penico

Antes de começar, decida se vai usar um penico ou um assento colocado sobre o assento dos adultos no vaso sanitário. Há vantagens óbvias no penico: é portátil e menos intimidador do que subir num vaso feito para adultos. Em seguida, vigie quando seu filho molha a fralda, checando de hora em hora ou a cada duas horas, durante vários dias. A maioria das crianças urina de 15 a 30 minutos depois de tomar um copo de leite ou suco, ou depois de fazer uma refeição. Quando tiver um registro dos horários em que a fralda de seu filho costuma ficar molhada, é hora de começar. Pegue na biblioteca um vídeo sobre treinamento de controle esfincteriano. Mostre-o para seu filho e converse com ele sobre o que a criança do vídeo está fazendo. Depois, mostre o penico e faça a criança se sentar nele. Em todas as ocasiões, diga como ela está crescida. Escolha um dia em que um dos pais possa passar o dia inteiro com a criança e em que ela esteja de bom humor. Não inicie o treinamento num período em que a criança esteja resfriada ou agitada há vários dias. Espere até que ela esteja de bom humor e que um dos pais tenha tempo para dedicar-se ao treinamento.

Escolha a roupa e ponha a paciência em prática

Vista a criança com uma calça com elástico na cintura, ou, se estiver calor, deixe-a só de fralda. Quando ela acordar de manhã, em vez de trocar a fralda, vista nela uma calcinha ou cueca e, em seguida, vá tomar café. Dê a ela uma quantidade maior de leite ou suco durante o café e a estimule a tomar. Entre cinco e dez minutos depois do café, leve a criança até o banheiro e abaixe a calcinha ou a cueca dela. Diga, sentando-a no penico: "É hora de fazer pipi". Arme um temporizador de cozinha para cinco minutos e diga: "Quando tocar a campainha, você pode se levantar e nós vamos ganhar um docinho". Consulte a tabela dos horários em que a criança esteve molhada com mais frequência nos dois ou três dias anteriores. Repita o procedimento acima, colocando-a no penico de 10 a 15 minutos antes da próxima hora em que é provável que ela urine. É correto supor que, a qualquer momento em que tomar um copo de suco durante o dia, provavelmente a criança precisará urinar pouco depois. Repetindo esse procedimento durante todo o dia, espera-se que a criança acabe urinando no penico. Quando isso acontecer, elogie-a bastante e dê uma recompensa especial, uma coisa que não tenha sido oferecida a ela antes. Se a criança chorar, fizer birra, ou se recusar a se sentar no penico, afaste-se e não diga nada. Espere de 15 a 30 minutos e repita que "é hora de fazer pipi". Às vezes, a criança resiste repetidamente; nesse caso, geralmente é melhor interromper a tentativa e recomeçar no dia seguinte. É melhor evitar fazer do treinamento do controle da micção uma queda de braço (isto é, forçar a criança a se sentar no penico enquanto está gritando e tentando sair). Quase sempre, isso é contraproducente.

### Como lidar com a resistência

Seguindo o procedimento explicado anteriormente, muitas crianças vão urinar no penico, pelo menos às vezes, dentro de uma semana. Com o tempo, você vai aprender em que horários seu filho raramente necessita urinar e vai eliminar essas horas do cronograma do treinamento. Se ele chorar, fizer escândalo e insistir em sair do penico, deixe que saia, mas não dê atenção. Vista novamente a cueca ou a calcinha e se afaste sem dizer nada. Dar bronca e tentar convencer geralmente surte efeito contrário. Espere de 30 a 60 minutos e repita que "é hora de fazer pipi". Na maioria dos casos, a criança talvez relute um pouco, mas, depois, senta-se no penico, porque deseja a recompensa.

### Lute pela independência

Durante as semanas seguintes, é provável que a criança dê sinais de que tem de urinar, contorcendo-se, colocando a mão na região genital e parecendo preocupada. Quando vir esses sinais, diga: "Hora do pipi" e leve-a até o penico. A essa altura, a maioria das crianças já vai andando até lá, abaixa as calças e se senta no penico sem ajuda. No caso das crianças verbais, é muito comum que comecem a dizer "pipi" durante esses períodos antecipatórios. Diga: "Muito bem. Vamos fazer pipi!". Quando isso acontece, já foram percorridos 90% do caminho. Agora, é apenas uma questão de tempo até que a criança comece a dizer espontaneamente, correndo até o penico: "Fazer pipi".

*Controle da evacuação* – Ensinar as crianças a defecar no penico ou no vaso sanitário é geralmente um pouco mais fácil, porque a criança já aprendeu a se sentar lá. Durante três ou quatro dias antes de começar, ofereça a seu filho uma dieta rica em fibras e líquidos adequados. Não dê a ele muito suco de maçã, pois solta o intestino e as fezes ficam líquidas, o que é incompatível com o treinamento para o controle da evacuação. As fezes da criança devem ficar consistentes, mas não duras como na constipação. Toda manhã, durante uma semana, quando a criança acordar, leve-a ao banheiro, solte a fralda e diga: "Vamos colocar o cocô no vaso".

### Faça uma tabela do funcionamento intestinal

Como no treinamento do controle da micção, durante vários dias, vigie os horários em que o intestino de seu filho funciona, o que geralmente acontece uns 30 minutos depois das refeições. Soltar gases é um sinal de defecação iminente. Seu filho também pode, de repente, ficar sentado imóvel, curvar-se ligeiramente para frente e ficar em silêncio. Provavelmente, ficará com uma expressão preocupada no rosto quando estiver para evacuar. Rapidamente, leve a criança até o penico e diga: "Hora de fazer cocô". É muito provável que você chegue tarde demais nas primeiras vezes, pois estará no processo de aprender esses sinais de que a criança está prestes a defecar, mas, com paciência, você vai aprender a prever o momento em que seu filho vai evacuar. Não exija que a criança fique no penico por mais de cinco minutos. Pode ser útil ler para ela um livro infantil sobre o assunto.*

Recompense o progresso

Por ter passado por experiência semelhante no procedimento para controle da micção, a maioria das crianças entende com mais facilidade o uso do penico ou do vaso sanitário para defecar, a menos que tenha problema de intestino solto ou prisão de ventre. Elogie seu filho e ofereça a ele recompensas tangíveis, como a guloseima predileta dele, depois do uso do banheiro.**

Higiene

É importante ensinar a criança a se limpar adequadamente depois de urinar e evacuar. Ela deve sempre se limpar da frente para trás. Isso é especialmente importante para as meninas, pois a limpeza de trás para frente pode causar infecções urinárias. Depois da limpeza, coloque a criança diante da pia e lave as mãos dela. Existem sabonetes líquidos com personagens de desenho animado no frasco, o que torna a lavagem das mãos mais interessante. Talvez os pais achem bastante útil o livro *Toilet training for individuals with autism and related disorders*, de Maria Wheeler (1998).

## A lavagem das mãos e o banho

As crianças com TEA que resistem a tomar banho e a lavar as mãos geralmente têm razões diferentes para esse comportamento. As crianças que não

* No original, as leituras recomendadas são: *Potty time*, de James Patterson (1993), e *The potty book for boys* e *The potty book for girls*, de Capucilli e Stott (2000a e 2000b). (N.T.)

** No original, o material recomendado é: *Potty training chart & stickers by Potty Scotty (for boys)*, para meninos, e *Potty training chart & stickers by Potty Patty (for girls)*, para meninas (Parpia 2007a e 2007b). (N.T.)

gostam de lavar as mãos normalmente têm aversão à sensação da água nas mãos. Em alguns casos, pode ser que tenham passado por experiências com água fria demais ou quente demais, mas, no geral, simplesmente não gostam da sensação da água nas mãos. A razão para a resistência ao banho pode ser xampu ou sabonete nos olhos ao lavar o cabelo em ocasiões anteriores.

*A dessensibilização para a água nas mãos* – A superação da resistência da criança à água inclui dessensibilizá-la, tornando a experiência agradável. Uma das estratégias mais eficientes começa com uma toalha bem grossa estendida na mesa da cozinha e, sobre ela, uma bacia ou banheirinha de plástico que comporte aproximadamente de quatro a sete litros de água morna. Coloque dentro da bacia vários brinquedinhos de borracha que flutuem e um baldinho. Acrescente uma pequena quantidade de xampu infantil à água, para fazer um pouco de bolha. Convide a criança a se sentar à mesa, numa cadeira alta, de frente para a bacia e, com o baldinho, comece a jogar água sobre os brinquedinhos que estão boiando. Comente como é divertido fazer isso. Se a criança tiver um irmãozinho, convide-o a participar também. Em geral, quando a criança com TEA vê como é divertido, principalmente se o irmão participa, quer se juntar à brincadeira, com cautela no início, mas em alguns minutos ativamente integrada na brincadeira. Depois de 15 ou 20 minutos, diga: "Hora de guardar os brinquedos". Tire os brinquedinhos e o baldinho da bacia e seque-os com uma toalha. Em seguida, seque as mãos e os braços da criança, tire tudo da mesa e esvazie a bacia na pia. Repita esse procedimento por duas ou três noites. Na noite seguinte, coloque água morna na pia do banheiro e acrescente um pouco de xampu infantil. Coloque os mesmos brinquedos de borracha e o mesmo baldinho dentro da pia. Coloque um banquinho na frente da pia e encoraje a criança com TEA a subir e brincar com os brinquedinhos, jogando água e usando os brinquedos para simular um banho. Depois de 15 minutos, diga: "Acabou". Esvazie a pia e seque as mãos da criança e os brinquedos. Na noite seguinte, enquanto estiver enchendo a pia com água, estimule a criança a colocar as mãos sob a água corrente que sai da torneira antes de pôr os brinquedos na pia. A maioria das crianças obedece, porque foi dessensibilizada para colocar as mãos na água. O passo seguinte é simplesmente pedir a ela que ponha as mãos na água corrente, colocar sabonete líquido nas mãos dela, lavá-las e enxaguá-las. Depois de fazer isso, a criança pode brincar com os brinquedos na pia durante alguns minutos antes de secar as mãos.

*Tomar banho e lavar o cabelo* – Depois da dessensibilização para a água nas mãos e nos braços, ensinar a criança a tomar banho fica muito mais fácil.

Tomar banho

Coloque o irmãozinho da criança com TEA numa banheira contendo de 8 a 15 centímetros de água morna, na qual ele possa espalhar água e brincar com os mesmos brinquedos usados na pia. Coloque a criança com TEA ajoelhada junto da banheira e estimule-a a colocar a mão dentro dela e a brincar com os brinquedos como antes, mas sem entrar na água. Enxugue os brinquedos e o irmão da criança como fez anteriormente e esvazie a banheira. Na noite seguinte, talvez seja possível induzir a criança com TEA a se sentar na banheira com o irmão e a brincar com os brinquedos. Nesse ponto, a criança com TEA já se acostumou a estar na banheira com água e acha a experiência agradável.

Lavar o cabelo

As crianças geralmente resistem ao banho, porque ele está associado à lavagem do cabelo, do que elas geralmente não gostam. Têm medo da sensação da água caindo sobre a cabeça e talvez já tenham passado pela experiência do xampu nos olhos, em geral bem ardida. Depois que a criança estiver sentada na banheira, use o baldinho de plástico para jogar uma quantidade bem pequena de água sobre a cabeça dela, de modo que não escorra pelo rosto nem entre nos olhos. Não use xampu nesse momento. Comente como é divertido. Faça o mesmo com o irmão da criança. Depois que conseguir jogar pequenas quantidades de água sobre a cabeça da criança, diga: "Feche os olhos". Então, jogue água (sem xampu) sobre toda a cabeça dela, de maneira que caia um pouco no rosto. Diga: "Ei, foi legal!". Imediatamente, enxugue o rosto da criança, para que a água não entre em seus olhos. Depois que a criança conseguir tolerar a água jogada sobre toda a cabeça, é hora de introduzir o xampu. Existem várias marcas de xampu infantil que não ardem ou ardem pouco nos olhos das crianças. O xampu Johnson's & Johnson's tem pH semelhante ao do equilíbrio natural entre ácido e base dos olhos. Os pais que queiram produtos mais exóticos podem avaliar o *Mustela Bebe Foam Shampoo* para recém-nascidos ou o xampu infantil da marca Bebe, que são mais caros, mas não ardem nos olhos da criança. Não deixe de enxugar o rosto da criança imediatamente após enxaguar seu cabelo, para ter certeza de que não há resíduo de xampu que possa entrar em seus olhos. Embora a criança possa reclamar ou resistir um pouco da primeira vez que você enxaguar o xampu do cabelo dela, na maior parte das vezes, a resistência será mínima e rapidamente desaparecerá. Depois que o cabelo da criança estiver lavado, permita que ela brinque e espalhe água na banheira durante alguns minutos antes de terminar o banho. Depois que ela estiver fora da banheira, seca e de pijama, é hora da recompensa. A repetição contínua dessa rotina durante uma semana ou duas geralmente possibilita que a maioria das crianças tome banho sem problemas antes de ir para a cama.

*Uso de modelo em vídeo* – Para crianças extremamente resistentes a colocar as mãos na água, o uso de modelo em vídeo pode ajudar. O modelo em vídeo consiste de um filme curto de um irmão ou de um adulto apresentando uma reação específica, que, depois, pediremos às crianças com TEA que imitem. O modelo em vídeo tem uma vantagem: a criança não se distrai com estímulos próximos não relevantes, o que permite que se concentre apenas na reação específica a ser imitada. Comece ensinando a criança a reproduzir outros movimentos simples, como empurrar um carrinho sobre a mesa ou colocar blocos de montar numa caixa. Filme o exemplo a ser usado para ensinar a criança e, depois, edite, para que dure apenas de cinco a oito segundos. É uma boa ideia filmar três ou quatro exemplos da mesma atividade (por exemplo, empurrar o carrinho sobre a mesa), para que a criança não pense que existe apenas um modo de executar essa tarefa. Depois de exibir o exemplo em vídeo, diga, apontando para o modelo em vídeo: "Faça isso". Depois de várias repetições, a maioria das crianças com TEA vai tentar imitar o exemplo filmado (por exemplo, empurrar o carrinho sobre a mesa). Elogie bastante e ofereça recompensas tangíveis, principalmente no começo. Exponha a criança a pelo menos três reações diferentes que se espera que ela imite antes de começar a colocar as mãos dela na água (por exemplo, empurrar o carrinho, colocar blocos na caixa, esfregar as mãos uma contra a outra). O próximo passo é filmar um adulto ou um irmão colocando as mãos numa bacia plástica com água e movimentando-as pela água. Coloque o monitor de vídeo sobre uma mesa, a cerca de um metro de distância da criança, que estará sentada a uma mesinha de criança separada. Coloque uma bacia plástica sobre a mesa e derrame uns três litros de água morna na bacia. Sente a criança à mesa e, então, ligue o vídeo que mostra o adulto ou o irmão colocando as mãos na mesma bacia plástica cheia de água. Aponte para o modelo em vídeo e diga: "Faça isso". Assim que a criança começar a colocar as mãos na bacia com água, diga: "Muito bem!" e deixe que ela retire as mãos da água. Repita o vídeo e peça: "Faça isso" novamente. Depois de três ou quatro repetições, a maioria das crianças copia a ação mostrada no vídeo.

Como etapa intermediária na lavagem real das mãos, coloque a bacia na pia da cozinha, ponha o monitor de vídeo numa superfície próxima, a uma distância segura dos respingos, e coloque a criança em pé num banquinho, de frente para a pia. Exiba o mesmo vídeo e diga, apontando para o modelo: "Faça isso". Quando a criança realizar a tarefa satisfatoriamente (isto é, colocar as mãos na água enquanto está em pé diante da pia), é hora de mostrar a ela um vídeo de suas mãos na água, brincando com um brinquedinho de borracha ou derramando água com o baldinho. Embora a criança possa não compreender no início o que você espera dela, é provável, com uma orientação manual suave, que entenda e comece a brincar com um brinquedo de borracha na bacia e a derramar água na bacia, como mostrado no modelo em vídeo. Na maioria dos casos, as crianças imediatamente transferem essa habilidade para a pia do banheiro sem necessidade de usar o modelo em vídeo. Coloque a criança em pé no banquinho diante da pia do banheiro, encha a pia com um pouco de água e dê o exemplo do que você quer que ela faça (por exemplo, derramar água do baldinho dentro da pia). Se a criança obedecer, é hora de usar os procedimentos descritos anteriormente para ensiná-la a lavar as mãos e a tomar banho.

## Como superar os problemas para dormir

Os pais relatam e os estudos clínicos demonstram que os indivíduos com TEA geralmente têm problemas para dormir. Em um estudo clínico, 64% dos pais relataram que os filhos tinham problemas para dormir e, em outro estudo, 80%-85% das crianças e jovens com TEA tinham problemas para adormecer ou permanecer dormindo (Polimeni, Richdali e Francis 2005; Schreck e Mulick 2000). Não é de admirar que as crianças com TEA que dormem mal tenham problemas de comportamento durante o dia.

*Os estágios do sono* – Depois que seu filho se aninhou sob o cobertor predileto, com a cabeça no travesseiro, que foi amassado para se adaptar ao formato da cabeça dele, adormecer é um processo gradual, dividido em duas grandes fases: sono com movimentos rápidos dos olhos (*rapid eye movements*, REM) e sono com movimentos não rápidos dos olhos (*non-rapid eye movements*, NREM ou não REM) (Dan e Boyd 2006; Fuller, Gooley e Saper 2006; Markov e Goldman 2006). A primeira fase é o sono não REM, que dura cerca de 80 minutos; a segunda é o sono REM, que dura cerca de 10 minutos. Quando a criança fecha os olhos, está sonolenta e começa a cochilar, mas desperta facilmente se chamam seu nome baixinho, ou se ouve um som fora do quarto. No estágio seguinte, respira regularmente, faz poucos movimentos e não desperta com tanta facilidade. Mais tarde, é preciso que o som seja alto para acordá-la e algumas crianças até precisam ser chacoalhadas para que despertem. Durante os dez minutos de sono REM, os músculos dos olhos se movem rapidamente, e as crianças geralmente sonham. O sono REM e o sono não REM se alternam em ciclos de aproximadamente 90 minutos durante a noite toda.

Os pais relatam que a maioria das crianças com TEA que têm dificuldade para dormir apresenta problema para adormecer (sono não REM), ou acorda durante a noite e não consegue dormir novamente. Os problemas para adormecer podem ser consequência de remédios tomados durante o dia ou dos alimentos e das bebidas consumidos pela criança desde a hora do jantar até a hora de ir para a cama. Bebidas com cafeína prejudicam o sono (Erman 2004). Refrigerantes com grande quantidade de cafeína devem ser evitados a partir do meio da tarde. Da mesma forma, café, *cappuccino*, sorvete e iogurte contêm quantidades significativas de cafeína, assim como muitas balas de chocolate. O chocolate quente tem quantidades menores.

Os remédios vendidos sem receita médica que contêm cafeína podem causar dificuldade para adormecer, e os descongestionantes nasais em *spray* devem ser evitados. Os medicamentos vendidos com prescrição médica, como metilfenidato, anfetamina e outros estimulantes, fluoxetina e demais inibidores seletivos de recaptação de serotonina associados, betabloqueadores e alguns esteroides podem impedir que as crianças adormeçam (Morin, Jarvis e Lynch 2007).

*Evite as sonecas* – A dificuldade para cair no sono também pode ser consequência do cronograma de atividades da criança ou de fatores comportamentais. Uma criança de dois anos dorme cerca de 90 minutos durante o dia. Aos quatro ou cinco anos, geralmente não precisa de soneca. Deixar que uma criança mais velha tire sonecas regularmente durante o dia vai reduzir a capacidade dela de adormecer e dormir a noite toda (Davis, Parker e Montgomery 2004).

*Rotinas diárias* – As crianças com TEA respondem de modo favorável às rotinas regulares e sentem dificuldades quando o cotidiano é imprevisível. Todas as crianças precisam de horário regular e específico para ir para a cama, mas as crianças com TEA necessitam de um cronograma ainda mais regular (Hoban 2004). Um jantar com alimentos ricos em glicose (por exemplo, batata assada, arroz tailandês, pão branco, arroz branco japonês ou chinês) consegue induzir o sono algumas horas depois (Afaghi, O'Connor e Chow 2007). De 45 minutos a uma hora antes de ir para a cama, a criança deve ser banhada e começar a se acalmar para dormir. Lanches pesados devem ser evitados até duas horas antes, e os alimentos permitidos não devem incluir ingredientes gordurosos ou apimentados (por exemplo, *pizza*) que causam indigestão noturna. Depois de tomar banho e colocar o pijama, a criança deve fazer um lanche leve, composto de uma pequena quantidade de líquido (100 ml) ou de alimento com alto teor de triptofano, como queijo *cottage*, queijo, leite de soja, tofu, peito de frango, biscoito de aveia com leite, metade de uma fatia de pão integral com manteiga de amendoim ou um copo de 100 ml de suco de maracujá. Esses alimentos não vão fazer a criança dormir, mas vão prepará-la para adormecer, deixando-a relaxada e levemente sonolenta.

*Fatores comportamentais* – Durante os últimos 15 ou 20 minutos antes de colocar a criança para dormir, leia para ela um livro de histórias ou de figuras adequado para sua idade e, se ela gostar de música, coloque um CD de música instrumental relaxante (evite ritmos fortes ou música alta com letra). Estimule a criança a se sentar sossegadamente, olhar as figuras do livro e relaxar. É um ótimo momento para expressar calor humano e afeição. Quando for hora de ir para a cama, abaixe o volume da TV nos outros cômodos, evite conversas altas perto do quarto da criança e desligue o som do *rap* que vem do quarto do irmão mais velho. Em outras palavras, mantenha o ambiente calmo durante a primeira meia hora, aproximadamente, depois que a criança for colocada na cama. Quando ela estiver deitada, verifique se está com o cobertor predileto e o bichinho de pelúcia e ligue um CD de música calma e relaxante, que desligue automaticamente depois de 15 minutos. Para isso, ligue o fio do aparelho de CD num temporizador (existem alguns baratos, vendidos em lojas de eletrônicos ou de utilidades domésticas) que corte automaticamente a energia depois de um determinado tempo. Acenda uma luz noturna, cubra a criança, dê-lhe um beijo de boa-noite, apague a luz principal e saia do quarto. A música vai proporcionar a transição, que começa um minuto ou dois antes de a luz do quarto ser apagada e termina dez ou doze minutos depois que ela foi apagada.

*Ela está com medo?* – Muitos pais estão convencidos de que a razão para o filho chorar na hora de dormir é o medo de ficar sozinho no quarto escuro. Assim, a criança seduz os pais a se sentar na beira da cama e conversar com ela, na tentativa de confortá-la. De vez em quando, as crianças têm problemas generalizados de separação, incluindo ir para a cama à noite. Oferecer a elas o cobertor ou o bichinho de pelúcia predileto, ler uma história e, em seguida, acomodá-las na cama com o objeto macio preferido normalmente facilita a transição. No entanto, na maior parte dos casos, as crianças não estão realmente com medo; elas preferem ficar acordadas a ir dormir. Utilizam-se de todos os expedientes comportamentais que já funcionaram antes, de descontroles emocionais a gritos e ameaças de automutilação (por exemplo, podem dar tapas no próprio rosto ou bater a cabeça contra a cabeceira da cama), a fim de convencer os pais a permitir que fiquem acordadas em vez de dormir. As tentativas dos pais para convencer e bajular a criança quase sempre pioram as coisas. Se o filho faz escândalo, chora ou chama a mamãe, é melhor ignorá-lo. É comum que as crianças com TEA que resistem muito a ir para a cama chorem durante um período de 30 a 45 minutos na primeira noite. Às vezes, algumas choram mais do que isso. É extremamente difícil para pais e irmãos.

Antes de começar esse procedimento, é importante que os pais estejam de acordo que não permitirão que a criança se levante, não importa o escândalo que faça. Se um dos pais começa a sentir que vai "ceder", deve sair para caminhar ou tirar o carro da garagem para dirigir um pouco e deixar que o outro adulto administre a situação. Os pais precisam se apoiar nessa experiência difícil e penosa; revezar-se durante o choro da criança é uma boa forma de fazer isso. Na maioria dos casos, na segunda noite, a duração do choro da criança se reduz à metade ou a dois terços da duração do choro da primeira noite. Na quarta ou quinta noite, a maioria das crianças faz um pouco de manha e adormece. Num período de sete a dez dias, a maior parte adormece depois de alguns minutos com a luz apagada. Se os pais entrarem no quarto "para ter certeza de que a criança está bem" no meio de uma crise de choro, mesmo que só uma vez, todo o ciclo recomeça e, então, o procedimento terá de ser repetido, iniciando com 45 minutos de choradeira ou talvez mais.

*Para continuar dormindo: O despertar noturno* – Muitas crianças com TEA não só têm problemas para adormecer como também, frequentemente, acordam durante a noite e sentem dificuldade para pegar no sono novamente. Às vezes, brincam quietas na cama até que ficam sonolentas e caem de sono. Uma mãe relatou que deu uma espiada no quarto do filho tarde da noite e o viu se balançando com os olhos fechados durante quase dez minutos; depois, o menino tombou para o lado e continuou a dormir. Em outras ocasiões, as crianças começam a chorar e gritar no meio da noite até que o pai ou a mãe apareça para ver o que está acontecendo; então, param de chorar imediatamente. O problema, do ponto de vista da criança, é que ela não compreende quanto tempo vai levar até amanhecer, e ela não gosta de ficar sozinha no quarto. As crianças com TEA têm pouca noção de tempo. Elas não têm ideia de quanto tempo se passará até o próximo evento – por exemplo, de quando a mãe vai entrar no quarto e levá-las para tomar café.

*O despertar durante os períodos de sono leve* – Durante o primeiro estágio de cada ciclo de 90 minutos, o sono da criança é leve e o menor barulho ou desconforto pode despertá-la. Um cachorro latindo no vizinho, o desconforto causado por uma posição desajeitada, ou uma indigestão podem ser suficientes para despertar a criança. Se ela adormecer às 21 horas, o próximo ciclo de sono provavelmente começará às 22h30, quando estará mais suscetível a despertar. Isso acontece repetidas vezes durante a noite; portanto, a criança experimenta vários períodos de sono leve por noite, nos quais é muito provável que desperte.

*A dica da transição musical para adormecer novamente* – O principal problema não é tanto a criança despertar por um período breve, mas como ajudá-la a adormecer novamente. A maioria das crianças de desenvolvimento normal é capaz de cair no sono novamente sem ajuda. As crianças mais velhas que têm problemas de despertar noturno podem ser ensinadas a ligar o aparelho de CD que foi usado para adormecê-las no início da noite e que repete a transição musical que as ajudará a voltar a dormir. Outro expediente é o *Progression Wake-Up Clock*, vendido pela empresa Hammacher and Schlemmer, que pode ser armado para funcionar em sentido inverso, com luz gradualmente mais fraca e produção de aroma e som característicos, que ajudam na transição para um cochilo relaxado. Vários sons da natureza podem ser escolhidos; eles vão ficando mais fracos e se desligam depois de 15 minutos. Ambas as técnicas geralmente funcionam, mas a criança precisa ser ensinada a ligar a música ou o relógio a fim de iniciar a sequência. A maioria das crianças de quatro a seis anos consegue aprender a fazer isso depois de algumas repetições.

*Técnicas comportamentais para dormir* – Alguns terapeutas realizam, com crianças de três a seis anos, exercícios para adormecer, a fim de ensiná-las a se acalmar. Geralmente, é difícil para crianças com TEA participar de brincadeira de faz de conta, mas algumas gostam de brincar com bonecas e bonecos de ação, que podem ser um veículo para exercícios de "colocar a boneca para dormir". A preparação para o sono pode ser mais eficaz se usada em conjunto com um CD musical que imita as batidas do coração disponível no mercado, como o que é vendido em http://www.babygotosleep.com, que superpõe canções infantis relaxantes à batida cardíaca humana. Uma pesquisa controlada demonstrou que a combinação da batida cardíaca com a música é uma maneira eficiente de acalmar bebês nas creches e estimular um sono reparador (Joyce, Keck e Gerkensmeyer 2001).

Ao fazer o exercício de "colocar a boneca para dormir" e, em seguida, pedir à criança que se deite também e ouça o CD, a música passa a ser um sinal associado ao adormecer. Depois de três ou quatro sessões de prática de preparação para tirar uma soneca, usando a rotina de "colocar a boneca para dormir" ouvindo o CD, pode-se pedir à criança que ligue o aparelho de CD ao ir para a cama à noite. Depois de várias repetições, mostrando que ela é capaz de ligar o aparelho, a criança pode ser estimulada a pressionar o botão se acordar durante a noite. Embora a música seja muito suave, se os pais ficarem preocupados com o despertar de um irmão que durma no mesmo quarto, existem alto-falantes para colocar debaixo do travesseiro; então, só a criança com TEA ouvirá a música e o batimento cardíaco.

*Exercícios de relaxamento* – Crianças mais velhas com alto nível funcional podem tirar vantagem de exercícios terapêuticos de relaxamento semelhantes aos praticados pelas crianças com desenvolvimento normal. Há no comércio livros e CDs sobre o assunto. Uma criança que dorme satisfatoriamente a noite toda, ou que desperta, mas não chora nem grita, deve ser recompensada de manhã com sua guloseima favorita no café da manhã.

*Medicação para dormir* – A maior parte dos remédios para dormir é formulada para estimular o indivíduo a cair no sono, mas não para manter o sono ao longo da noite. Um estudo recente do doutor Giannotti e seus colegas em Roma investigou a eficácia da melatonina de liberação controlada em crianças com autismo e transtornos crônicos do sono e descobriu que ela é eficaz e tem efeitos colaterais mínimos (Giannotti *et al.* 2006). A hidroxizina, um anti-histamínico, é frequentemente prescrita para estimular o sono (em doses de 0,5 a 2 mg) para crianças com TEA, embora não seja recomendado pela FDA para esse propósito específico. A clonidina, medicação para pressão arterial, tem suave efeito colateral de sedação e também é usada para ajudar a dormir. Depois de vários meses, muitos pediatras reduzem ou interrompem a medicação para dormir em crianças pequenas, supondo que um padrão de sono mais regular já esteja estabelecido. Às vezes, as crianças podem ter outros problemas emocionais ou de saúde que interferem no sono, e uma estratégia de higiene do sono abrangente talvez requeira tratamentos voltados também para esses problemas.

## *Como ensinar a responsabilidade*

A palavra *mensch*, em iídiche, faz referência a uma pessoa de caráter, lealdade e responsabilidade (Rosten 1968, p. 237). Todos nós nos esforçamos para ser dignos dessa qualificação e, às vezes, até conseguimos. No entanto, a despeito de certamente ser um objetivo louvável, esse é um padrão muito elevado para a maior parte das crianças com TEA. O grau de compreensão de uma criança com TEA sobre o que significa se comportar com responsabilidade é geralmente diferente do de seus pares. Quando dizemos que alguém é responsável, normalmente queremos dizer que aquela pessoa consegue responder por alguma coisa que esteja em sua esfera de poder ou controle. Os significados jurídicos de responsabilidade incorporam a ideia de que a pessoa tem a capacidade de tomar decisões morais e implicam que ela é capaz de pensamento e ação racionais. Embora muitos indivíduos com TEA tenham limitações na capacidade de compreender este último significado de responsabilidade (isto é, ser capaz de tomar decisões morais e racionais), eles são capazes, todavia, de aprender a ser membros confiáveis e responsáveis de suas famílias na maior parte do tempo.

Quando dizemos que um filho nosso é responsável por seu quarto, queremos dizer que ele o mantém limpo e arrumado, coloca as roupas sujas para lavar e faz a própria cama. Se a criança não se comporta assim, os pais talvez digam que ela não está levando suas responsabilidades a sério. De modo semelhante, quando um adolescente de desenvolvimento normal que sai com os amigos diz: "Volto às 9 horas", mas retorna às 9h30, dizemos que ele não está se comportando com responsabilidade. Com frequência, quando uma criança demonstra que está sendo responsável, é elogiada ou recebe outras recompensas positivas. Porém, com mais frequência, o fracasso em agir assim produz sanções negativas, como não poder sair à noite durante uma semana. A criança que não tem nenhuma falta na escola durante o ano é considerada particularmente louvável e ganha do diretor um certificado de sua responsabilidade na cerimônia do fim do ano letivo. Mais frequentemente, o comportamento responsável no cotidiano não gera recompensas imediatas, embora os pais possam afrouxar as rédeas quando um jovem se comporta de modo particularmente responsável, permitindo que fique na rua até mais tarde, por exemplo.

*Tarefas diárias e semanais* – Um bom modo de começar é atribuir às crianças tarefas apropriadas à idade delas, pelas quais ficam responsáveis. Estimule a criança a fazer qualquer coisa de que ela seja capaz e não faça por ela. Assim que a criança conseguir se lavar e se vestir sozinha, estimule-a a continuar. Se ela precisar de ajuda para aprender etapas específicas, dedique alguns dias a ensiná-la a completar a tarefa com poucos lembretes e, depois, deixe nas mãos dela. Muitas crianças com TEA são capazes de aprender esse tipo de responsabilidade ao fazer tarefas cotidianas. Ser responsável significa fazer sua parte, assim como fazem os outros membros da família. Acrescente novas tarefas à lista conforme a criança se mostrar capaz: fazer a cama, lavar o próprio prato ou ajudar a cozinhar (ver Figura 1). Ensine a ela (de modo agradável) que todos devem colaborar para aliviar o peso das tarefas que recaem sobre a família e elogie-a bastante por qualquer ajuda que receber dela.

Figura 1. Irmã de uma criança com transtorno do espectro autista se revezando com ela nas tarefas culinárias.

*Comece aos poucos e dê dicas* – As oportunidades para ensinar as crianças com TEA a se comportarem com responsabilidade geralmente começam com as tarefas domésticas, os deveres escolares e atividades concretas semelhantes. No entanto, não sobrecarregue a criança com muitos afazeres. Leve em consideração a habilidade e o temperamento da criança e dê a ela tarefas nas quais possa se sair bem. O sucesso e o elogio vão motivá-la a fazer mais. Tarefas em excesso podem resultar em fracasso e minar a motivação. Atividades diárias simples, como pendurar o casaco no armário e colocar os sapatos no capacho da entrada, podem ser o começo do aprendizado da responsabilidade. Por se desenvolverem bem em ambientes estruturados, as crianças com TEA geralmente aprendem com muito mais facilidade a realizar essas tarefas se você começar aos poucos. Crianças menores com TEA normalmente precisam de um cronograma visual que as lembre da sequência de atividades que devem concluir. Se o cronograma visual tiver sido colocado num lugar de destaque, onde seja notado com frequência, como a porta da geladeira ou um quadro de avisos na sala, a criança o verá toda vez que passar pelo local.

*Tarefas familiares compartilhadas* – Outras responsabilidades podem ser: ajudar a arrumar a mesa para o jantar, colocar a louça na lavadora depois da refeição ou levar o lixo para fora. Tente proporcionar à criança certa liberdade na maneira de fazer uma tarefa. Orientação demais e correção demais frustram qualquer criança, principalmente as que têm TEA, que geralmente têm ideias bem definidas sobre como querem realizar o trabalho. Em vez de empregar sanções negativas pelo fracasso no cumprimento da tarefa, normalmente é mais eficaz incorporar o reforço pelas tarefas concluídas.

É importante atribuir tarefas a todas as crianças da família, não apenas à criança com TEA. Algumas famílias põem uma tabela num local bem visível com as tarefas de cada criança, que são riscadas depois de concluídas. Conforme as crianças forem crescendo, uma semana inteira de tarefas pode ser organizada por dia da semana. Aos domingos, o pai e a mãe determinam as tarefas da semana seguinte, colocando o nome das crianças no dia, ao lado das tarefas pelas quais estão responsáveis. Na Figura 2, Ben, que tem TGD-SOE, compartilha algumas tarefas com o irmão Mike e a irmã Sarah, que têm desenvolvimento normal. Todos os dias, eles colocam um X ao lado das tarefas concluídas. Isso ensina a Ben não só que ele tem responsabilidades compartilhadas com todos os outros membros da família como também que existe equidade na atribuição de tarefas.

Todas as crianças fazem as mesmas tarefas, mas em dias diferentes, o que cria essa sensação de igualdade. Isso costuma fazer a criança com TEA se ver como igual aos irmãos, e o inverso também é verdadeiro. Periodicamente, os pais elogiam cada criança pelo bom desempenho na realização de uma tarefa como forma de comunicar a importância que dão ao fato de ela ser responsável.

Figura 2. Cronograma de tarefas diárias para Ben.

| | Segunda | Terça | Quarta | Quinta | Sexta | Sábado | Domingo |
|---|---|---|---|---|---|---|---|
| Dar comida para o Fluffy | *Ben* | Sarah | Mike | *Ben* | Sarah | Mike | *Ben* |
| Tirar o lixo | Mike | *Ben* | Sarah | Mike | *Ben* | Sarah | Mike |
| Regar as plantas | | Mike | | Sarah | | Mike | |
| Arrumar a mesa | Sarah | Mike | *Ben* | *Ben* | Sarah | *Ben* | Sarah |
| Colocar a louça na lavadora | Mike | Sarah | Mike | Sarah | Mike | Sarah | *Ben* |
| Dobrar a roupa lavada | | | | | | Mike | |
| Lavar a tigela do Fluffy | *Ben* | Sarah | | Mike | | Mike | |

## Como planejar e executar o que você diz

Uma parte da responsabilidade é fazer o que dissemos que íamos fazer. Isso é chamado de "coerência entre dizer e fazer". As crianças com TEA têm problemas linguísticos e dificuldades para lidar com eventos futuros, o que torna complicado para elas assumir compromissos importantes e, depois, levá-los a cabo. Os jovens com TEA geralmente não são capazes de prever com precisão quando um acontecimento futuro ocorrerá.

*A coerência entre dizer e fazer em crianças menores* – O aprendizado da coerência entre dizer e fazer começa com intervalos de tempo bem curtos. Por exemplo, a criança pode dizer: "Vou guardar os brinquedos depois". Isso tem pouco significado, podendo ser alguns minutos depois ou na semana seguinte. As crianças podem ser ensinadas a dizer: "Vou guardar os brinquedos depois de [complete com o nome da atividade favorita dela]". Assim, uma atividade ou evento concreto preenche a lacuna. A hora em que a tarefa será feita pode ser assinalada pela campainha de um temporizador de cozinha. A mãe da criança diz: "Você precisa guardar os brinquedos". A criança aprende a dizer: "Vou guardar os brinquedos quando a campainha tocar". E é recompensada se assim o fizer. Inicialmente, o temporizador pode ser armado para um minuto, e esse tempo aumenta gradualmente até 30 minutos. Se pedirmos a uma criança que se prepare para dormir, ela pode responder: "Posso me arrumar para dormir depois que o programa da TV terminar?". O pai responde: "Ok, mas, assim que acabar o programa, você precisa se preparar para dormir". Se fizer o que disse que ia fazer sem escândalo nem resistência, a criança ganha uma guloseima especial. À medida que a criança ganha competência para fazer o que disse que faria no futuro, o intervalo aumenta. Por exemplo, depois da escola, a mãe diz: "Quando você vai fazer as tarefas da escola?". A criança responde: "Depois do jantar". Depois do jantar, a mãe diz: "É hora da tarefa da escola". Se a criança prontamente a faz, recebe elogio e uma estrela na tabela das tarefas da semana.

*A coerência entre dizer e fazer no adolescente* – Na adolescência, a coerência entre dizer e fazer gira em torno do horário de chegar em casa e de fazer os trabalhos escolares. Embora um indivíduo possa ter alto nível funcional em muitos aspectos, geralmente não tem habilidade para se organizar. Ajudá-lo a planejar como fazer o trabalho escolar reduz a resistência a fazer a tarefa e aumenta a chance de sucesso. Isso pode incluir ajudá-lo a decidir qual o material de que precisa (por exemplo, caderno, régua, lápis, borracha) e como organizá-lo para concluir o trabalho satisfatoriamente. Com crianças mais velhas, podemos incluir ajuda para planejar e decidir que livro precisam pegar na biblioteca ou outro material especial, como cartolina, cola ou canetas hidrográficas.

*Uma volta à tabela semanal de tarefas* – Pode ser difícil para algumas crianças com TEA planejar com antecedência mais de um dia de cada vez. Podemos ensiná-las a escrever na tabela semanal de tarefas (isto é, na lista de coisas a fazer) quando uma atividade específica deve ser concluída. Se oferecermos opções de dia e hora, elas terão mais chance de fazer o que disseram que fariam. Se disseram que concluiriam a tarefa na sexta e hoje é segunda, é provável que, na quinta, elas tenham de ser lembradas de consultar a tabela da sexta – um lembrete de que a tarefa prometida tem de ser feita no dia seguinte. Se a criança esquecer uma tarefa pela qual for responsável, evite castigá-la ou fazer comentários negativos como: "Você está sendo irresponsável". É melhor reformular a afirmação: "Como é que você pretende ser mais responsável da próxima vez?". Orientando a criança nas etapas que não deram certo e conversando sobre o que ela pode fazer de uma próxima vez, é mais provável que ela faça o que disse que ia fazer no futuro.

## *Mesada e orçamento*

Alguns jovens com autismo e alto nível funcional recebem mesada dos pais, o que lhes oferece a oportunidade de adquirir prática na previsão de despesas. Outros ganham dinheiro fazendo pequenos trabalhos no bairro, como passear com o cachorro do vizinho, retirar neve ou varrer as folhas da calçada.

## *Como superar a resistência e aceitar as tarefas designadas*

Uma criança com TEA, como qualquer outra criança, pode fazer objeção à tarefa que lhe é atribuída. Antes de responder à reclamação da criança, tenha certeza de que ela é capaz de compreender e realizar aquela tarefa. Pode ser que ela não tenha compreendido totalmente o que lhe foi pedido. Pode ser que ela não tenha habilidade para realizar parte de uma tarefa mais complexa, caso em que talvez seja necessário ensinar a parte que a criança não sabe, em vez de ficar na expectativa de que ela conclua a tarefa. Pediram a William que, depois da escola, levasse Ginger, o cachorro da família, para passear. William começou a fazer birra e a chorar e disse que não iria. A mãe perguntou à filha mais velha se sabia por que William não queria levar Ginger para passear, e a menina explicou que, da última vez em que o irmão saíra para passear com Ginger, um cachorro da vizinhança rosnara para o cachorro e correra atrás dele. A professora pede para Abbey andar pela sala e recolher os trabalhos de ortografia dos colegas. Abbey passa os olhos pela sala, cai sentada na carteira e começa a choramingar. A tarefa parece demais para ela. A professora diz: "Abbey, você recolhe os trabalhos das fileiras 1 e 2, e o Sam vai recolher os trabalhos das fileiras 3 e 4". Abbey se levanta e começa a recolher os trabalhos das outras crianças. Na maior parte do tempo, quando as crianças com TEA resistem a fazer as tarefas que lhes são atribuídas, é porque estão com medo de algum aspecto da atividade, alguma coisa na tarefa está em desacordo com uma das regras rígidas dessas crianças ou com suas preferências, ou a tarefa lhes parece muito grande e assustadora. Despender algum tempo para determinar a fonte da resistência das crianças é quase sempre preferível a tentar forçá-las a realizar a tarefa.

## *Como estimular a responsabilidade social*

Em geral, as crianças com TEA não são altruístas. Elas não sentem a satisfação implícita no ato de fazer coisas para os outros. Muitas, porém, conseguem aprender a apreciar atividades altruístas por meio de uma combinação de imitação de modelo e prática. Trabalhei com um adolescente com autismo e alto nível funcional cujos pais queriam que ele aprendesse que fazer coisas para os outros é uma atividade que vale a pena. Esses pais dedicavam generosamente seu tempo, por intermédio da igreja que frequentavam e de outras organizações, a ajudar pessoas menos afortunadas. O filho se juntava a eles em algumas dessas atividades, no início de maneira relutante, mas depois apreciando cada vez mais as visitas a casas de repouso e a interação com os idosos. O rapaz disse que queria trabalhar; então, a mãe arranjou para ele um emprego numa organização que entregava comida para idosos carentes. Ele aprendeu a gostar da entrega das refeições aos idosos, que recebiam poucas visitas e que, consequentemente, gostavam de conversar com ele. Os idosos compreendiam que esse rapaz era diferente dos outros rapazes da idade dele e admiravam sua generosidade.

Instituições de caridade geralmente divulgam fotografias das crianças pobres de terras distantes que se beneficiam diretamente das doações dos telespectadores norte-americanos. Essas instituições aprenderam que as pessoas tendem a fazer doações mais generosas quando sabem quem é o ser humano real beneficiado. As pessoas com autismo agem de modo semelhante; no entanto, os veículos mais adequados para que expressem seu altruísmo são as atividades que lhes deem a chance de ver as consequências concretas das boas ações e não só uma fotografia da pessoa. Durante a época do Natal, embrulhar presentes para crianças pobres e entregá-los pessoalmente podem ser atividades eficazes, porque um jovem com TEA vê a animação das crianças quando os pacotes chegam. Servir a ceia num abrigo para pessoas sem teto deixa bem claro para o adolescente com TEA que pessoas específicas se beneficiam do desprendimento dele. À medida que os jovens com TEA adquirirem mais experiência nesses atos de generosidade, devem ser estimulados a se voluntariar na igreja que frequentam ou em outra instituição, a fim de assumir mais responsabilidades. Os pais e os professores naturalmente elogiam os jovens que se voluntariam para ajudar os outros, e, com frequência, as escolas realizam eventos em que expressam seu reconhecimento especial pelas crianças que fizeram esforço para tornar melhor a vida de outras pessoas, o que pode ser uma oportunidade incrível para um jovem com TEA. É maravilhoso ver um jovem com TEA se levantar e seguir pelo corredor do auditório da escola para receber um certificado de agradecimento do diretor, em reconhecimento por sua abnegação. Isso transmite mensagens importantes tanto para o jovem que recebe o reconhecimento quanto para seus colegas, que geralmente o veem apenas como um ser diferente.

Embora muitas crianças com TEA pareçam não assimilar a empatia em sua mente e em seus sentimentos, algumas o fazem. Um menino de oito anos com autismo e alto nível funcional estava terminando de jantar na casa da avó, que colocara um pedaço de torta no prato dele. Ele olhou fixamente para a torta por um instante e disse, afastando o prato: "Não". A avó supôs que ele não gostasse de torta de maçã e disse: "Mickey, você não gosta de maçã?". O menino respondeu: "Gosto, mas não vai sobrar para a Esther. Torta de maçã é a preferida dela". Esther era a irmã dele, que estava sentada ao lado. A avó disse: "Que tal se dermos metade para a Esther?". Ele assentiu com a cabeça e disse: "Sim, dá metade para a Esther". Mickey não entendeu direito por que recebeu um grande abraço da avó, mas tudo bem, porque Esther também comeu torta de maçã.

## *Responsabilidade moral e legal*

Não está claro se as crianças com TEA podem ser responsabilizadas legalmente. Para ser legalmente responsável, uma pessoa tem de ter capacidade de decisão moral, e isso implica capacidade de raciocínio e ação. Existe comprovação científica abundante nas neurociências para o fato de que áreas importantes do cérebro dedicadas ao pensamento, ao raciocínio e ao planejamento (córtex frontal) e à empatia (amígdala e córtex orbitofrontal) geralmente são deficientes nos TEAs. A pesquisa sobre raciocínio e julgamento moral entre indivíduos com TEAs é escassa. Nas tarefas que exigem a compreensão de pretexto, as crianças com TEA geralmente não compreendem a dissimulação ou a razão pela qual outra pessoa engana. Grant *et al.* (2005) compararam a habilidade de crianças com autismo para fazer julgamentos morais com as habilidades de um grupo de controle. Apresentaram aos participantes pares de gravuras nas quais as ações eram deliberadas ou acidentais e causavam mal a uma pessoa ou destruíam uma propriedade. Pediram aos participantes para julgar que protagonista tinha mau comportamento e justificar verbalmente esse juízo. As crianças com autismo apresentaram a mesma probabilidade do grupo de controle de julgar a culpa com base na intenção e de julgar o mal a uma pessoa como pior do que o dano a uma propriedade. No entanto, não ficou claro se esses julgamentos envolveram simplesmente a obediência a regras que aprenderam (por exemplo, é ruim machucar os outros de propósito), ou se as crianças realmente sentiram empatia pelos indivíduos que sofreram o mal e compreenderam as consequências de longo prazo daquele mal. Dado que crianças e jovens com TEAs geralmente têm capacidade deficiente de antecipar com clareza as consequências do curso de várias ações e de sentir empatia pelos outros, é provável que o fato de terem aprendido uma regra, como a de que é ruim machucar os outros, não signifique que tenham entendido as razões subjacentes a ela, o que é fundamental para a atribuição de responsabilidade moral.

### Resumo da responsabilidade

Muitas crianças com autismo conseguem aprender a assumir responsabilidade por tarefas cotidianas concretas, o que as integra na família e na escola. O resultado é que passam a ser vistas como pessoas mais parecidas com as outras. Isso também as prepara para fazer escolhas profissionais e residenciais mais tarde (isto é, assumir responsabilidade pelo trabalho e pelo local onde moram). É duvidoso se a maioria das pessoas com TEA é capaz de aprender a exercitar julgamentos morais mais complexos.

## *Resumo*

Quando as crianças entram no jardim da infância ou no primeiro ano, os professores estão mais preocupados com a capacidade delas de realizar as tarefas do dia a dia, como comer adequadamente, ir ao banheiro e lavar as mãos, do que com seu conhecimento das letras do alfabeto. Ajudar uma criança com TEA a aprender essas habilidades básicas antes de entrar na escola evitará muitos problemas posteriores e permitirá que os professores e os outros profissionais se concentrem nas habilidades acadêmicas, linguísticas e sociais na escola. Uma combinação de planejamento minucioso, uso de procedimentos cientificamente comprovados e paciência geralmente compensa no processo de ensinar às crianças as habilidades necessárias que formam a base do aprendizado posterior.

# 10.

## A importância do lazer

A antropóloga Margaret Mead escreveu: "O lazer e o aprimoramento das capacidades humanas são inextricavelmente interdependentes" (1967). No entanto, para nosso azar, gradativamente perdemos nossas habilidades recreativas e de lazer. Frequentemente, com tantas demandas no trabalho e em casa e com tantas responsabilidades na família, sentimos que não temos tempo para as atividades de lazer. Contudo, um em cada quatro ou cinco norte-americanos encontra tempo para atividades sedentárias. Aperfeiçoamos nossas habilidades para ficar no sofá vendo televisão, uma fuga das pressões do cotidiano. Para algumas pessoas, o passatempo mais ativo, quando não estão trabalhando ou cuidando das responsabilidades familiares, é se sentarem diante do computador para navegar na internet ou responder aos *e-mails*. Menos de 5% dos norte-americanos se entretêm com jogos de tabuleiro ou de cartas, e apenas cerca de 3% pintam, desenham ou tiram fotografias. E só um pouco mais de 3% recebem amigos ou parentes em casa (U.S. Census Bureau 2007). Pouquíssimos saem para caminhar na praia ou ao longo de um riacho, e só uma em cada quatro pessoas aprecia atividades ao ar livre, como caminhadas, jogos, natação ou outro exercício físico, de acordo com os CDCs (2004). Comparados aos europeus, os norte-americanos são inferiores do ponto de vista da recreação. Não é de surpreender que nossas crianças, incluindo as com TEA, também não tenham habilidades para o lazer.

### *O que é lazer?*

Algumas pessoas pensam no lazer como uma forma de passar o tempo quando não há mais nada a fazer, mas ele é muito mais do que isso.

## O lazer é um fim em si mesmo

O lazer é o engajamento em atividades arbitrárias e agradáveis, externas ao trabalho e à escola, nas quais são satisfeitas as seguintes condições: 1) a atividade é escolhida livremente, pois ninguém pode ser forçado a se engajar em atividades de lazer; 2) a atividade é vivenciada como algo agradável pelo indivíduo engajado nela; 3) a atividade não é simplesmente uma forma necessária de trabalho de subsistência ou uma forma de satisfazer a necessidades básicas; fazer tarefas não remuneradas ou ter uma noite normal de sono não são atividades de lazer. Há uma diferença entre *ter tempo livre* e *engajar-se numa atividade de lazer*. O tempo livre pode ser preenchido com atividades disfuncionais que proporcionam pouco prazer.

A maioria das crianças com TEA acima dos seis anos passa aproximadamente seis horas na escola, oito horas dormindo e dedica o resto do tempo às atividades cotidianas, às brincadeiras e ao lazer, numa média de dez horas por dia. Nos fins de semana, o tempo de brincadeira e lazer aumenta. Neste capítulo, discutirei as razões pelas quais as habilidades para o lazer são tão importantes, além de estratégias para envolver os jovens com TEA em atividades de lazer construtivas.

### *Lazer e brincadeira*

As crianças dedicam grande parte de seu tempo livre a brincadeiras, mas a atividade de lazer não é sempre, necessariamente, uma forma de brincar. A maior parte das brincadeiras envolve algum esforço e, com frequência, é criativa, ao passo que o lazer pode ter, e geralmente tem, ausência de esforço mental. Lazer pode ser andar por um jardim, caminhar na beira do mar ou catar pedrinhas e organizá-las quando voltar para casa. Algumas teorias sugerem que o lazer consiste de atividades que satisfazem a necessidades não satisfeitas na escola ou, no caso de adultos, no trabalho. Quando me sinto mentalmente exausto, gosto de visitar museus de arte e caminhar pelas galerias até encontrar um quadro que ache especialmente fascinante. Sento-me num banco diante da obra de arte por meia hora mais ou menos, absorvendo a imagem. Absorto nas cores, na composição e nas texturas, penso no que o artista tinha em mente quando criou aquele trabalho. Nada mais entra na minha mente. Quando me levanto para ir embora, invariavelmente me sinto renovado. Uma criança com TEA que ache excessiva a demanda social da escola pode precisar de um tempo sossegado com o pai ou a mãe. Um jovem com TEA e alto nível funcional talvez ache muito agradável a oportunidade de sair com o pai para caminhar num parque ou em torno de um lago e tirar fotografias. Talvez a criança possa aprender a baixar as fotos no computador e escolher algumas para imprimir e colocar no quarto. O aspecto importante dessas atividades de lazer é que elas são agradáveis para a criança e satisfazem a uma necessidade que, de outro modo, não seria satisfeita.

## *Atividades de lazer para crianças com transtorno do espectro autista*

As atividades de lazer para crianças com TEA têm características específicas, que as distinguem de atividades semelhantes para outras crianças ou para adultos. Nesta seção, examinaremos algumas das principais características das atividades de lazer para crianças com TEA.

### As principais características das atividades de lazer para crianças com transtorno do espectro autista

No livro *Developing leisure-time skills for persons with autism*, Coyne, Nyberg e Vandenburg (1998) traçaram várias características importantes das atividades de lazer para indivíduos com TEA.

*As atividades de lazer devem ser inteligíveis* – As atividades de lazer precisam ser claras, ter regras previsíveis e início e fim bem definidos. Elas geralmente são repetitivas e incluem etapas que podem ser representadas visualmente. Exigem instrução verbal mínima e têm estrutura própria.

*As atividades de lazer devem ser reativas* – Para as crianças com TEA, as brincadeiras que proporcionam *feedback* sensorial geralmente são mais interessantes. Brinquedos como espirógrafo, cartões para alinhavar, visualizador de *slides* e *Genius* fornecem *feedback* imediato e normalmente atraem as crianças com TEA. Para crianças com alto nível funcional, colecionar e organizar objetos ou colar figuras em álbuns, por categorias, também podem ser atividades agradáveis.

*As atividades de lazer devem ser tranquilas* – As atividades que envolvam desafio, sem ser exageradamente estimulantes, e que estejam no escopo da capacidade da criança geralmente são eficazes. No plano ideal, as atividades que demandam um mínimo de interações sociais complexas são melhores do que as que exigem muito uso da linguagem e seguem normas sociais (por exemplo, a brincadeira "O mestre mandou"). As atividades que propiciam sensação de domínio e controle sobre os objetos são geralmente mais interessantes para as crianças com TEA (por exemplo, completar um quebra-cabeça) do que as que atividades flexíveis ou ambíguas.

*As atividades de lazer devem ser ativas* – As crianças com TEA geralmente têm dificuldade para se sentar e se concentrar durante períodos longos de tempo ou para esperar a vez enquanto as outras pessoas jogam. Com frequência, no caso de crianças mais novas ou com mais limitações cognitivas, as atividades que envolvem esforço físico, como caminhada, escalada, balanço ou natação, são adequadas.

*As atividades de lazer devem envolver organização visual e espacial* – As atividades que envolvem organização, manipulação e categorização, encaixe de objetos em determinados lugares ou colagem de figuras em álbuns geralmente são muito agradáveis.

## *O tempo de inatividade é tempo de autoestimulação*

As atividades de lazer são especialmente importantes para as crianças com TEA, porque, quando deixadas por sua própria conta durante longos períodos, essas crianças geralmente se voltam para atividades de autoestimulação ou para rituais compulsivos.

### Brinquedos que favorecem a autoestimulação

Para muitas pessoas, os momentos de inatividade viram momentos de autoestimulação. Os *videogames* e os brinquedos que produzem sons ou estimulação visual repetitivos (por exemplo, *Lite-Brite*) podem se transformar em meios para a autoestimulação. Muitas crianças com TEA se sentem atraídas pelo controle remoto da televisão, que usam para mudar de canal repetidas vezes, ou por segmentos curtos de vídeos no computador, que podem ser repetidamente acionados, revertidos e acionados novamente, às vezes dúzias de vezes. Alguns pais concluem, erroneamente, que essas ações revelam uma inteligência incomum, quando, de fato, indicam compulsividade intensa. Para a criança, essas atividades servem ao mesmo propósito que dar petelecos com os dedos diante dos olhos ou balançar a cabeça de um lado para o outro. Se permitirmos que essas atividades de autoestimulação se prolonguem, elas podem acabar consumindo a maior parte do tempo de lazer da criança, e qualquer tentativa de interrompê-las desencadeará crises de raiva. É conveniente limitar o acesso a brinquedos de autoestimulação, mesmo quando a criança, insiste em brincar com eles.

### A autoestimulação pode se transformar em automutilação

Para crianças com TEA e deficiências intelectuais mais graves, o risco é maior, porque elas são menos hábeis para se engajar em atividades de lazer mais adequadas. Uma vez, observei um menino de quatro anos com autismo, sentado com os olhos fechados diante de uma televisão que exibia um desenho animado com som muito alto. Ele se jogava contra a almofada do sofá repetidamente, até que foi interrompido. A mãe relatou que, se ela permitisse, o menino se dedicaria a esse tipo de balanço estereotipado durante toda a meia hora de desenho animado. Ao ser interrompido, ele chorava e, às vezes, tinha acessos de raiva. Se permitirmos a continuação desse tipo de atividade repetitiva de autoestimulação, ela pode gradualmente se transformar em automutilação, como bater com a cabeça ou dar tapas no rosto, que são comportamentos extremamente difíceis de interromper depois de arraigados. O risco é maior entre crianças sem fala e com menos habilidades cognitivas. É importante estruturar o tempo livre das crianças, assim como fazemos com os outros aspectos do dia delas. Isso não significa exigir que a criança esteja envolvida numa atividade específica durante todos os momentos de vigília, mas deve haver opções de atividades de lazer construtivas para ela, em vez de deixar que se entretenha por conta própria.

## *Avaliação do lazer: Como superar interesses e experiências limitados*

Os interesses limitados são uma barreira importante nas atividades de lazer para as crianças com TEA e, geralmente, correspondem a habilidades limitadas para o lazer. A criança não consegue apreciar uma determinada atividade se não sabe como se engajar nela. As crianças frequentemente têm habilidade para executar alguns dos elementos que compõem uma atividade de lazer, como subir no trepa-trepa do parquinho ou pegar vaga-lumes e colocá-los num vidro, mas talvez não tenham outras habilidades. A criança pode vir a gostar muito de uma atividade nova caso desenvolva mais habilidades e competência nessa atividade, mas, até que isso aconteça, ela provavelmente vai evitar participar dela. O planejamento de atividades de lazer para crianças com TEA começa com a avaliação de seus interesses e habilidades atuais e com a tentativa de avaliar seus interesses potenciais em atividades nas quais têm pouca experiência (por exemplo, *Activity assessment manual* 1990; *Functional assessment of characteristics for therapeutic recreation* 1988).

## Preferências de lazer selecionadas pela própria criança

Como as demais crianças, as que têm TEA preferem algumas atividades a outras, mas essas preferências costumam ser exageradas nas crianças que estão no espectro autista. Um bom ponto de partida é expor o aluno na escola e o filho em casa a diversas opções de atividades de lazer em vários ambientes: 1) interno, em casa e na escola; 2) externo, no quintal, no parque ou no *playground*. Ao proporcionarmos oportunidades para a criança participar de várias atividades quando está sozinha ou com outras crianças, também poderemos determinar a probabilidade de que essas atividades promovam socialização. Para cada atividade, devemos identificar o material necessário (por exemplo, baralho de cartas, caixa para coletar espécimes) e registrar o tempo que a criança dedica, de forma independente, à atividade.

## Atividades de lazer que requerem ajuda

Para algumas atividades (por exemplo, brincar com blocos de montar), a criança pode não precisar de ajuda e brincar sozinha. Para outras (por exemplo, usar o espirógrafo), pode ser necessário ajudá-la a começar e, depois, deixá-la prosseguir sozinha.

## Atividades de lazer que requerem novas habilidades

Finalmente, pode haver atividades nas quais a criança esteja claramente interessada, mas não tenha habilidade para delas participar (por exemplo, um jogo de tabuleiro). Depois que o inventário de atividades internas e externas escolhidas pela própria criança estiver pronto, e também o grau de independência de cada uma dessas atividades tiver sido dimensionado, é útil observar o envolvimento social da criança durante essas atividades. Ela prefere brincar sozinha, interagir com os pares ou se dedicar ao jogo cooperativo (por exemplo, brincadeiras imaginárias com bonecas e carros)?

### Outras atividades de que a criança pode participar, mas nas quais não tem experiência

Atividades novas que sejam semelhantes às atividades selecionadas pela criança são um bom ponto de partida.

## *Opções de atividades de lazer*

### Atividades de lazer internas

*Atividades de lazer internas para crianças menores ou para crianças maiores com habilidades cognitivas e linguísticas limitadas* – Existem diversas atividades de lazer internas para crianças com TEA, que variam com a idade e o nível funcional delas. Os exemplos são listados nesta seção.

Blocos de montar

Blocos e peças de montar de cores brilhantes, que mãos pequenas consigam manusear com facilidade, são, sem dúvida, os preferidos das crianças com TEA.

Livros para colorir

Os livros para colorir comuns, que incluem desenhos de linhas simples representando animais, edifícios e locais conhecidos, são os favoritos. Os livros para colorir que têm desenhos divididos em várias áreas pequenas devem ser evitados. Devem ser usados lápis de cor que a criança pequena possa segurar com facilidade. Se ela tiver coordenação motora fraca, um terapeuta ocupacional pode ajudar com acessórios nos quais se coloca o lápis para que fique mais fácil segurá-lo. Há *sites* e lojas de material escolar que vendem esses acessórios.

### Pintura (ou pintura com os dedos para crianças menores)

As tintas seguras, em número limitado de cores primárias, que possam ser despejadas em copos ou recipientes plásticos são preferíveis. A maior parte das lojas de artesanato vende conjuntos que vêm com tinta e recipientes. É preferível usar folhas grandes de papel encorpado, para que não rasguem nem enruguem quando pressionadas pelas mãos da criança. Sob o papel, deve-se forrar com jornal a mesa onde se faz a pintura a dedo. A criança pode usar um avental de plástico para diminuir a preocupação com respingos de tinta na roupa. Uma toalha velha deve ser mantida por perto, para limpar os acidentes. Alguns pais acham útil colocar um plástico no chão, sob a mesa, caso a tinta respingue.

### Jogos de tabuleiro fáceis (dois ou três jogadores)

O jogo *My First Board Games* consiste de quatro jogos de tabuleiro simples para crianças pequenas: *The Colourful Peacock*, *Going to the Zoo*, *The Fire Brigade* e *Farmyard Animals*. Os jogos são progressivos no nível de habilidade. Não é necessário saber ler ou contar. O jogo *Uma lagarta muito comilona* é baseado no clássico livro infantil. Ele desafia as crianças a identificar cores e formas. Os pequenos podem jogar de modo cooperativo (jogo sem vencedor) ou competitivo. O jogo *Goose is Loose* é um jogo de tabuleiro de tecido especialmente apropriado para crianças menores.

### Jogos de carta fáceis (dois ou três jogadores)

Os jogos *Go Fish*, *Oito Maluco* e *Mico* são bons para crianças pequenas ou crianças mais velhas com mais limitações cognitivas. O pai ou a mãe ensina as regras básicas para a criança com TEA. Quando ela aprender a ceder a vez e entender as regras, um irmão ou um coleguinha pode ser incluído no jogo também.

### Quebra-cabeça (quatro a dez peças; madeira ou papelão)

Comece com os quebra-cabeças em que as peças para encaixar sejam animais ou objetos inteiros. Peças com pinos para segurar geralmente são de manuseio mais fácil para as crianças pequenas. Conforme a criança for dominando os quebra-cabeças desse nível, comece a usar quebra-cabeças de quatro peças em que haja diagramas das peças impressos no tabuleiro, para que a criança só tenha de combinar a peça que tem nas mãos com o lugar dela no quebra-cabeça. O passo seguinte é montar quebra-cabeças sem os diagramas, geralmente jogos de quatro a cinco peças. À medida que a criança adquirir mais habilidade com esses quebra-cabeças, pode-se passar para outros, mais complexos. Os quebra-cabeças são bons, porque a criança tem a sensação de realização depois que completa o jogo.

#### Atividades de faz de conta com brinquedos

As brincadeiras de faz de conta favoritas das crianças incluem bonecos que correspondem aos membros da família e a atividades relacionadas com eles, como fazendas, casas, consultórios médicos, parques ou outros locais que a criança costuma frequentar no cotidiano. As atividades que envolvem apenas objetos, como veículos (por exemplo, carros, caminhões ou tratores, aviões, foguetes espaciais) ou edifícios, são menos atrativas. Estimular a criança a brincar de casinha com deixas para incluir vários membros da família na brincadeira pode ajudá-la a assumir pontos de vista diferentes e conversar sobre as ações de cada membro da família. Antes de uma visita de rotina ao médico, é uma boa ideia fazer a criança fingir que está indo ao médico e falar das pessoas que vão estar lá e do que acontecerá durante a consulta.

### Atividades internas para crianças mais velhas ou crianças de quatro a seis anos com alto nível funcional

#### Jogos de lançar argolas

Os jogos de lançar argolas são compostos de quatro a cinco pinos numerados e argolas coloridas. Cada criança participante "ganha" pontos, dependendo do pino em que suas argolas se encaixarem. É um jogo simples, que requer habilidade linguística mínima e habilidades motoras perceptivas básicas.

#### Jogos de tabuleiro (até quatro jogadores)

Jogos de tabuleiro magnético, como *Magnetic Fun Board*, consistem de quatro jogos magnéticos em um: *Powder Pete*, desenho magnético; *Inch Worm*, labirinto; *Tic-Tac-Toe*; *Doodle Balls*. Os jogos *Geomag Magnetic Challenge Game* (palitos magnéticos e um tabuleiro onde inseri-los), *Cobras e Escadas* e *Rampas e Escadas* podem ser divertidos para crianças que já aprenderam a ceder a vez.

Jogos de cartas (até quatro jogadores)

Os jogos de memória com animais e os jogos de cartas *Copas* e *Oito Maluco*, para as crianças menores dessa faixa etária, e *Rook*, para as mais velhas, geralmente são adequados. Os jogos de cartas de dinossauros têm vários jogos infantis tradicionais, que incluem pareamento de dinossauros (para crianças menores) e jogos mais elaborados para crianças maiores. As cartas têm imagens coloridas de dinossauros que atraem as crianças.

*Doodle Pro* (Fisher-Price)

O *Doodle Pro* proporciona às crianças a prática no uso de uma canetinha plástica pontiaguda para criar imagens sobre uma tela que pode ser facilmente apagada para dar lugar a um novo desenho. As crianças podem aprender a se revezar na feitura dos desenhos, o que estimula a brincadeira conjunta.

*Little People Sets* (Fisher-Price)

O *Little People Sets* pode ser usado para ensinar a criança a representar papéis e se colocar no lugar dos outros. Algumas cenas são estruturadas para que tenham uma sequência específica de etapas; já outras são intencionalmente desestruturadas para estimular a brincadeira criativa.

*View-Master* (Fisher-Price)

O uso do *View-Master* pode ser uma atividade muito apreciada pelas crianças com TEA. Ele vem com uma grande variedade de *slides* sobre assuntos diferentes, como personagens de histórias e desenhos animados bem conhecidos, vida marinha e silvestre; além disso, alguns incluem efeitos sonoros.

Colagens

As crianças que têm dificuldade para desenhar ou colorir dentro das linhas geralmente gostam de criar colagens, atividade que exige menos coordenação entre os olhos e as mãos. Fotografias de animais, pessoas ou lugares podem ser recortadas de revistas e fixadas sobre cartolina com cola em bastão, a fim de criar grupos interessantes de imagens sobre assuntos específicos (por exemplo, animais da fazenda, coisas que voam no céu, atividades de inverno). Embora as colagens não necessitem de nenhum tipo especial de organização, depois que a criança adquire as habilidades de colocar e colar imagens sobre papel, ela pode ser estimulada a arrumar fotos em sequências específicas, com numa história em quadrinhos.

### Pintura com pincel, têmpera

Crianças mais velhas com coordenação razoável entre os olhos e as mãos talvez gostem de pintar com têmpera sobre cartolina grossa. Em geral, a pintura com aquarela é muito difícil para a maioria das crianças com TEA, embora algumas progridam para a aquarela depois de ganhar experiência com a têmpera.

### Coleções de selos, adesivos, figurinhas, folhas, pedras

Colecionar, separar, organizar e expor objetos estão entre as atividades de lazer prediletas das crianças com TEA. Geralmente, tudo começa com a coleção de adesivos (por exemplo, carros, estrelas dos esportes, personagens de histórias) ou objetos concretos (por exemplo, folhas, pedras). No planejamento, na coleção e na exposição dos objetos, os pais precisam oferecer à criança um álbum adequado ou uma série de caixinhas nas quais armazenar os objetos colecionados. As crianças com TEA talvez decidam classificar os objetos de maneira bem diferente da dos adultos, o que geralmente é uma forma interessante de compreender como elas veem o mundo. A coleção de selos normalmente está limitada a crianças mais velhas com alto nível funcional e síndrome de Asperger ou TGD-SOE.

### Culinária e preparação de refeições com adultos

A culinária com os adultos tem múltiplos objetivos, entre eles a promoção da socialização e da comunicação, além da aquisição de habilidades funcionais para o dia a dia. A preparação das refeições geralmente começa com sanduíches e bebidas, como espalhar maionese no pão e colocar frios por cima. As crianças de alto nível funcional alfabetizadas podem participar ajudando a escolher receitas em livros infantis de culinária, reunindo os ingredientes necessários para a receita e ajudando realmente na preparação do prato. A vantagem é auxiliar a criança a adquirir habilidades na função executiva de planejamento, incluindo fazer lista de compras, ir ao mercado e escolher ingredientes e, em seguida, efetivamente preparar a refeição. É uma atividade particularmente boa, porque tem uma consequência natural: a criança poderá comer ou beber o que ajudou a preparar.

## Atividades e lugares ao ar livre

Em geral, as atividades externas têm um encanto especial para as crianças com TEA, porque envolvem coordenação motora grossa e menos demandas linguísticas. Essas atividades são organizadas por idade e nível de habilidade cognitiva.

### Atividades de lazer externas para crianças menores (quatro a sete anos) ou maiores (de oito anos ou mais) com menos habilidades cognitivas e linguísticas

#### Brinquedos de *playground*

Balanço, carrossel e trepa-trepa são boas atividades paralelas livres, que exigem da criança habilidades sociais mínimas. Conforme elas aprendem a brincar com irmãos ou coleguinhas, podemos ensiná-las a ceder a vez, o que as ajuda a desenvolver habilidades nas interações recíprocas.

#### Espirobol

Neste jogo, a bola fica suspensa num poste por uma corda de náilon. A bola é inflada e, então, jogada para frente e para trás pela criança com TEA e seus irmãos ou colegas. Equipamentos baratos podem ser comprados por cerca de 20 dólares. O equipamento profissional costuma ser bem mais caro e é desnecessário para crianças pequenas. O espirobol é uma atividade muito boa, porque requer habilidade motora limitada e, implicitamente, exige o revezamento. Pode ser uma atividade animada e muito agradável para a criança pequena com TEA.

#### Pular corda

Um irmão e o pai ou a mãe podem girar a corda de pular lentamente, enquanto a criança com TEA pula. Essa atividade ensina coordenação motora perceptiva, mas pode ser muito difícil para muitas das crianças menores.

#### Cama elástica

Esta superfície elástica vem em diferentes tamanhos e pode ter alças onde segurar para evitar quedas. Com frequência, é uma atividade muito apreciada pelas crianças com TEA. As camas elásticas exigem que os pais supervisionem de perto a atividade, por razões de segurança.

### Natação

Muitas crianças com TEA não gostam de afundar a cabeça na água. Piscinas infantis geralmente são uma boa maneira de apresentar a natação para as crianças com TEA. Descobrir que são atividades agradáveis chapinhar na água, jogar bola, espirrar água nos irmãos com um *Airhead Aqua Zooka* e ficar deitado sobre uma boia prepara o cenário para a natação propriamente dita (ver Figura 1). A maioria das crianças acaba descobrindo, às vezes acidentalmente, que colocar a cabeça dentro d'água pode ser divertido também. Em geral, é mais fácil para crianças com TEA participar de aulas de natação com um professor experiente em alunos com deficiências do que aprender com os pais. A natação normalmente exerce sobre a criança uma demanda social mínima e é uma atividade física saudável, que pode ser apreciada em qualquer estação do ano, pelo menos em locais como parques e centros recreativos. Uma mãe relatou que adorou ver como a autoestima do filho melhorou durante as aulas de natação, permitindo que ele socializasse com outras crianças nessas aulas, que tinham poucos alunos.

Figura 1. Craig, que tem transtorno do espectro autista (TEA), gosta muito de atividades recreativas ao ar livre, como a natação. Embora no começo muitos jovens com TEA se sintam apreensivos com a submersão da cabeça na água, com estímulo e prática gradativa, a maioria passa a gostar de esportes aquáticos.

### Caminhada

Caminhar na margem de riachos, rios, lagos e em trilhas arborizadas com os pais e os amigos pode ser uma atividade de lazer incrível para jovens com TEA, começando bem cedo e se estendendo até a adolescência. Uma mãe relatou que a família gostava de caminhar num parque da região, porque as trilhas facilitavam bastante monitorar o filho com TEA, mantendo-o em segurança, pois apenas alguns lugares ficavam próximos da água.

Antes de sair para uma caminhada, prepare uma lista dos suprimentos que vai precisar levar, como repelente para mosquitos, filtro solar, pomada de cortisona para picadas, boné ou chapéu para proteger do sol quente, garrafa térmica com suco, várias garrafas de água, frutas secas para beliscar, mochila infantil, meias grossas e calçados confortáveis com travas na sola. Se o plano é fazer uma caminhada na primavera ou no outono, inclua luvas e cachecol. Sobretudo, exija que seu filho use um apito pendurado no pescoço por um fio resistente. Ensine-o a apitar caso se perca ou não consiga ver você.

A atividade pode ficar mais agradável com a leitura de um livro para a criança, antes de sair para caminhar, sobre as coisas que é provável que ela encontre, como sapos, caramujos, pássaros, flores silvestres, folhas de vários tipos de planta, pedras e outros objetos colecionáveis. As crianças com TEA gostam de atividades de organização; por isso, os espécimes coletados podem ser trazidos para casa para ser separados em categorias e servir de assunto para conversas posteriores. A caminhada é semelhante ao parquinho e à natação em termos de demanda social mínima, mas oferece oportunidades para conversar e interagir ao longo da trilha. Frequentemente, é uma boa ideia primeiro expor a criança com TEA a uma trilha circular relativamente curta (por exemplo, 1,5 km), que retorne ao ponto de partida; quando ela estiver à vontade caminhando durante períodos mais longos, poderão ser acrescentadas trilhas que exijam mais habilidade e cubram distâncias maiores.

### Beisebol simplificado para crianças

As crianças com TEA frequentemente apresentam coordenação fraca entre os olhos e as mãos e talvez evitem atividades esportivas. O beisebol simplificado é uma atividade boa, que pode ser praticada primeiro com os pais e irmãos e depois como parte de um time organizado com colegas do bairro. Esse esporte não só desenvolve habilidades motoras, como também ensina a seguir regras, ceder a vez e coordenar as próprias ações com as dos outros, todas habilidades importantes para crianças com TEA aprenderem.

### Triciclo ou patinete

Praticamente todas as crianças com TEA conseguem aprender a controlar um triciclo, e algumas aprendem a andar de patinete aos quatro ou cinco anos. Essas são duas boas atividades externas que estimulam o exercício físico, fortalecem o equilíbrio e as habilidades motoras. Também ensinam a seguir regras de segurança (por exemplo, usar capacete, ficar na calçada, parar no meio-fio e não andar muito depressa).

## Atividades de lazer ao ar livre para crianças maiores (oito anos ou mais) com habilidades mais limitadas ou para crianças de quatro a sete anos e alto nível funcional

### Beisebol simplificado em campo pequeno

O beisebol simplificado em campo pequeno foi pensado para substituir o beisebol, o *bets* e o *softbol* no caso de meninos e meninas que jogam em quintais e *playgrounds*. Consiste de uma bola leve, de plástico emborrachado resistente, que não se presta a ser arremessada ou rebatida a grande distância. É um substituto seguro de jogos mais difíceis, como *softbol* e *badminton* (ver Figura 2).

Figura 2. Michael, de dez anos, está jogando beisebol simplificado num campo pequeno, atividade particularmente adequada para um menino de sua idade com autismo. Michael tem boa coordenação motora grossa, mas coordenação fina menos desenvolvida para a maioria dos jogos e das atividades em ambientes fechados.

### *Badminton*

O *badminton* é um jogo popular entre as crianças maiores com boa coordenação entre as mãos e os olhos. As raquetes são leves e têm menos chance de machucar se inadvertidamente atingirem alguém. As petecas são leves, com cabeças emborrachadas e totalmente seguras. Em virtude da resistência aerodinâmica sobre as "penas" de plástico na extremidade da peteca, ela perde velocidade rapidamente ao cruzar a rede, o que torna a rebatida mais fácil do que no tênis de mesa, por exemplo. Meu neto Michael, que tem dez anos e autismo com alto nível funcional, joga *badminton* com os irmãos mais velhos e se sai muito bem.

### Boliche

Em geral, é uma boa ideia ensinar as noções e as habilidades básicas do boliche usando um jogo para ser armado em espaços fechados, como o *Carrom Table Top Bowl-a-Mania*, que inclui uma pista de compensado com gráficos coloridos pintados e acabamento durável de poliuretano. Esse jogo vem com dez pinos de madeira, um posicionador de pinos fácil de usar e um bloco para marcar os pontos. Depois que a criança entende o objetivo de derrubar os pinos e se revezar com os outros jogadores, um passeio até uma pista de boliche com a família a exporá ao jogo real. As bolas de boliche para crianças (por exemplo, uma bola com cerca de três quilos) podem ser compradas ou alugadas.

### Caminhada

Como já observamos no tópico reservado às crianças menores, a caminhada pode ser uma excelente atividade ao ar livre para crianças com TEA, principalmente para as crianças verbais que estejam interessadas em ciência e natureza. Siga os mesmos preparativos adotados com as crianças mais novas, incluindo os itens de segurança. Antes de uma caminhada, ler com a criança um livro sobre a área onde se está planejando caminhar pode criar interesse e expectativa pela experiência. Se estiver planejando caminhar ao longo de um rio com formações rochosas, uma visita ao museu de ciências, concentrada nas exposições sobre rochas e fósseis, antes da caminhada tornará o passeio mais agradável. Pegue um livro na biblioteca sobre flores silvestres da sua região e sobre a fauna comum (por exemplo, sapos, rãs, lagartos, aves, esquilos, esquilos listrados) e veja com seu filho as fotos. Diga à criança que você vai fazer uma lista com cada animal que ela vir durante a caminhada. Planeje pausas a cada 20 minutos aproximadamente, para tomar água ou suco, e de hora em hora, para um lanchinho. Você pode usar essas pausas para conversar sobre o que a criança viu até aquele momento. As crianças mais velhas talvez consigam tirar fotos das coisas que acharem interessantes no passeio. Essas fotos podem ser baixadas num computador e impressas para ser colocadas num álbum. Ao voltar para casa, reveja a lista de animais, tente encontrar fotos deles num livro sobre natureza e converse com a criança sobre os bichos que ela viu na caminhada. Uma caminhada proveitosa leva a outras.

### Aulas de ginástica, artes marciais e dança

Muitas crianças com TEA acham agradável e relaxante participar dessas atividades físicas de movimento e as preferem às atividades de lazer que envolvam mais conversa e socialização. No começo, as crianças particularmente mais defensivas no aspecto tátil talvez resistam às aulas de artes marciais, mas geralmente passam a gostar delas ao perceber que têm controle sobre o contato físico. Todas essas três atividades melhoram a coordenação motora, que pode ser bem problemática em crianças com síndrome de Asperger. Além de aulas em escolas privadas, muitas organizações comunitárias para jovens, e também escolas públicas, oferecem ginástica, artes marciais e dança para os jovens em horários após as aulas.

### *Frisbee* e golfe com disco

Os *frisbees* de espuma podem ser comprados para as crianças pequenas e, conforme elas forem ganhando habilidade para arremessar e pegar esses discos de plástico colorido, as versões mais rígidas e pesadas poderão ser usadas. Para crianças maiores, os jogos de *frisbee* luminoso à noite, podem ser particularmente agradáveis, porque eles são bons para a orientação visual delas. As crianças que adquirirem mais habilidade no arremesso de *frisbees* talvez gostem de jogar golfe de disco, atividade em que se jogam *frisbees* dentro de alvos em forma de cestas dispostas em torno do quintal ou num parque. A criança ganha pontos para cada acerto nas cestas. Essa é uma habilidade avançada, que pode ser difícil demais para crianças abaixo dos oito ou nove anos.

### Minigolfe

O minigolfe é outra atividade incrível para a família que inclui a criança com TEA. Antes de levar seu filho com TEA até um campo de minigolfe, é sensato visitar o local primeiro, para ter certeza de que o nível de dificuldade é adequado. Alguns são campos profissionais, usados em competições nacionais e internacionais, e talvez sejam muito difíceis. Uma conversa rápida a respeito de seu filho com o gerente do local pode alertar você sobre os horários mais propícios para uma visita, evitando aglomerações.

### Equitação terapêutica

A equitação pode ser uma atividade maravilhosa para algumas crianças com TEA. Os cavalos são grandes e talvez assustem algumas delas, mas esses animais graciosos são atraentes para outras crianças, que expressam afeição por eles. Noreen, mãe de uma menina de seis anos com TEA, contou que achou a equitação muito benéfica para a filha. A menina escova e alimenta os cavalos. A equitação também lhe deu autoconfiança. Só a visita a uma fazenda com gatos, cachorros, porcos, pôneis etc. já é um evento.

A equitação consegue melhorar o equilíbrio e a coordenação, aumentar as habilidades motoras, a amplitude dos movimentos e estimular um ponto de vista positivo e a sensação de pertencimento. O ritmo dos movimentos do cavalo ajuda a fortalecer os músculos dorsais e pélvicos e melhora a postura e a coordenação. A relação única que geralmente se desenvolve entre o cavalo e o cavaleiro pode levar ao aumento da autoconfiança, da paciência e da autoestima. Existem quase cem *websites* que listam serviços de equitação terapêutica para crianças com deficiências nos Estados Unidos (http://dmoz.org/Sports/Equestrian/Handicapped_and_Therapeutic_Riding/United_States/). Muitos deles acolhem crianças com TEA. É importante que os pais visitem as instalações antes de matricular o filho, para ter certeza de que estão satisfeitos com o animal que a criança montará, com a higiene dos estábulos, com o cuidado reservado aos cavalos, com a qualificação dos instrutores e com as medidas de segurança para as crianças.

### Bicicleta

Praticamente todas as crianças conseguem aprender a andar de bicicleta (ver Figura 3). O primeiro passo é a segurança, equipando a criança com um capacete adequado e aprovado e verificando se a bicicleta está em boas condições e aparelhada com refletores frontais e traseiros e uma buzina de fácil operação. Para informação atualizada sobre capacetes seguros, consulte o *website* da Consumer Product Safety Commission (http://www.cpsc.gov/businfo/regsumbicyclehelmets.pdf). A maioria das famílias começa com bicicletas pequenas com rodinhas auxiliares e um adulto segurando na parte de trás do selim. À medida que a criança ganha confiança, o adulto solta o selim, mas fica por perto, caso precise parar a bicicleta. É melhor praticar num estacionamento vazio, para não se preocupar com a criança saindo da calçada e indo parar no meio da rua. Quando ela for capaz de pedalar, equilibrar-se, fazer curvas e frear se necessário, os treinos podem ser transferidos para a calçada perto de casa. As rodinhas auxiliares ficam ligeiramente levantadas para oferecer um pouco de apoio e, por fim, são retiradas. Uma nova técnica foi desenvolvida por uma organização chamada Lose the Training Wheels™, que usa bicicletas adaptadas no ensino, numa espécie de acampamento de verão. Com as rodinhas auxiliares, todas as crianças, mesmo as que têm deficiências importantes, conseguem andar quase que imediatamente. Elas são removidas quando a criança é capaz de pedalar, seguir uma determinada direção e se equilibrar. Os acampamentos são oferecidos em todo o país sempre que se forma um grupo de crianças em busca de treinamento (consulte http://www.losethetrainingwheels.org para mais informações).

Figura 3. Elliot tem seis anos e frequenta uma turma regular na escola. Ele tem muito orgulho de ter aprendido a andar de bicicleta. Apesar de o transtorno autista limitar sua habilidade linguística e algumas habilidades sociais, ele é excelente em atividades de coordenação motora grossa.

Andar de bicicleta em família pode ser uma consequência agradável do aprendizado. Sair para passeios durante a noite ou nos fins de semana proporciona exercício, experiência agradável ao ar livre e oportunidade de socialização com os membros da família e os amigos. A ênfase deve estar na escolha de um caminho totalmente livre de tráfego de veículos e outros riscos, como adolescentes andando de patins ou *skate* em alta velocidade.

Acampamento no quintal

Acampar no quintal é uma atividade agradável em família, da qual outras crianças podem participar depois de uma primeira experiência com pais e irmãos. Um dia ou dois antes de preparar a barraca, leia para as crianças um livro sobre acampamento, como *When we go camping*, de Marriet Ruurs e Andrew Kiss (2004). Converse com elas sobre o que farão exatamente, como preparar o jantar ao ar livre e dormir em sacos de dormir. Em seguida, será preciso reunir alguns apetrechos. Muitas lojas de *camping* vendem barracas infantis baratas de montagem rápida, chamadas de *pop-up*. Não é necessário fixá-las no solo. Prepare a barraca numa tarde de sexta-feira, para que as crianças possam brincar nela e se sentir à vontade dentro dela. Pode ser que os pais queiram colocar um colchão inflável dentro da barraca, para ficar confortável. Se as crianças não tiverem sacos de dormir, versões bem baratas podem ser adquiridas em hipermercados. Em seguida, compre, para cada criança, um lampião a pilha barato e uma lanterna. Monte um fogão a carvão a cerca de três metros da barraca. Primeiro, coloque placas de cerâmica sobre a grama e o fogão a carvão em cima delas, para não danificar o gramado.

Por volta das 19 horas, prepare um "mexidão" com alguns dos legumes preferidos de seu filho, pedaços de peito de frango já cozidos, um pouco de cebola batidinha e embrulhe a comida em papel-alumínio. Coloque a comida embrulhada sobre o carvão em brasa durante alguns minutos, até que os legumes estejam cozidos e os ingredientes aquecidos, mas não quentes demais. Coloque o mexido em pão-folha, enrole e sirva. Algumas famílias preparam na cozinha um molho de carne moída bem temperada e o reaquecem na brasa, servindo da mesma forma. Pode ser servido leite ou suco tirado da geladeira, e a sobremesa pode ser fruta fresca ou gelatina. Depois do jantar, cantar músicas de acampamento é sempre uma atividade muito apreciada (consulte http://www.scoutsongs.com/categories para sugestões), assim como preparar a sobremesa. Preparar sanduíches de bolacha salgada com eles, ou algo parecido, também é uma atividade agradável para as crianças, mas deve-se tomar muito cuidado para que elas não se machuquem. Os pais precisam explicar como se comportar com segurança em torno do fogo e manter supervisão constante. Se ficar em dúvida sobre a capacidade de seu filho de se comportar com segurança perto do fogo, exclua essa atividade do acampamento.

Se seu bairro é urbanizado e tem poucos sons da natureza, pegue um CD de natureza na biblioteca e coloque-o para tocar a fim de criar um ambiente de ar livre no seu acampamento de quintal. Sugira às crianças que fiquem bem quietas e tentem identificar os sons que escutam enquanto o sol se põe e a noite chega. Elas talvez ouçam as rolinhas, os grilos, os sapos, os cães, as corujas ou os insetos. Convide o bicho de pelúcia preferido de seu filho para se juntar a você no acampamento de quintal. Provavelmente, seu filho com TEA vai achar reconfortante ter com ele o bichinho e o cobertor de estimação. Conforme o céu for escurecendo, converse sobre o que as crianças estão vendo (por exemplo, lua, estrelas, aviões) e procure desenhos ou figuras imaginárias nas estrelas. Por serem muito visuais, as crianças com TEA geralmente são muito boas no reconhecimento de constelações. Se estiver acampando no quintal em agosto, você poderá ver as perseidas, uma chuva de meteoros que a criança com TEA achará incrível.

Na hora de dormir, estimule as crianças a ir ao banheiro dentro de casa e a escovar os dentes. Em seguida, ajude-as a entrar nos sacos de dormir e verifique se cada uma está com seu bichinho de pelúcia e seu cobertor e dê a elas uma lanterna pequena. Recolha todos os pratos de papelão e os restos de comida e coloque numa lata de lixo fechada antes de entrar. Você não vai querer atrair visitantes indesejados durante a noite. Uma última coisa: feche a entrada da barraca; do contrário, seu filho com TEA talvez acorde no meio da noite abraçado ao gato do vizinho, o que pode assustar a criança. Talvez demore um pouco para as crianças pegarem no sono; portanto, não se surpreenda se ouvir cochichos até bem depois da hora costumeira de dormir. Com muita sorte, as crianças dormirão a noite toda sem acordar você nem pedir para dormir na cama. No entanto, mesmo que elas o tirem do saco de dormir depois da meia-noite e queiram entrar em casa, isso não é o fim do mundo. Geralmente, na segunda ou na terceira expedição de acampamento no quintal, a ansiedade e o excesso de excitação se dissipam e fica só o divertimento. Quanto mais a criança com TEA for incluída no planejamento da próxima "viagem" ao acampamento de quintal, mais ela vai gostar dessa atividade. Para mais ideias sobre acampamentos de quintal, consulte http://www.backyardcampout.org.

### Visita à casa de um amigo

Ajudar seu filho a se sentir à vontade na casa das famílias dos amiguinhos começa com visitas curtas, nas quais os adultos conversam e tomam café enquanto as crianças brincam por perto. Depois de algumas visitas assim, diga a seu filho que você vai dar um pulo em casa e que ele continue brincando com Sheila (uma amiguinha) até que você volte para buscá-lo. Se ele ficar à vontade com os pais de Sheila, um afastamento de 15 a 30 minutos deve ser suficiente para determinar se ele está pronto para ficar mais tempo sem a sua presença. Esses encontros para brincar funcionam melhor quando há uma atividade específica planejada, como um jogo de cartas ou um tabuleiro de que a criança goste. Antes da próxima visita diurna, diga a seu filho, com antecedência, que ele e Sheila vão brincar juntos. Deixe-o com os pais de Sheila por volta das 10 horas e diga: "Tudo bem, vejo você depois do almoço". Vá embora. Na maior parte das vezes, a criança vai ficar contente com sua partida, porque isso significa que ela poderá brincar com Sheila sem a interferência dos adultos. O almoço é geralmente uma atividade agradável com um amigo, e um bom encerramento para a visita.

Se os pais deixarem o filho na casa do amigo à noite, antes de ir a um restaurante ou ao cinema, isso pode servir como preparação para uma festa do pijama. Leve o pijama de seu filho e diga: "Papai e mamãe vêm pegar você antes da hora de dormir. A mãe da Sheila vai ajudar você a colocar o pijama, para que você não tenha que se trocar quando chegarmos em casa". Ficando mais tempo fora de casa em ocasiões posteriores, a maioria das crianças acaba se sentindo à vontade o suficiente para adormecer na casa do amigo. O próximo passo é uma festa do pijama planejada, que, na maior parte dos casos, será tranquila. Essa mesma estratégia pode ser usada com os avós e outros parentes, em geral exigindo menos etapas, pois a criança está mais familiarizada com essas pessoas e normalmente se sente segura com elas. Fazer com que o tempo passado na casa de amigos e parentes "funcione" depende de planejamento cuidadoso e oferecimento de uma atividade apropriada de que a criança goste. Antes de ir para a casa da vovó, por exemplo, pergunte a seu filho com que jogo ou outra atividade ele gostaria de brincar com ela. Se ele for capaz de escolher uma atividade adequada, é mais provável que a visita transcorra bem, porque a opinião dele terá algum peso no que vai acontecer depois que chegar à casa da vovó.

### Ida a um museu, aquário ou planetário

A visita de uma criança com TEA a um museu, aquário ou planetário pode ser mais proveitosa com planejamento cuidadoso e preparação da criança para a experiência. A maioria dos museus tem folhetos, e muitos colocam *on-line* fotos e diagramas da instituição e do ambiente. Um bom ponto de partida é converter algumas dessas imagens num cronograma visual. Por exemplo, a primeira imagem pode ser uma foto dos degraus da entrada do museu. A seguinte pode mostrar pessoas comprando ingressos. Imprima as imagens de cinco ou seis exposições que você intua que possam ser interessantes para seu filho (por exemplo, múmias, armaduras, fantasias, pinturas). Coloque-as sobre a mesa e diga: "Vamos ao museu. O que vamos ver primeiro?". Dê tempo à criança para examinar as imagens e escolher a que acha mais interessante. Coloque-a no cronograma visual da criança. Elogie o esforço dela e pergunte o que mais ela deveria ver. Estimule-a a escolher de três a seis imagens, dependendo da idade e da capacidade verbal e intelectual dela. Coloque as imagens em sequência no cronograma. Então, diga, apontando para a foto do restaurante do museu e colocando-a por último no cronograma visual: "Depois das joias [a última exposição], vamos tomar um lanche". Essa mesma estratégia pode ser usada no aquário, no planetário, na biblioteca ou no zoológico. Os elementos importantes, que resultam no sucesso do passeio, são: 1) ter expectativas claras; 2) permitir que a criança escolha o que ver; 3) converter essas expectativas e essas escolhas em cronograma visual.

Como já mencionamos, muitos museus não são adequados aos interesses de crianças com TEA, mas os museus de ciência e arte cada vez mais oferecem exposições especiais, especificamente preparadas para crianças. Se você pretende levar seu filho a um museu de história natural, escolha um que ofereça dioramas de representações exatas de localizações geográficas e modelos de espécimes anatomicamente corretos. Esses dioramas são janelas para um mundo de animais, comportamentos e *habitats* animais, o que pode encantar ainda mais as crianças. Ao ser estimulada a escolher, antes de sair de casa, quais dioramas quer ver, é mais provável que a criança mantenha o interesse durante toda a visita.

Os aquários também são bons lugares para levar as crianças, mas apresentam alguns desafios. As salas de exibição geralmente são escuras, o que talvez perturbe seu filho. Explique antes a ele que as salas são escuras e, se possível, baixe a foto de uma exposição em aquário que mostre uma sala na penumbra para que a criança veja. Comente como a visita ao aquário vai ser divertida. Uma segunda questão é que os aquários frequentemente têm odores incomuns, dos quais talvez a criança não goste. Fazendo uma primeira visita curta, se a criança se incomodar com as salas escuras ou os odores, vocês podem ir embora antes que ela fique irritada demais. Finalmente, algumas exposições podem estar montadas de uma maneira que fique difícil ver peixes ou outras criaturas vivas entre corais, rochas e plantas aquáticas. É melhor evitar essas exposições, porque a criança não será capaz de ver nada interessante nelas.

Os planetários podem ser experiências incríveis para algumas crianças maiores, mas outras podem ficar assustadas quando a sala escurece. Mais uma vez, a preparação pode fazer toda a diferença. Vários dias antes da visita ao planetário, leve seu filho com TEA para o lado de fora da casa numa noite clara e sem nuvens; sentem-se em cadeiras confortáveis para olhar juntos a lua e as estrelas. Uma noite em que a lua esteja quase cheia é geralmente facilitadora para a criança, pois sua claridade adicional sobre as árvores e as casas vizinhas proporciona uma referência visual. Se a criança tiver idade suficiente, mostre a ela um mapa das constelações, escolha uma fácil de identificar e ajude a criança a encontrá-la no céu. Em geral, Grande Carro e Órion são as mais fáceis para as crianças verem. Depois de um período de mais ou menos 15 a 30 minutos olhando as estrelas no quintal, é menos provável que a criança se perturbe quando a sala do planetário ficar escura e a apresentação começar. É uma boa ideia escolher um programa curto no planetário, principalmente no começo. Sente-se perto da saída; assim, se surgirem problemas, será fácil ir embora.

### Ida ao zoológico

Cada vez mais, os zoológicos constroem simulações de *habitats* naturais, e ver os animais fica mais difícil para as crianças, principalmente para as que têm TEA. Numa primeira visita a um zoológico grande, como o de San Diego ou o de Minnesota, vale a pena estudar a planta do zoológico antes de sair de casa. Em regra, os zoológicos têm trilhas por onde se pode andar a pé ou de monotrilho. Geralmente, é melhor começar com os animais de fazenda ou com o zoológico de animais domésticos e, talvez, duas outras áreas menores com animais pequenos e médios, como lêmures, pequenos felinos e raposas. O zoológico de Minnesota tem um programa de aves de rapina em que falcões e outras aves voam sobre os visitantes e pousam no braço de um tratador do zoológico. Embora isso seja maravilhoso para as crianças mais velhas, ver um gavião ou um falcão baixando voo logo acima de sua cabeça pode ser alarmante para uma criança com TEA. Melhor evitar. Como no caso das visitas a museus, preparar um cronograma visual da ordem em que os animais serão vistos pode tornar o passeio mais prazeroso para a criança com TEA.

### Ida a parques aquáticos

Kammy, mãe de um menino de cinco anos, relata:

> Em família, fazemos três ou quatro viagens por ano aos parques aquáticos de Wisconsin Dells. Elliott adora toda a atividade e põe em prática muitas habilidades

valiosas – ceder a vez, esperar pacientemente na fila, aprender pela observação (observar o que as crianças fazem num determinado brinquedo e praticar sozinho) e, claro, aprender a usar corretamente os elevadores.

Outra mãe relata:

Meu filho adora lugares com água, principalmente a piscina com ondas, e montanhas-russas – esses não são passeios regulares, claro, mas, quando procuramos coisas para a família toda fazer junta teatro, cinema e acampamento em barraca não funcionam do ponto de vista do interesse e da segurança.

Os parques temáticos maiores, com grande variedade de brinquedos, particularmente brinquedos emocionantes, são geralmente mais difíceis para as crianças com TEA. No entanto, muitos parques temáticos classificam os brinquedos como "emocionantes", "familiares" e "infantis", o que possibilita planejar com antecedência um passeio que inclua os brinquedos mais adequados para seu filho. Planeje pausas frequentes em áreas tranquilas, longe do barulho.

### Ida à biblioteca

Com frequência, sugiro aos pais que, no caso das crianças, ir à biblioteca é uma das melhores "primeiras" saídas para atividades recreativas ou de lazer na comunidade. São várias as vantagens: 1) é tranquila; 2) é adequada para crianças; 3) oferece oportunidade para a criança escolher um livro ou DVD para levar para casa; 4) muitas bibliotecas têm horários em que um bibliotecário lê livros para grupos de crianças reunidas e sentadas no chão em volta dele, o que é uma situação de aprendizado social não ameaçadora; 5) a visita pode ser curta, o que evita problemas. Na primeira ida à biblioteca, apresente seu filho ao bibliotecário e explique a esse profissional que ele tem TEA; pergunte se o bibliotecário tem alguma pergunta a fazer. Peça sugestões de livros ou DVDs particularmente adequados para seu filho.

### Ida a eventos esportivos

Algumas crianças com TEA acham os eventos esportivos emocionantes, mesmo quando não compreendem totalmente o jogo. Qualquer evento esportivo caro deve ser evitado, porém, porque existe uma boa chance de ter de sair no meio do jogo. Nunca recomendo levar uma criança com TEA a um jogo de futebol americano, basquete ou hóquei profissional. Embora os ingressos para os lugares menos procurados possam às vezes ser comprados por cinco dólares, muitos ingressos para eventos esportivos profissionais custam até 150 dólares ou mais. Os jogos entre escolas de ensino médio normalmente são ideais, porque o público é menor, o evento é menos barulhento, é mais provável que a criança veja pessoas conhecidas no jogo e o ingresso é barato. Se seu filho ficar aborrecido ou sobrecarregado no meio do evento, ir embora mais cedo será um problema menor. A preparação para um evento esportivo envolve as mesmas etapas das outras atividades, mas pode ser complementada com uma sessão de um jogo similar na televisão, para que a criança tenha uma sensação realista do que vai vivenciar.

## *Resumo*

No início deste capítulo, mencionei que Margaret Mead escreveu que o aprimoramento das capacidades humanas e o lazer estão entrelaçados. Para que as crianças com TEA vivam vidas ricas e satisfatórias, elas devem adquirir habilidades em várias atividades de lazer, algumas individuais, outras com membros da família e amigos. Começando bem cedo, na infância, pais e professores podem desempenhar papéis importantes na avaliação dos interesses da criança e nas formas de ampliar o escopo das habilidades de lazer dela, incluindo atividades externas e internas. Poucas crianças com TEA alcançam o nível de Jason McElwain, de 17 anos, aluno do ensino médio, que joga no time de basquete do Greece Athena, em Rochester, no estado de Nova York. Jason marcou 20 pontos em quatro minutos e levou o time à vitória no último jogo da temporada (CBS News Early Show 2006). Todas as crianças com TEA podem, porém, desenvolver habilidades que enriquecerão sua vida e as prepararão para adolescência e idade adulta mais independentes e gratificantes.

# 11.

## A arte da convivência: Participação na comunidade

A convivência é uma arte que a maioria de nós aprende enquanto cresce com a família, os amigos, os colegas de turma e com as outras pessoas da comunidade. A aquisição dessa habilidade não é, porém, um processo automático para as crianças com TEA. A maioria delas gosta de participar de passeios comunitários, nadar, visitar a biblioteca, ir ao zoológico ou passar tempo na casa de um amigo, mas, de início, não tem competência para isso. Ajudar os jovens com TEA a aprender as habilidades necessárias para participar das comunidades em que vivem lança a base para uma existência mais completa e rica, que se estenderá pela vida adulta.

### *Ambientes comunitários adequados para crianças*

Muitas características dos ambientes comunitários adequados para crianças são as mesmas para todas as crianças pequenas, incluindo as que têm TEA.

- Os lugares adequados para crianças são, antes de tudo, seguros. Os pais não precisam se preocupar com o bem-estar físico ou emocional de seus filhos quando os pequenos estão nesses ambientes.
- Os ambientes adequados para crianças levam em conta as diferenças físicas de tamanho entre as crianças, fornecendo mobiliário apropriado (por exemplo, mesas, cadeiras, cadeirões), degraus ou rampas de acesso e revestimentos nas superfícies para evitar ferimentos.
- Os lugares adequados para crianças são projetados com os interesses e as preferências delas em mente, oferecendo atividades atrativas para elas.

- Os lugares adequados para crianças levam em conta que elas são barulhentas e desorganizadas. Também consideram que as crianças podem fazer barulho e bagunça em muitos ambientes adultos, o que é parte de ser criança. Esses locais devem ter forro e cortinas que atenuem o som, a fim de reduzir o eco das vozes infantis, e empregar superfícies laváveis.
- Os lugares adequados para crianças são acolhedores. Eles fazem os pais com crianças pequenas se sentirem bem-vindos. Existem vários meios excelentes para auxiliar todos os pais a identificar e ter acesso a lugares adequados para crianças: The Child Friendly Initiatives (http://childfriendly.org), Kinder Start's Child Friendly Places (http://www.kinderstart.com/kpf.php) e Child Friendly Travel (http://www.childfriendlytravel.com).

No entanto, a participação bem-sucedida das crianças com TEA na comunidade requer um planejamento mais cuidadoso do que o planejamento para a inclusão de crianças com desenvolvimento normal. Exige a identificação dos ambientes apropriados, a preparação das pessoas nesses ambientes para conviver com seu filho, a preparação da criança para um determinado ambiente e o planejamento da duração adequada para cada visita.

## *Como identificar ambientes apropriados*

As situações coletivas precisam ter determinadas características físicas para que possam efetivamente propiciar a participação das crianças com TEA. Embora as necessidades de cada criança variem um pouco, as características que se seguem são algumas das mais comuns nos ambientes solidários com as crianças com TEA. Nem toda criança é impactada da mesma maneira por um determinado fator, mas há considerações que os pais devem fazer ao planejar para seus filhos passeios na coletividade. No exemplo da Figura 1, os pais de Melody listaram oito lugares aonde estão pensando em levar a menina para participar de atividades comunitárias. Para cada lugar, classificaram o nível de adequação ou inadequação do ambiente para a filha. Classificaram cada fator de acordo com uma escala (1 = desfavorável; 2 = aceitável; 3 = preferível). Discutiremos brevemente cada um, com as razões pelas quais eles podem ser relevantes para o êxito da criança na comunidade.

Figura 1. As opções de Melody para passeios na comunidade. Os pais de Melody classificaram vários l locais na comunidade que a menina poderia visitar, de acordo com os fatores descritos no texto (como quantidade de público, nível de barulho etc.). Para cada fator, atribuíram pontos: preferível (3), aceitável (2) ou desfavorável (1). Somaram os pontos de cada linha para obter o total e, na última coluna, classificaram os ambientes do que alcançou mais pontos, "Biblioteca", com mais chance de êxito, aos que obtiveram pontuação mais baixa, "Feira estadual" e "*Shopping*", com menos chance de êxito.

| | Público | Ruído | Iluminação | Temperatura | Ritmo | Atividade apropriada | Medo | Estrutura | Espera | Saída | Total de pontos | Classificação |
|---|---|---|---|---|---|---|---|---|---|---|---|---|
| Casa de amigo | 3 | 3 | 3 | 3 | 2 | 3 | 3 | 1 | 2 | 2 | 25 | 2 |
| Museu infantil | 2 | 2 | 3 | 3 | 1 | 2 | 2 | 2 | 1 | 2 | 20 | 4 |
| Feira estadual | 1 | 1 | 2 | 2 | 1 | 3 | 2 | 1 | 1 | 1 | 15 | 6 |
| Restaurante | 2 | 2 | 3 | 3 | 2 | 1 | 3 | 2 | 1 | 1 | 20 | 4 |
| Biblioteca | 3 | 3 | 3 | 3 | 2 | 2 | 3 | 3 | 2 | 3 | 27 | 1 |
| *Shopping* | 1 | 1 | 2 | 2 | 1 | 2 | 2 | 1 | 1 | 2 | 15 | 6 |
| Natação | 2 | 1 | 3 | 3 | 1 | 3 | 2 | 1 | 3 | 3 | 22 | 3 |
| Zoológico | 1 | 2 | 3 | 2 | 1 | 3 | 1 | 2 | 2 | 2 | 19 | 5 |

## Público

A maioria das crianças com TEA se sente pouco à vontade em ambientes cheios de gente, principalmente gente desconhecida. Situações com empurra-empurra ou muita proximidade de estranhos são as mais difíceis. Festas de casamento e outras reuniões em que se fica em pé, nas quais os adultos se movimentam, conversando, são geralmente problemáticas para crianças com TEA. Do mesmo modo, entrar no saguão de um estádio ou de uma sala de concerto pode ser assustador para muitos jovens com autismo, porque há muita gente se acotovelando, pessoas esperando em filas enormes e outras gritando em volta, vendendo programas e produtos. As superfícies rígidas reverberam os sons, criando uma cacofonia desagradável. Algumas crianças com TEA, quando levadas pelos pais a esses locais, procuram cantos sossegados onde se refugiar.

## Nível de ruído

Como observamos no Capítulo 9, existem indícios de que as crianças com autismo talvez sejam mais sensíveis aos sons de frequência e volume altos do que seus pares com desenvolvimento normal. As situações frequentemente problemáticas para muitas crianças com TEA têm música, anúncios em alto-falantes, apitos e outros sons altos imprevisíveis, como balões que estouram. Por exemplo, as crianças com TEA geralmente gostam de ir ao circo, mas o nível de ruído pode ser intolerável para elas. Algumas precisam usar tampões de ouvido para abafar o som, em razão do alarido irritante.

## Iluminação brilhante/intermitente

Embora geralmente não representem problema, algumas situações com luzes brilhantes, que piscam, lampejam ou giram, perturbam as crianças com TEA. Com frequência, alguns restaurantes especializados em festas de aniversário infantis têm luzes brilhantes, que piscam ou giram quando é anunciado o aniversário da criança, o que pode ser alarmante para alguns dos pequenos. Recintos de feiras geralmente são áreas com luzes imprevisíveis, intensas, brilhantes e oscilantes – por exemplo, nas rodas-gigantes – que talvez aflijam muitos jovens com TEA.

## Temperatura

As crianças com TEA normalmente se incomodam com calor e umidade, o que pode propiciar o contexto para explosões comportamentais. Muitas famílias gostam de visitar estufas de plantas no domingo à tarde, para apreciar folhagens exóticas e plantas floridas, mas fazer isso entre junho e agosto pode ser um erro no caso de muitas crianças com autismo, porque, em algumas estufas, a temperatura passa dos 25 °C, com alta umidade. Sentir-se presa entre adultos que vagueiam lentamente por caminhos sinuosos com plantas suspensas pode ocasionar ataques de pânico. Talvez seja melhor deixar para visitar esses lugares quando o clima estiver mais frio e em horários menos procurados.

## Ritmo

Algumas situações, como um piquenique no quintal, são tranquilas, pausadas e lentas. Outras são frenéticas, como andar numa série de brinquedos num parque de diversões. Como regra, as crianças com TEA não se dão bem em situações agitadas e de ritmo acelerado. Elas não conseguem processar as informações com rapidez suficiente para lidar com os eventos variáveis que as cercam e logo se sentem aflitas. Geralmente preferem menos atividades muito estimulantes e um ritmo mais pausado. Se os pais estiverem pensando em atividades esportivas para os filhos, devem considerar as modalidades simplificadas do beisebol, o minigolfe ou a caminhada (ver Figura 2 do Capítulo 10). O basquete e o futebol são ótimos esportes, mas são acelerados e incluem muita gritaria e contato físico, o que geralmente é difícil para os jovens com TEA tolerarem. As crianças com TEA podem corajosamente tentar participar dessas atividades esportivas, e até gostar da ideia de jogar futebol, mas, uma vez em campo, rapidamente se sentem acossadas.

## Atividades apropriadas

Algumas situações oferecem, quando oferecem, poucas atividades apropriadas à idade, ao nível cognitivo e às características emocionais de uma criança com autismo. Embora a maioria dos museus voltados para crianças e dos museus de ciências ofereça atividades atraentes para elas, muitos outros ambientes de exposição proporcionam poucas oportunidades desse tipo. Museus de arte, arqueologia e história natural talvez não despertem o interesse de muitas crianças com autismo; já um planetário ou um aquário podem cativá-las. Alguns museus de arte têm seções especiais para crianças, com atividades de pintura ou modelagem, com base nos temas das exposições do momento, o que pode ser muito agradável para muitas crianças com TEA. Cada ambiente tem de ser avaliado para determinar se essas características estão presentes.

## Aspectos assustadores

Algumas situações são inerentemente assustadoras para as crianças: a escada rolante que some, filmes de terror, animais ferozes no zoológico, veículos barulhentos (como carros de corrida), montanhas-russas, o ruído de um avião decolando ou o estrondo das ondas do mar. Às vezes, os pais planejam sair com filhos de desenvolvimento normal para andar de carrinho de neve, por exemplo; com frequência, isso é um erro no caso das crianças com autismo, que podem achar assustador o barulho do motor do carrinho. Ao visitar o zoológico, comece pelas áreas de mamíferos pequenos (como lontras, raposas, primatas pequenos), aves, répteis (como cobras) e anfíbios (como rãs, salamandras). Se a criança tolerar a visita aos animais pequenos do zoológico, tente da próxima vez visitar os de tamanho médio, como lobos, cabras ou cangurus pequenos. Só depois de apreciar a visita aos animais de porte médio é que é sensato expor a criança a grandes predadores, elefantes e girafas.

## Grau de estrutura

Algumas atividades são naturalmente estruturadas, como jogar xadrez ou almoçar numa lanchonete; porém, muitas outras são desestruturadas. Vagar de galeria em galeria num museu, viajar até um local de férias no carro da família ou ir às compras no *shopping* são todas atividades desestruturadas do ponto de vista da criança. Há um começo, mas o meio e o fim não ficam claros. Pode haver inúmeros começos e pausas ao longo do caminho, e a criança não consegue dizer quando essa série interminável de eventos terminará. As situações desestruturadas são confusas para a maioria das crianças com TEA e podem levar a problemas de comportamento. Se precisarmos incluir uma criança com TEA numa atividade assim, o uso de cronogramas visuais que indiquem, com antecedência, as etapas intermediárias específicas ao longo do processo representado visualmente pode tornar essas situações desestruturadas mais toleráveis. Ao escolherem ambientes para atividades sociais, encorajamos os pais a começar por aqueles que oferecem mais estrutura. Como alternativa, podem impor uma estrutura, dizendo à criança, com antecedência, quais as três áreas do museu que vão visitar antes de parar para almoçar e comer uma guloseima.

## Espera

Quase sempre esperar numa fila é difícil para crianças com TEA. As famílias geralmente pesquisam quais lojas, restaurantes e outros lugares têm filas. Evitam os que têm filas mais longas ou, quando são inevitáveis, vão em horários de filas menores. Organizar com antecedência pode ajudar. A família decidiu visitar Disney World nas férias de primavera. Depois de estacionar o carro, todos se aproximaram do portão de entrada e perceberam que havia entre 15 e 20 pessoas na sua frente na fila. Isso resultou na filha com TGD-SOE ter de esperar entre 10 e 20 minutos sob o sol quente antes de conseguir entrar na área de entretenimento. Antes de sair de casa, é importante dizer à criança que haverá fila no lugar e que ela vai ter de esperar para entrar no parque. Isso ajuda a prepará-la. Crianças mais velhas, com mais capacidade cognitiva, geralmente gostam de brincar com joguinhos eletrônicos de mão enquanto esperam. Para outras crianças, antes de sair do hotel, uma maçã (ou pera) e uma laranja (ou tangerina) podem ser cortadas em pedaços pequenos e colocadas num saco plástico para sanduíches. Os pedaços de fruta ficam misturados; então, o suco da laranja ou da tangerina entra em contato com a maçã ou pera, impedindo que escureçam. A cada três ou quatro pessoas da fila que passam pelo portão, o pai ou a mãe diz: "Você está se comportando muito bem na fila" e dá à criança um pedaço de fruta, acrescentando: "Só mais alguns minutos". Ao escolher lugares para passeios coletivos, vale a pena resolver antes se a espera na fila compensa. Muitos pais chegam à conclusão de que, se a espera é longa, ela não compensa a consequente explosão do filho com TEA.

## Saída antecipada

Antes de sair para um passeio, vale a pena pensar num modo de sair do local rapidamente se for necessário. Em outras palavras, qual a sua estratégia de fuga? Muitas crianças com TEA se veem em situações que parecem intoleráveis e começam a se descontrolar, chorar, e ficam cada vez mais desconsoladas. Por experiência, os pais sabem que, se não deixarem o local rapidamente, é provável a explosão total em seguida. Sair de uma lanchonete normalmente é fácil, mas sair do cinema no meio do filme, com os irmãozinhos da criança, é muito mais difícil. Se os irmãos forem muito pequenos para permanecer no cinema sem uma pessoa mais velha acompanhando, um vizinho adolescente ou um amigo adulto podem ser convidados para ir junto e ficar com as outras crianças se a criança com TEA tiver de ir embora. Ao escolherem poltronas das quais possam se levantar com facilidade, se necessário, os pais evitam a experiência dolorosa de ter de carregar um filho que chuta e grita a fim de atravessar o cinema, o museu ou o restaurante lotado até chegar à saída.

## *Como preparar as pessoas num ambiente para receber seu filho*

Alguns pais de crianças com autismo e alto nível funcional preferem não falar da deficiência do filho para as pessoas da comunidade onde vivem, a fim de evitar que ele seja estigmatizado. Embora existam vantagens nesse ponto de vista, frequentemente os vizinhos, os funcionários do centro recreativo e outras pessoas percebem que a criança é diferente, mas talvez não digam isso aos pais dela. Podem especular entre si sobre "o que está errado com essa criança", mas nunca conversam com os pais. No entanto, se surgir um problema mais tarde, enquanto a criança estiver no ambiente coletivo, os pais talvez venham a descobrir que as pessoas que o frequentam entenderam ou interpretaram mal a natureza da deficiência da criança, o que pode causar problemas. Geralmente, quanto maior a consciência das pessoas da comunidade que interagem frequentemente com seu filho a respeito de seus pontos fortes e fracos, melhor para a criança.

### Como buscar o apoio da comunidade

As crianças com TEA que estão entrando em novos ambientes sociais precisam da compreensão e do apoio das pessoas nesses ambientes, a fim de se sair bem. É útil se os amigos, os vizinhos, os bibliotecários e os funcionários do centro recreativo próximo que regularmente interagem com seu filho estiverem preparados para as características e o comportamento dele. Muitas pessoas que não trabalham em ambientes de prestação de serviços sociais talvez nunca tenham conhecido uma criança com autismo e, com frequência, o que leem em revistas ou veem na televisão não as prepara adequadamente para ajudar seu aluno ou seu filho a se sair bem. Um bom ponto de partida é preparar uma apresentação curta sobre seu filho, que possa ser compartilhada com as pessoas da comunidade que provavelmente interagirão com ele. Inclua uma fotografia de seu filho e uma descrição dos aspectos em que ele é parecido com crianças de desenvolvimento normal e de algumas coisas que as pessoas talvez notem que são diferentes. Uma explicação curta das razões pelas quais ele faz coisas estranhas ajudará as pessoas de sua comunidade a interpretar de modo mais correto o comportamento de seu filho:

> *Este é nosso filho Blake. Ele tem cinco anos e está no jardim da infância. Blake tem autismo; por isso, é um pouco diferente da maioria das crianças da idade dele. O autismo é um transtorno do desenvolvimento cerebral que afeta a linguagem e a maneira como as crianças interagem com as pessoas. Ele gosta das mesmas coisas que as outras crianças costumam gostar, como jogar* videogame, *jogar bola com o pai e brincar com blocos de montar com o irmão. Vocês também vão notar algumas diferenças em Blake. Ele não fala muito. Entende grande parte do que as pessoas dizem a ele, mas demora a responder a uma pergunta; por isso, vocês talvez achem que ele não está prestando atenção, mas geralmente está. Se forem pacientes e repetirem a pergunta, ele normalmente responde. Blake raramente olha para o rosto de estranhos, mas, depois que conhece a pessoa, talvez olhe. Ele não está sendo mal-educado, apenas acha os rostos das pessoas confusos.*

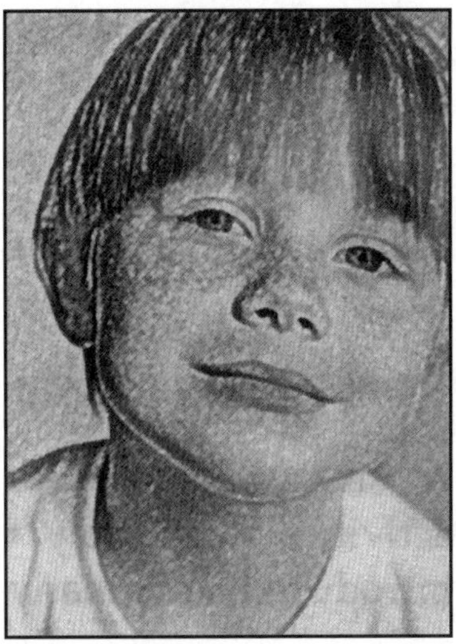

*Blake faz algumas coisas que podem parecer estranhas. Quando fica empolgado, às vezes agita as mãos ou solta guinchos. Isso só quer dizer que ele está entusiasmado com alguma coisa. Blake tem ideias bem definidas sobre o jeito de fazer as coisas. Ele espera que tudo seja feito sempre da mesma maneira. Se há uma mudança na rotina, ele facilmente se irrita e pode chorar. Não é o fim do mundo, mas às vezes ele age como se fosse. Ele não consegue evitar isso, é parte do autismo. Ocasionalmente, ele tem descontroles emocionais. Simplesmente se descontrola, chora e faz escândalo, como se algo terrível tivesse acontecido. Geralmente, ele se irrita porque alguma coisa que estava esperando não aconteceu do jeito como ele pensava que aconteceria. Pode ser que ele chore um pouco, mas vai superar. Blake se comporta melhor se as pessoas forem coerentes na maneira de interagir com ele. Se elas seguirem exatamente a mesma rotina sempre que o virem, ele saberá o que esperar, agirá adequadamente e é menos provável que tenha problemas. Se vocês disserem o nome dele antes de fazer-lhe uma pergunta ou de pedir-lhe que faça alguma coisa, ele provavelmente vai reagir de modo apropriado. Por exemplo: "Blake, quer uma bala?" ou "Blake, coloque isto em cima da mesa, por favor". Ele tem dificuldade para compreender sentenças longas. Então, sempre ajuda dizer frases curtas e objetivas. Elevar a voz não adianta e pode assustá-lo; por isso, não é uma boa ideia. Muito obrigado por ajudar o Blake. Agradecemos muito seu auxílio. Se tiverem alguma dúvida, liguem para nós (123) 456-7890 ou escrevam para rebbecaj19@eNet.com. Nós moramos no n. 9.876 da Oak Lane, em Middletown.*

*Atenciosamente,*

*Becky e Rob Jacobsen*

## Apoios transacionais

Uma abordagem do tipo "ou vai ou racha" para envolver seu filho em atividades sociais dificilmente vai dar certo. Se você apresentar a ele, abruptamente, muitos ambientes coletivos, pode ser que ele rache, em vez de seguir em frente. As pessoas da comunidade precisam ensinar a ele como se virar no labirinto de situações confusas e, às vezes, assustadoras que ele vai encontrar. É necessário identificar alguns membros importantes da comunidade que estejam dispostos a ser solidários na maneira de interagir com seu filho. No modelo Scerts® (Prizant *et al.* 2005b) de intervenção para crianças com TEA, os ajustes no modo como as pessoas interagem com uma criança com autismo e que estimulam a independência e a competência dela são chamados de *apoios transacionais*. Isso implica que quem convive com a criança deve interagir de maneira diferente com ela, a fim de lhe proporcionar um ajuste mais bem-sucedido à comunidade. Também significa que as atividades devem ser elaboradas e, em certo sentido, trabalhadas para maximizar as chances de sucesso da criança na interação com o ambiente.

## A intenção da comunicação

Ajudar quem interage com seu filho a se concentrar no que ele teve a intenção de comunicar, e não só nas palavras específicas que usou, pode ser muito útil. Se perguntarmos a Lisa, de nove anos, o que ela fez na escola, ela talvez responda: "Os pinguins têm penas". Ela está tentando responder à pergunta, contando para o interlocutor algo que aprendeu na escola. Às vezes, as crianças com TEA respondem às perguntas com uma ecolalia tardia, porque não conseguem se lembrar das palavras corretas necessárias para responder adequadamente. Entre as respostas mais comuns estão propagandas televisivas e letras de canções. Perguntam a Kyle o que ele fez nos escoteiros e, depois de uma pausa, ele diz: "Aplique diretamente sobre o ferimento", frase tirada de uma propaganda da televisão. Kyle não soube explicar que o grupo escoteiro treinou fazer curativos para tratar de machucados. Isso pode ser um problema se as pessoas da comunidade que interagem com crianças com TEA interpretarem essas respostas como sinais de que o que a criança diz não faz sentido. Em vez disso, ajuda muito se a pessoa puder refazer a pergunta e acrescentar dicas. Por exemplo, em vez de perguntar: "O que você fez na escola hoje?", pode dizer: "Você falou sobre animais na escola hoje?" ou "Você pintou na escola hoje?". Assim, é mais provável receber uma resposta mais apropriada.

## Ajude os adultos a compreender que a desobediência da criança não é intencional

Quando pedimos às crianças que façam alguma coisa que esteja em desacordo com suas rotinas rígidas, elas frequentemente não obedecem. Isso não significa rebeldia; significa que aquilo que pedimos para elas fazerem simplesmente não lhes parece correto. Se o bibliotecário pede a William para colocar o livro que terminou de ler na caixa de livros, para ser recolocado na prateleira depois, pode ser que, em vez disso, William coloque o livro de volta na estante no lugar errado. Ele não está sendo teimoso; é provável que, em casa, lhe tenham ensinado a sempre guardar os livros na estante depois de lê-los. Quando a instrutora de natação diz para as crianças da turma: "Ok, todo mundo colocando a cabeça dentro d'água", Robin talvez se recuse a fazer isso, porque só coloca a cabeça na água quando lavam seu cabelo, do que ela não gosta. Explicar aos funcionários de ambientes coletivos como esses a razão pela qual seu filho não obedece pode ajudá-los a pensar em outras maneiras de obter a cooperação da criança. Por exemplo, antes de fazer o pedido mencionado, a instrutora poderia dizer: "Nós *não* vamos lavar seu cabelo. Nós vamos afundar a cabeça na água para que ela fique molhada". É mais provável que Robin siga a instrução.

## Dicas suplementares

Ao administrar situações sociais novas, é útil para seu filho receber mais dicas de apoio. Quando for à biblioteca, um cronograma visual que represente as etapas da seleção dos livros a serem retirados, da arrumação dos livros que decidir não retirar e da entrega dos livros ao bibliotecário para serem escaneados ajudará a evitar o problema que William enfrentou. Uma série de fotos plastificadas (para que não fiquem molhadas), presas numa argola, pode ser enganchada no maiô da criança e funcionar como um cronograma visual das etapas da natação. Mostrar aos instrutores de natação como lembrar a criança de consultar o cronograma visual vai ajudá-los a compreender melhor seu filho e a usar a mesma estratégia em outras atividades, como tomar banho, secar-se com a toalha e vestir-se para ir para casa. Com o uso de uma combinação de gestos manuais e pedidos verbalizados, as crianças têm probabilidade maior de seguir as instruções que recebem das pessoas que encontram nos ambientes comunitários.

## Comunicação mais lenta

Por serem lentas no processamento da informação, as crianças com TEA podem achar que as enfermeiras atarefadas do consultório médico ou os funcionários do centro recreativo que ensinam uma forma simples de beisebol falem rápido demais e sejam impacientes. Embora as crianças talvez não entendam tudo o que se diz, frequentemente conseguem detectar quando um adulto está aborrecido com elas. Sugerir às pessoas da comunidade de apoio que falem mais devagar e evitem apressar seu filho vai ajudá-las a alcançar mais êxito no trabalho com a criança. Usando frases ou sentenças mais curtas e complementando-as com dicas visuais (por exemplo, gestos, figuras), elas vão descobrir que seus esforços na comunicação se tornarão mais eficazes no geral.

## *Como preparar seu filho para o ambiente*

Sempre que possível, as crianças com TEA devem ser preparadas para o que vão encontrar ao entrar em situações e atividades novas. Manter as surpresas em nível mínimo aumenta a chance de que a visita à casa de um vizinho, ou a caminhada ao longo de um riacho, não termine numa explosão emocional.

### Diga à criança quando, quem e o quê

As crianças com TEA têm dificuldade para aceitar ambientes novos, principalmente os que têm sons e cheiros não familiares, como uma piscina coberta, por exemplo, ou situações que pareçam amedrontadoras, como entrar na sala escura de um planetário. Preparar seu filho para o que esperar e, quando possível, oferecer a ele uma explicação rápida da situação antes da primeira experiência podem evitar problemas como o descontrole emocional.

*Quando começará a atividade* – Diga para seu filho quando o evento vai ocorrer. Para muitas crianças com TEA, é mais proveitoso dizer: "Nós vamos para a casa do Kevin depois do jantar", em vez de "às 19 horas". A hora do relógio em geral não tem muito significado para crianças com TEA e pode provocar questionamentos repetitivos: "Já está na hora?".

*Quem estará lá* – Se você disser a seus alunos quem estará presente durante uma atividade escolar, será mais provável que eles aceitem a situação. Ao ouvir: "Nós vamos para a aula de música com Dawn, Jacob e Abigail", a criança compreende o que esperar. "Nós vamos caminhar com Penny e a mãe dela" prepara a criança para o contexto social do evento.

*O que será feito* – "Nós vamos caminhar na beira do riacho e catar pedrinhas" informa três coisas à criança: 1) ela está indo caminhar; 2) a caminhada será na beira do rio; 3) ela vai catar pedrinhas. A criança não precisa temer ser chamada para participar de uma atividade que a perturbe, como nadar no riacho. Ao dizer: "Nós vamos para a casa da vovó e, na volta, vamos tomar sorvete", você informa à criança o que ela fará e a consequência disso (isto é, um sorvete como recompensa).

*Quando terminará a atividade* – "Nós vamos voltar para casa depois de pegar a roupa na lavanderia" especifica um ponto final que faz sentido. "Guarde seus lápis de cor quando a campainha do temporizador tocar" informa à criança que um sinal específico dirá a ela quando a atividade termina. "Nós vamos lanchar assim que você terminar seu exercício de soletração [apontando para um cronograma visual]" não só determina um final concreto, mas especifica que recompensa será oferecida quando a atividade estiver concluída.

## Uma visita ao ambiente

Às vezes, é uma boa ideia levar seu aluno ou filho ao novo ambiente para uma visita curta antes do início efetivo da atividade, a fim de que a criança se dessensibilize para as novidades. Descubra um horário em que haja menos gente no local, em que o barulho seja menor e sejam poucas as distrações. Leve a criança ao local novo, fique entre cinco e dez minutos e vá embora depois que ela tiver tido a oportunidade de ver e ouvir o que vai vivenciar durante a atividade propriamente dita. Os dois cenários hipotéticos que se seguem ilustram essa estratégia.

Pense num menino de oito anos com síndrome de Asperger chamado Bruce. Ele está apreensivo com as aulas de natação. O pai diz: "Depois do café, nós vamos ao centro recreativo. Você vai poder ver a piscina, mas não vai nadar. Nós vamos olhar um pouquinho e voltar para casa". Isso dá a Bruce a oportunidade de entrar no local quando há poucas crianças lá, de ser cumprimentado pelo instrutor de natação, de andar na área da piscina, olhar o lugar e ir embora. Bruce tem a oportunidade de experimentar o som oco do espaço e o cheiro estranho da água clorada no ar e de ver alguém de pé na parte rasa da piscina. A situação não é assustadora e será mais fácil para ele quando tiver a primeira aula na semana seguinte.

Linda diz que não quer ir acampar, porque tem medo dos leões e dos tigres da floresta. A mãe tenta explicar que não há leões nem tigres na mata perto do lago, onde vão pescar, mas Linda não se tranquiliza. O pai de Linda monta uma pequena barraca no quintal atrás da casa. A mãe de Linda prepara sanduíches de salada de frango, que são os preferidos da menina, corta-os em quadradinhos e guarda numa mochila, com uma garrafa térmica com limonada. O pai diz, apontando para a mochila: "Linda, você traz a mochila". Linda leva a mochila até a barraca, o pai coloca um lampião no piso e o acende quando começa a escurecer. Ele sugere que Linda e o irmão, Sam, finjam que estão acampando. Eles se sentam em círculo e jogam cartas. Depois, abrem a mochila e saboreiam os sanduíches com limonada. Depois de 30 minutos, apagam o lampião e voltam para casa. O pai diz: "Foi divertido. Foi igual a acampar".

Alguns dias depois, esse pai leva os filhos para caminhar numa área arborizada não distante de casa, onde há um laguinho. Ele aponta os esquilos e pássaros e diz: "Aquele melro canta bonito". Ele estimula Linda a olhar para o pássaro com o binóculo. "Escuta aquele esquilo dando bronca no vizinho", observa Sam. O pai de Linda conclui: "Aqui só tem animais pequenos, não tem animais grandes". Quando voltam da caminhada, a mãe de Linda lê para a menina um livro sobre a viagem de acampamento de uma família que inclui fotos das pessoas sentadas em volta da fogueira, assando e comendo *marshmallows* espetados em varetas. A mãe diz: "Isso parece divertido!". Na semana seguinte, quando a família de Linda vai de carro até o lago para acampar, o medo de Linda diminuiu muito, porque ela vivenciou momentos divertidos num acampamento e ouviu uma história sobre as atividades agradáveis que se podem realizar lá.

## *Comece devagar durante intervalos curtos de tempo*

Quando visito um museu de arte pela primeira vez, principalmente um museu sobre o qual ouvi comentários maravilhosos, geralmente me sinto tentado a ver o máximo possível. No geral, essa atitude é equivocada. As coleções de muitos museus são grandes demais para que possam ser visitadas de uma vez só. O resultado é que me sinto pressionado, um pouco oprimido e aproveito pouco a visita ao museu. A estratégia que descobri ser a mais agradável é selecionar cinco ou seis das dúzias de galerias de exposição existentes e me concentrar nelas. Decidindo com antecedência quais áreas são mais interessantes, evito a sensação de pressão para passar depressa para a próxima galeria do museu. Se, depois de visitar a última galeria da minha lista, ainda me sentir com energia, posso visitar mais uma galeria, mas raramente mais do que uma. Ao me dirigir à saída do museu, frequentemente me pego pensando com prazer nas obras de que mais gostei e nos artistas sobre os quais gostaria de aprender mais, em vez de me sentir esgotado. Essa mesma estratégia funciona bem com as crianças com TEA. Menos geralmente é mais.

## Comece aos poucos

A mesma abordagem do museu se aplica quando levamos as crianças com TEA para ambientes coletivos. Depois de escolher o ambiente, por exemplo, um zoológico, selecione três ou quatro áreas mais adequadas (por exemplo, macacos, zebras, cangurus, pandas). Diga à criança, com antecedência, que animais ela vai ver. Dê a ela um cronograma visual com imagens de cada animal que será visto. Revise o cronograma com ela antes de sair de casa. Depois da imagem do último animal do cronograma visual, acrescente uma foto da recompensa que será oferecida ao final da visita (por exemplo, um picolé). Planeje uma primeira visita de não mais do que 30-45 minutos. Se essa visita inicial correr bem, sem explosões comportamentais, acrescente uma ou duas áreas à visita seguinte. Na maioria dos casos, as crianças com TEA começam a se cansar depois de 45-60 minutos; portanto, é acertado limitar a esse tempo um passeio comum a um ambiente coletivo. Atividades mais estimulantes, com ritmos mais acelerados, devem durar menos (por exemplo, 20-30 minutos).

## Leve em consideração lugares mais baratos

Os pais podem achar que não vale a pena atravessar a cidade de carro até o museu de ciências, pagar o ingresso e o estacionamento, apenas para visitar uma parte das exposições do museu. Porém, a realidade é que ninguém vai aproveitar o passeio se a criança com TEA começar a fazer birra, chorar ou tiver um descontrole emocional depois de uma hora sendo conduzida, com relutância, de exposição em exposição. No final do passeio, todos estarão atormentados, e o que era para ser um passeio familiar agradável talvez se desfaça num fiasco emocional. Para algumas famílias, geralmente é mais agradável escolher atividades coletivas que envolvam poucos gastos, para que não fiquem achando que o custo foi alto demais para uma incursão rápida na comunidade.

### Como lidar com passeios longos

Se a família pretende levar a criança com TEA para parques temáticos ou locais de férias por períodos mais longos, é sensato dividir uma visita de metade do dia ou de dia inteiro em uma série de períodos mais curtos, com pausas frequentes para descanso. Quanto maior a multidão, mais barulhento o lugar e mais longas as filas, mais difícil será para a criança com TEA. Isso significa que cada segmento das atividades planejadas precisará ser mais curto (por exemplo, não mais do que 30-45 minutos) e seguido de um período de tranquilidade. Identificando locais tranquilos para descanso ao longo da série planejada de brinquedos e atrações, os pais conseguem preparar a criança com TEA e os irmãos para o desenrolar das atividades do dia. Muitos parques temáticos comerciais oferecem mapas *on-line* com indicações dos locais dos brinquedos e das atrações, que podem ser usados para planejar a melhor maneira de dividir uma visita de três ou quatro horas em uma série de atividades mais curtas intercaladas por lanches e períodos de relaxamento. Ao contatarem o parque temático que a família pensa em visitar e pedirem informações sobre "locais sossegados" que estejam distribuídos pelo parque em questão, os pais conseguem programar a visitar de modo mais adequado. Alguns pais se revezam, um brinca tranquilamente com a criança com TEA, enquanto o outro leva os demais filhos para andar nos brinquedos, antes que a família se reúna novamente e retome o passeio conjunto.

## *A inclusão dos irmãos e dos colegas*

Muitas crianças com TEA têm a sorte de ter irmãos com desenvolvimento normal como parceiros de brincadeira. As crianças que passaram por serviços de intervenção precoce em que aprenderam a imitação começam geralmente a imitar o comportamento dos irmãos durante as brincadeiras.

### Atividades para pré-escolares e seus irmãos

Crianças pequenas com TEA que frequentem ambientes coletivos com seus irmãos geralmente se engajam em brincadeiras paralelas e não em brincadeiras interativas. Levar uma criança com TEA e seus irmãos a um parquinho para andar de balanço, ir ao escorregador e subir no trepa-trepa pode ser uma oportunidade maravilhosa para a criança aprender habilidades importantes na hora de brincar. O momento também pode ser usado como veículo para aprender a ceder a vez no balanço, empurrando o irmão que está sentado, e aprender a brincar de jogar bola um para o outro. Um pouco mais velhas (quatro ou cinco anos), muitas crianças com TEA tentam a brincadeira interativa ou recíproca. Acampar é uma atividade boa, porque cria oportunidade para aprender habilidades básicas de cooperação (por exemplo, juntar gravetos para montar uma fogueira). Embora seja útil envolver os irmãos nas atividades da criança com TEA, também é importante que eles não se sobrecarreguem cuidando dela.

## Encontros para brincar com colegas

Escolher colegas para participar de encontros para brincar exige que se combinem as características das crianças. As meninas pequenas geralmente são mais sociáveis do que os meninos da mesma idade, mas alguns meninos também são companheiros geniais de brincadeira. Portanto, talvez seja uma boa ideia falar com os pais das meninas da vizinhança que tenham mais ou menos a mesma idade da criança com TEA sobre a disposição em permitir que as filhas frequentem a casa dela para brincar. Atividades planejadas e estruturadas normalmente são mais eficazes do que deixar as crianças à vontade para criar brincadeiras. Atividades dirigidas pelos pais, como fazer biscoitos ou um trabalho de arte, garantem que ambas as crianças fiquem absortas nos detalhes da empreitada. Essas atividades podem ser usadas para ensinar revezamento. Assim que a criança com TEA estiver à vontade brincando com uma criança da vizinhança em sua própria casa, pode ser a hora de ela brincar na casa da amiguinha. Os pais podem tomar café e conversar por perto, enquanto as crianças brincam, o que garante a solução rápida de qualquer problema que surgir. Geralmente, depois de uma ou duas visitas assim, a mãe da criança com TEA pode deixá-la com os pais do amiguinho durante uma hora aproximadamente, antes de voltar para buscá-la. Isso aumenta a independência e o conforto da criança ao brincar com outras crianças sem a presença dos pais.

## Atividades para crianças maiores com transtorno do espectro autista e seus colegas

Crianças mais velhas com TEA e alto nível funcional são estimuladas a participar de atividades sociais com seus colegas, como nadar juntos num centro recreativo ou comer numa lanchonete. As etapas de uma determinada atividade coletiva são exercitadas, primeiro, com os pais ou um irmão mais velho, para garantir que a criança com TEA tenha as habilidades necessárias para participar da mesma atividade com um coleguinha. Um dos pais acompanha os adolescentes de 11 e 15 anos, por exemplo, para garantir a segurança deles e também para poder intervir e resolver qualquer problema que surja. Encontrar companheiros que também estejam interessados em *videogames*, computadores ou no mesmo tipo de música pode ser um veículo para a promoção de interações. Como qualquer outro adolescente, os adolescentes com TEA normalmente querem que os pais os "deixem em paz" com os amigos; no entanto, até que estejam estabelecidos os limites e a segurança do jovem numa determinada atividade, isso costuma ser temerário. Muitos adolescentes com TEA visitam a casa dos amigos quando os pais destes estão presentes para supervisionar.

## Como cultivar as relações com os pares

O maior problema que os jovens com alto nível funcional enfrentam na manutenção das relações com seus pares gira em torno de seus *deficits* na linguagem prática e nas habilidades sociais. Eles geralmente acham difícil coordenar seus comentários com os dos amigos e podem ser insensíveis às preferências e às emoções destes. O exercício em grupos de atividades sociais, a escuta atenta aos comentários de quem fala e a resposta adequada podem ser úteis. Um jovem com TEA talvez fale sem parar sobre um assunto desinteressante para o colega. Ensinar o adolescente a diferenciar os gestos e as expressões faciais de seus pares pode ajudá-lo a identificar quando o amigo está entediado com as observações e quer mudar de assunto. Os eventos sociais comunitários que girem em torno de atividades específicas (por exemplo, fotografar) são mais eficazes do que os que envolvem interações não estruturadas (por exemplo, "sair" junto). Um jovem com alto nível funcional que se reúna com um colega de desenvolvimento normal para criar uma apresentação multimídia no computador sobre um assunto de interesse mútuo tem a oportunidade de cooperar, fazer concessões e se engajar numa atividade criativa.

## *Resumo*

Com preparação adequada, as crianças com TEA conseguem aprender a participar e a gostar de uma gama variada de ambientes comunitários. A identificação de ambientes comunitários com características ótimas pode tornar os programas sociais mais satisfatórios. Para isso, são necessários um levantamento das características físicas e sociais dos ambientes, a preparação dos participantes da comunidade com que a criança vai interagir com frequência, para que a compreendam, e a preparação da criança para esses ambientes. A inclusão de irmãos e colegas nos programas sociais enriquece as experiências da criança e fortalece suas habilidades sociais, o que aumenta sua capacidade de levar uma vida mais agradável e significativa na adolescência e no início da idade adulta.

# Referências bibliográficas


ABRAMSON, R.K. *et al.* (2005). "The relationship between restrictive and repetitive behaviors in individuals with autism and obsessive-compulsive symptoms in parents". *Child Psychiatry and Human Development*, n. 36, pp. 155-165.

*ACTIVITY ASSESSMENT MANUAL* (1990). Ravensdale: Idyll Arbor, Inc.

ADA – AMERICAN DENTAL ASSOCIATION (2002). "Baby's first teeth". *Journal of the American Dental Association*, n. 133, p. 5.

AFAGHI, A.; O'CONNOR, H. e CHOW, C.M. (2007). "High-glymeci-index carbohydrate meals shorten sleep onset". *American Journal of Clinical Nutrition*, n. 85, pp. 426-430.

AFZAL, M.A. *et al.* (2006). "Absence of detectable measles virus genome sequence in blood of autistic children who have had their MMR vaccination during the routine childhood immunization schedule of the UK". *Journal of Medical Virology*, n. 78, pp. 623-630.

AMERICAN PSYCHIATRIC ASSOCIATION (1994). *Diagnostic and statistical manual of mental disorders*. 4ª ed. Washington: American Psychiatric Association.

ARISTÓTELES (350 a.C.). *Politics: A treatise on government*. Livro 3, Parte VI. Trad. de B. Jowett. [Disponível na internet: http://classics.mit.edu/Aristotle/politics.3.three.html, acesso em 6/6/2007.] (Obra original publicada em 1914.)

AYRES, A.J. (1979). *Sensory integration and the child*. Los Angeles: Western Psychological Services.

BAKER, J. (2003). *The social skills picture book teaching play, emotion and communication to children with autism*. Arlington: Future Horizons.

BARANEK, G.T.; FOSTER, L.G. e BERKSON, G. (1997). "Tactile defensiveness and stereotyped behavior". *American Journal of Occupational Therapy*, n. 51, pp. 91-95.

BARON-COHEN, S. (2002). *Mind reading: An interactive guide to human emotions*. Londres: Jessica Kingsley Publishers.

BARON-COHEN, S.; ALLEN, J. e GILLBERG, C. (1992). "Can autism be detected at 18 months? The needle, the haystack, and the Chat". *The British Journal of Psychiatry*, n. 161, pp. 839-843.

BETTELHEIM, B. (1967). *The empty fortress: Infantile autism and the birth of the self*. Nova York: Free Press.

BODDAERT, N. *et al.* (2004). "Perceptions of complex sounds in autism: Abnormal auditory cortical processing in children". *American Journal of Psychiatry*, n. 161, pp. 2.117-2.120.

BODFISH, J.W. *et al.* (2000). "Varieties of repetitive behavior in autism". *Journal of Autism and Developmental Disorders*, n. 30, pp. 237-243.

BODFISH, J.W.; SYMONS, F.J. e LEWIS, M.H. (1999). *Repetitive Behavior Scale-Revised*. Morganton: Western Carolina Center.

BOLTON, P.F. *et al.* (1998). "Autism, affective and other psychiatric disorders: Patterns of familial aggregation". *Psychological Medicine*, n. 28, pp. 385-395.

BONDY, A. e FROST, L. (2001). *A picture's worth: Pecs and other visual communication strategies in autism*. Bethesda: Woodbine House.

BONNEL, A. *et al.* (2003). "Enhanced pitch sensitivity in individuals with autism: A signal detection analysis". *Journal of Cognitive Neuroscience*, n. 15, pp. 226-235.

BOPP, K.D.; BROWN, K.E. e MIRENDA, P. (2004). "Speech-language pathologists' roles in the delivery of positive behavior support for individuals with developmental disabilities". *American Journal of Speech-Language Pathology*, n. 13, pp. 5-19.

BOWLBY, J. (1988). *A secure base: Parent-child attachment and healthy human development*. Londres: Routledge.

CALIFIERO, J.M. (2005). *Meaningful exchanges for people with autism: An introduction to augmentative and alternative communication*. Bethesda: Woodbine House.

CAPUCILLI, A.S. e STOTT, D. (2000a). *The potty book for boys*. Hauppauge: Barron's Educational Series.

________ (2000b). *The potty book for girls*. Hauppauge: Barron's Educational Series.

CARR, E.G. *et al.* (1999). "Comprehensive multi-situational intervention for problem behavior in the community: Long-term maintenance and social validation". *Journal of Positive Behavior Interventions*, n. 1, pp. 5-25.

CARR, E.G.; REEVE, C.E. e MAGITO-McLAUGHLIN, D. (1995). "Contextual influences on problem behavior in people with developmental disabilities". *In*: KOEGEL, L.K.; KOEGEL, R.L. e DUNLAP, G. (orgs.). *Positive behavioral support: Including people with difficult behavior in the community*. Baltimore: Paul H. Brookes Publishing Co., pp. 403-423.

CBS NEWS EARLY SHOW (2006). "Austitic teen hoop dreams come true". Programa televisivo, 23/2. Nova York: CBS.

CDC – CENTERS FOR DISEASE CONTROL AND PREVENTION (2004). "Prevalence of no leisure-time physical activity – 35 states and the District of Columbia, 1988-2002". Versão eletrônica. *Morbidity and Mortality Weekly Report*, n. 53, pp. 82-86.

CHARLOP-CHRISTY, M.H.; LOC, L. e FREEMAN, K.A. (2000). "A comparison of video modeling with in-vivo modeling for teaching children with autism". *Journal of Autism and Developmental Disorders*, n. 30, pp. 537-552.

CONSTANTINO, J.N. *et al.* (2006). "Autistic social impairment in the siblings of children with pervasive developmental disorders". *American Journal of Psychiatry*, n. 163, pp. 294-296.

COYNE, P.; NYBERG, C. e VANDENBURG, M.L. (1998). *Developing leisure-time skills for persons with autism*. Arlington: Future Horizons.

DAN, B. e BOYD, S.G. (2006). "A neurophysiological perspective on sleep and its maturation". *Developmental Medicine and Child Neurology*, n. 48, pp. 773-779.

DAVIS, K.; PARKER, K. e MONTGOMERY, G. (2004). "Sleep in infants and young children, Part One: Normal sleep". *Journal of Pediatric Health Care*, n. 18, pp. 65-71.

DAWSON, G. e WATLING, R. (2000). "Interventions to facilitate auditory, visual, and motor integration in autism: A review of the evidence". *Journal of Autism and Developmental Disorders*, n. 30, pp. 415-421.

DEER, B. (s.d.). "The Lancet scandal". [Disponível na internet: http://brian-deer.com/mmr-lancet.htm, acesso em 1/6/2007.]

DEMICHELLI, V. *et al.* (2005). *Vaccines for measles, mumps and rubella in children*. Londres: Wiley.

DiLAVORE, P.C.; LORD, C. e RUTTER, M. (1995). "The Pre-Linguistic Autism Diagnostic Observation Schedule". *Journal of Autism and Developmental Disorders*, n. 25(4), pp. 355-379.

DUNN, W (1999). *The sensory profile manual*. San Antonio: The Psychological Corporation.

ELIOT, T.S. (1950). *The cocktail party*. Orlando: Harcourt, Inc.

ELLIS, E.M. *et al.* (2006). "The effects of graduated exposure, modeling, and contingent social attention on tolerance to skin care products with two children with autism". *Research in Developmental Disabilities*, n. 57, pp. 585-598.

ERMAN, M. (2004). "Clinical update: Management of insomnia in the primary care practice". *Current Perspectives in Insomnia*, 2. [Disponível na internet: http://www.medscape.com/viewprogram/3310, acesso em 16/3/2007.]

EVANS, D.W. *et al.* (2005). "The fears, phobias, and anxieties of children with autism spectrum disorders and Down syndrome: Comparisons with developmentally and chronologically age matched children". *Child Psychiatry and Human Development*, n. 36, pp. 3-26.

*FACTR* – Functional assessment of characteristics for therapeutic recreation (1988). Ravensdale: Idyll Arbor, Inc.

*FIRSTSIGNS* (s.d.). "Pesquisa sobre o espectro autista e outros transtornos". [Disponível na internet: http://www.firstsigns.org/index/html, acesso em 19/9/2007.]

FOLSTEIN, S. e RUTTER, M. (1977). "Infantile autism: A genetic study of 21 twin pairs". *Journal of Clinical Child Psychology and Psychiatry*, n. 18, pp. 297-321.

FOUSE, B. e WHEELER, M. (1997). *A treasure chest of behavioral strategies for individuals with autism*. Arlington: Future Horizons.

FROST, R. (1920). *Mountain interval*. Nova York: Henry Holt and Company.

FULLER, P.M.; GOOLEY, J.J. e SAPER, C.B. (2006). "Neurobiology of the sleep-wake cycle: Sleep architecture, circadian regulation, and regulatory feedback". *Journal of Biological Rhythms*, n. 21, pp. 482-493.

GALMMELTOFT, L. e NORDENHOF, M.S. (2007). *Autism, play, and social interaction*. Londres: Jessica Kingsley Publishers.

GEIR, D.A. e GEIR, M.R. (2003). "An assessment of the impact of thimerosal on childhood neurodevelopmental disorders". *Pediatric Rehabilitation*, n. 6, pp. 97-102.

________ (2004). "A comparative evaluation of the effects of measles, mumps, and rubella immunization and mercury doses from thimerosal-contaning childhood vaccines on the population prevalence of autism". *Medical Science Monitor*, n. 10, pp. PI33-PI39.

GERNSBACHER, M.A.; DAWSON, M. e GOLDSMITH, H.H. (2005). "Three reasons not to believe in an autism epidemic". *Psychological Science*, n. 14, pp. 55-58.

GIANNOTTI, F. *et al.* (2006). "An open-label study of controlled-release melatonin in treatment of sleep disorders in children with autism". *Journal of Autism and Developmental Disorders*, n. 36, pp. 741-752.

GILLIAM, J.E. (2006). *Gilliam Autism Rating Scale-2 (Gars-2)*. 2ª ed. Austin: PRO-ED.

GLASCOE, F.P. (1997). *Parent's Evaluation of Developmental Status (Peds)*. Nashville: Ellsworth and Vandermeer Press.

GOLDSTEIN, H. (1999). "Communication intervention for children with autism: A review of treatment efficacy". Trabalho apresentado na primeira oficina do Committee on Educational Interventions for Children with Autism, National Research Council, Tallahassee, Flórida, dez.

GRANT, C.M. *et al.* (2005). "Moral understanding in children with autism". *Autism*, n. 9, pp. 317-331.

GURNEY, J.G.; McPHEETERS, M.L. e DAVIS, M.M. (2006). "Parental report of health conditions and health care use among children with and without autism: National survey of children's health". *Archives of Pediatrics and Adolescent Medicine*, n. 160, pp. 825-830.

HECHT, B. (1957). *Charlie: The improbable life and times of Charles MacCarthur*. Nova York: Harper Brothers Publishers.

HELLINGS, J.A. (2002). "Treatment of co-morbid disorders in autism: Which regimens are effective and for whom?". *Medscape General Medicine*, n. 2(1). [Disponível na internet: http://www.medscape.com/viewarticle/430507, acesso em 22/3/2007.]

HOBAN, T.F. (2004). *Sleep and its disorders in children: Seminars in neurology*. [Disponível na internet: http://www.medscape.com/viewarticle/491438, acesso em 17/3/2007.]

HODGDON, L.A. (1995). *Visual strategies for improving communication: Practical supports for school and home*. Troy: Quirk Roberts Publishing.

HOLLANDER, E. *et al.* (2003). "Obsessive-compulsive behaviors in parents of multiplex autism families". *Psychiatry Research*, n. 117, pp. 11-16.

HONDA, H.; SHIMIZU, Y. e RUTTER, M. (2005). "No effect of MMR withdrawal on the incidence of autism: A total population study". *Journal of Child Psychology and Psychiatry and Applied Disciplines*, n. 46, pp. 572-579.

HORNER, R.H. *et al.* (1990). "Toward a technology of 'nonaversive' behavioral support". *Journal of the Association for Persons with Severe Handicaps*, n. 15, pp. 125-132.

HORTON, R. (2004). "The lessons of MMR". *The Lancet*, n. 363, pp. 747-749.

ITARD, J.M.G. (1801). *The wild boy of Aveyron*. Trad. para o inglês de G. Humphrey e M. Humphrey. Nova York: Appleton-Century-Crofts. (Obra original publicada em 1962.)

JANG, M. (2003). "Breakthroughs in the evaluation and treatment of autism". [Disponível na internet: http://www.miriamjangmd.com/DAN-protocol.html, acesso em 11/6/2007.]

JOYCE, B.A.; KECK, J.F. e GERKENSMEYER, J. (2001). "Evaluation of pain management interventions for neonatal circumcision pain". *Journal of Pediatric Health Care*, n. 15, pp. 105-114.

JUST, M.A. *et al.* (2006). "Functional and anatomical cortical underconnectivity in autism: Evidence from an FMRI study of an executive function task and corpus callosum morphometry". *Cerebral Cortex*, n. 17, pp. 951-961.

KAHNG, S.; IWATA, B.A. e LEWIN, A.B. (2002). "Behavioral treatment of self-injury, 1964-2000". *American Journal on Mental Retardation*, n. 107, pp. 212-221.

KANNER, L. (1943). "Autistic disturbance of affective contact". *Nervous Child*, n. 2, pp. 217-250.

KAYE, J.A.; DEL MAR MELERO-MONTES, M. e JICK, H. (2001). "Mumps, measles, and rubella vaccine and the incidence of autism recorded by general practitionners: A time trend analysis". *British Medical Journal*, n. 322, pp. 460-463.

KENNEDY, C.H. e MEYER, K.A. (1996). "Sleep deprivation, allergy symptoms, and negatively reinforced problem behavior". *Journal of Applied Behavior Analysis*, n. 29, pp. 133-135.

KENNEDY, C.H. e THOMPSON, T. (2000). "Health conditions contributing to problem behavior among people with mental retardation and developmental disabilities". *In*: WEHMEYER, M.L. e PATTON, J.R. (orgs.). *Mental retardation in the 21st century*. Austin: PRO-ED.

KENNEDY, F. (s.d.). "Freedom is like taking a bath – You have to keep doing it every day!". Citação. [Disponível na internet: http://womenshistory.about.com/library/qu/blqustan.htm, acesso em 12/6/2007.]

KHAIFA, S. *et al*. (2004). "Increased perception of loudness in autism". *Hearing Research*, n. 198, pp. 87-92.

KIENTZ, M.A. e DUNN, W. (1997). "A comparison of the performance of children with and without autism on the Sensory Profile". *American Journal of Occupational Therapy*, n. 5, pp. 530-537.

KLEIN, K.C. e DIEHL, E.B. (2004). "Relationship between MMR vaccine and autism". *The Annals of Pharmacotherapy*, n. 38, pp. 1.297-1.330.

KOLEVZON, A.; MATHEWSON, K.A. e HOLLANDER, E. (2006). "Selective serotonin reuptake inhibitors in autism: A review of efficacy". *Journal of Clinical Psychiatry*, n. 67, pp. 407-414.

KOLKO, D.J.; ANDERSON, L. e CAMPBELL, M. (1980). "Sensory preference and over-selective responding in autistic children". *Journal of Autism and Developmental Disorders*, n. 10, pp. 259-271.

KROGER, K.A.; SCHULTZ, J.R. e NEWSOM, C. (2007). "A comparison of two group-delivered social skills programs for young children with autism". *Journal of Autism and Developmental Disorders*, n. 37, pp. 808-817.

LAIDLER, J.R. (2005). "U.S. Department of Education data on 'autism' are not reliable for tracking autism prevalence". *Pediatrics*, n. 116, pp. e120-e124.

LAURITSEN, M. e EWALD, H. (2001). "The genetics of autism". *Acta Psychiatrica Scandinavica*, n. 103, pp. 411-427.

LeBLANC, L.A. *et al*. (2003). "Using video modeling and reinforcement to teach perspective-taking skills to children with autism". *Journal of Applied Behavior Analysis*, n. 36, pp. 253-257.

LEVIN, L. e CARR, E.G. (2001). "Food selectivity and problem behavior in children with developmental disabilities: Analysis and intervention". *Behavior Modification*, n. 35, pp. 443-470.

LORD, C. *et al.* (1989a). *Autism Diagnostic Observation Schedule (Ados)*. Los Angeles: Western Psychological Services.

________ (1989b). "Autism diagnostic observation schedule: A standardized observation of communicative and social behavior". *Journal of Autism and Developmental Disorders*, n. 19, pp. 185-212.

________ (1993). "Using the ADI-R to diagnose autism in preschool children". *Infant Mental Health Journal*, n. 14, pp. 234-252.

________ (2000). "The Autism Diagnostic Observation Schedule-Generic (Ados): A standard measure of social and communication deficits associated with the spectrum of autism". *Journal of Autism and Developmental Disorders*, n. 30, pp. 205-223.

LORD, C.E. e McGEE, J.G. (2001). "Educating children with autism". Committee on Educational Interventions for Children with Autism, Division of Behavioral and Social Sciences and Education, National Research Council. Washington: National Academies Press, pp. 98-100.

LOVAAS, O.I. (1987). "Behavioral treatment and normal educational and intellectual functioning in young autistic children". *Journal of Consulting and Clinical Psychology*, n. 55, pp. 3-9.

LOVAAS, O.I. e SCHREIBMAN, L. (1971). "Stimulus overselectivity of autistic children in a two-stimulus situation". *Behaviour Research and Therapy*, n. 9, pp. 305-310.

MacDONALD, G. (1877). *The marquis of Lossie*. Filadélfia: J.B. Lippincott & Company [Disponível na internet: http://www.gutenberg.org/dirs/etext04/mloss10.txt, acesso em 7/6/2007.]

MARKOV, D. e GOLDMAN, M. (2006). "Normal sleep and circadian rhythms: Neurobiologic mechanisms underlying sleep and wakefulness". *Psychiatric Clinics of North America*, n. 29, pp. 841-853.

MARKUS, C.R. *et al.* (2005). "Evening intake of alpha-lactalbumin increases plasma tryptophan availability and improves morning alertness and brain measures of attention". *American Journal of Clinical Nutrition*, n. 81, pp. 1.026-1.033.

MARTSON, S. (1990). "The magic of encouragement". *The Columbia World of Quotations*. [Disponível na internet: http://www.bartleby.com/66/, acesso em 6/6/2007.]

McCLANNAHAN, L.E. e KRANTZ, P.J. (1999). *Activity schedules for children with autism: Teaching independent behavior*. Bethesda: Woodbine House.

________ (2005). *Teaching conversation to children with autism: Scripts and script fading*. Bethesda: Woodbine House.

MEAD, M. (1967). *The changing cultural patterns of work and leisure*. Washington: U.S. Department of Labor, Manpower Administration.

MERCER, L. *et al.* (2006). "Parental perspectives on the causes of an autism spectrum disorder in their children". *Journal of Genetic Counseling*, n. 15, pp. 41-50.

MILES, J.H. *et al.* (2005). "Essential *versus* complex autism: Definition of fundamental prognostic subtypes". *American Journal of Medical Genetics Part A*, n. 135(2), pp. 171-180.

MORIN, A.K.; JARVIS, C.I. e LYNCH, A.M. (2007). "Therapeutic options for sleep-maintenance and sleep-onset insomnia". [Disponível na internet: http://www.medscape.com/viewarticle/552873, acesso em 18/3.]

NAS – NATIONAL AUTISTIC SOCIETY UK (s.d.). "Checklist for autism in toddlers". [Disponível na internet: http://www.nas.org.uk/nas/jsp/polopoly.jsp?d=128&a=2226, acesso em 2/6/2007.]

NDDIC – NATIONAL DIGESTIVE DISEASES INFORMATION CLEARINGHOUSE (s.d.). "Lactose intolerance". [Disponível na internet: http://digestive.niddk.nih.gov/ddiseases/pubs/lactoseintolerance/, acesso em 1/3/2006.]

NICHD – NATIONAL INSTITUTE OF CHILD HEALTH AND HUMAN DEVELOPMENT (2007). "Lactose intolerance". [Disponível na internet: http://www.nichd.nih.gov/health/topics/lactose_intolerance.cfm, acesso em 12/6.]

NIH – NATIONAL INSTITUTES OF HEALTH (2006). *Lactose intolerance*. Publicação dos NIH n. 6-2.751. Washington: U.S. Government Printing Office.

NIEDECKER, L. (2002). *Collected works*. Berkeley: The University of California Press.

NIKOPOULOS, C.K. e KEENAN, M. (2007). "Using video modeling to teach complex social sequences to children with autism". *Journal of Autism and Developmental Disorders*, n. 37, pp. 678-693.

NIKOPOULOS, C.K.; KEENAN, M. e HOBBS, S. (2007). *Video modeling and behaviour analysis: A guide for teaching social skills to children with autism*. Londres: Jessica Kingsley Publishers.

O'NEILL, R.E. *et al.* (1997). *Functional assessment and program development for problem behavior*. 2ª ed. Pacific Grove: Brooks/Cole.

O'RIORDAN, M. e PASSETTI, F. (2006). "Discrimination in autism within different sensory modalities". *Journal of Autism and Developmental Disorders*, n. 36, pp. 665-675.

OLIVER, M. (1992). *New and selected poems*. Boston: Beacon Press.

ORAM CARDY, J.E. *et al.* (2005). "Magnetoencephalography identifies rapid temporal processing deficit in autism and language impairment". *NeuroReport*, n. 16, pp. 329-332.

OZONOFF, S. e ROGERS, S.J. (2006). "Annotation: What do we know about sensory dysfunction in autism? A critical review of the empirical evidence". *Child Psychology and Psychiatry*, n. 46, pp. 1.255-1.268.

PALMER, R.F. *et al.* (2005). "School district resources and identification of children with autistic disorder". *American Journal of Public Health*, n. 95, pp. 125-130.

PARKER, S.K. *et al.* (2004). "Thimerosal-containing vaccines and autistic spectrum disorder: A critical review of published original data". *Pediatrics*, n. 114, pp. 793-804.

PARPIA, N. (2007a). *Potty training chart & stickers by Potty Scotty (for boys)*. Pearland: Mom Innovations.

________ (2007b). *Potty training chart & stickers by Potty Patty (for girls)*. Pearland: Mom Innovations.

PARTINGTON, J.W. (2006). *The assessment of basic language and learning skills-revised*. Pleasant Hill: Behavior Analysts, Inc.

PATTERSON, J. (1993). *Potty time*. Nova York: Grosset & Dunlap.

PIAZZA, C.C. *et al.* (2002). "An evaluation of simultaneous and sequential presentation of preferred and nonpreferred food to treat food selectivity". *Journal of Applied Behavior Analysis*, n. 35, pp. 259-270.

PLOOG, B.O. e KIM, N. (2006). "Assessment of stimulus overselectivity with tactile compound stimuli in children with autism". *Journal of Autism and Developmental Disorders*, n. 37, pp. 1.514-1.524.

POLIMENI, B.M.; RICHDALE, A.L. e FRANCIS, A.J. (2005). "A survey of sleep problems in autism, Asperger's disorder and typically developing children". *Journal of Intellectual Disability Research*, n. 49, pp. 260-268.

PRIZANT, B.M. *et al.* (2005a). *The Scerts® model: A comprehensive educational approach for children with autism spectrum disorders.* Vol. I – *Assessment*. Baltimore: Paul H. Brookes Publishing Co.

________ (2005b). *The Scerts® model: A comprehensive educational approach for children with autism spectrum disorders.* Vol. II – *Intervention*. Baltimore: Paul H. Brookes Publishing Co.

QUILL, K.A. (2000). *Do watch-listen-say: Social and communication intervention for children with autism*. Baltimore: Paul H. Brookes Publishing Co.

REHFELDT, R.A. *et al.* (2004). "Creating activity schedules using Microsoft PowerPoint". *Journal of Applied Behavior Analysis*, n. 37, pp. 115-128.

RICE, C. (2007). "Prevalence of autism spectrum disorders: Autism and development disabilities monitoring network, 14 sites, United States, 2002". Versão eletrônica. *Morbidity and Mortality Weekly Report*, n. 56, pp. 12-28.

RITVO, E. *et al.* (1985). "Concordance for the syndrome of autism in 40 pairs of afflicted twins". *American Journal of Psychiatry*, n. 142, pp. 74-77.

ROBINS, D. *et al.* (2001). "The modified checklist for autism in toddlers: An initial study investigating the early detection of autism and pervasive developmental disorders". *Journal of Autism and Developmental Disorders*, n. 31, pp. 131-144.

ROGERS, S.J.; HEPBURN, S. e WEHNER, E. (2003). "Parent reports of sensory symptoms in toddlers with autism and those with other developmental disorders". *Journal of Autism and Developmental Disorders*, n. 33, pp. 631-642.

ROSTEN, L. (1968). *The joys of Yiddish*. Nova York: Pocket Books.

RUSSELL, A.J. *et al.* (2005). "Obsessions and compulsions in Asperger syndrome in high-functioning autism". *British Journal of Psychiatry*, n. 186, pp. 525-528.

RUTTER, M. *et al.* (2003). *Social Communication Questionnaire (SCQ)*. Los Angeles: Western Psychological Services.

RUTTER, M.; LeCOUTEUR, A. e LORD, C. (2002). *Autism Diagnostic Interview-Revised (ADI-R)*. Los Angeles: Western Psychological Services.

RUURS, M. e KISS, A. (2004). *When we go camping*. Ontário: Tundra Books.

SACKS, O. (1998). *The man who mistook his wife for a hat: And other clinical tales*. 5ª ed. Nova York: Touchstone. [No Brasil: SACKS, O. (1997). *O homem que confundiu sua mulher com um chapéu*. São Paulo: Companhia das Letras.]

SALLOWS, G.O. e GRAUPNER, T.D. (2005). "Intensive behavioral treatment for children with autism: 4-year outcome and predictors". *American Journal on Mental Retardation*, n. 110, pp. 417-438.

SANDMAN, C.A.; BARRON, J.L. e COMAN, H. (1990). "An orally administered opiate blocker, naltrexone, attenuates self-injurious behavior". *American Journal of Mental Retardation*, n. 95, pp. 93-102.

SANTOSH, P.J. *et al.* (2006). "Impact of co-morbid autism spectrum disorders on stimulant response in children with attention deficit hyperactivity disorder: A retrospective and prospective effectiveness study". *Child: Care, Health and Development*, n. 32, pp. 575-583.

SCARR, S. (1984). *Mother care/other care*. Nova York: Basic Books.

SCHOLPER, E.; REICHLER, J. e RENNER, B. (1988). *Childhood Autism Rating Scale (Cars)*. Los Angeles: Western Psychological Services.

SCHRECK, K.A. e MULICK, J.A. (2000). "Parental report of sleep problems in children with autism". *Journal of Autism and Developmental Disorders*, n. 30, pp. 127-135.

SCHRECK, K.A. e WILLIAMS, K. (2005). "Food preferences and factors influencing food selectivity for children with autism spectrum disorders". *Research in Developmental Disabilities*, n. 27, pp. 353-363.

SCHREIBMAN, L.; KOEGEL, R.L. e CRAIG, M.S. (1977). "Reducing stimulus overselectivity in autistic children". *Journal of Abnormal Child Psychology*, n. 5, pp. 425-436.

SHATTUCK, P.T. (2006). "The contribution of diagnostic substitution to the growing administrative prevalence of autism in U.S. special education". *Pediatrics*, n. 117, pp. 1.028-1.037.

SKELLERN, C.; McDOWELL, M. e SCHLUTER, P. (2005). "Diagnosis of autistic spectrum disorders in Queensland: Variations in practice". *Journal of Paediatric and Child Health*, n. 41, pp. 413-418.

SMEETH, L. *et al.* (2004). "MMR vaccination and pervasive developmental disorders: A case control study". *The Lancet*, n. 364, pp. 963-969.

SYMONS, F.J.; FOX, N.D. e THOMPSON, T. (1998). "Functional communication training and naltrexone treatment of self-injurious behavior: An experimental case report". *Journal of Applied Research in Intellectual Disabilities*, n. 11, pp. 273-292.

SZYMBORSKA, W. (1993). *View with a grain of sand*. Nova York: Harcourt Brace and Company.

TAYLOR, B. *et al.* (1999). "Autism and measles, mumps, and rubella vaccine: No epidemiological evidence for a causal association". *The Lancet*, n. 353, pp. 2.026-2.029.

THOMPSON, T. (2007). *Making sense of autism*. Baltimore: Paul H. Brookes Publishing Co.

THOMPSON, T. e CAREY, A. (1980). "Structured normalization: Intellectual and adaptive behavior changes in a residential setting". *Mental Retardation*, n. 18, pp. 193-197.

THOMPSON, T. *et al.* (1994). "Opioid antagonist effects on self-injury: Response form and location as determinants of medication effects". *American Journal on Mental Retardation*, n. 99, pp. 85-102.

TOTH, K. *et al.* (2007). "Early social, imitation, play, and language abilities of young non-autistic siblings of children with autism". *Journal of Autism and Developmental Disorders*, n. 37, pp. 145-157.

TSE, J. *et al.* (2007). "Social skills training for adolescents with Asperger syndrome and high-functioning autism". *Journal of Autism and Developmental Disorders*.

U.S. CENSUS BUREAU (2007). *The 2007 statistical abstract: The national data book*. [Disponível na internet: http://www.census.gov/compendia/statab/arts_entertainment_recreation/recreation_and_leisure_activities/, acesso em 22/4.]

WAKEFIELD, A.J. *et al.* (1998). "Ileal-lymphoid-nodular hyperplasia, non-specific colitis, and pervasive developmental disorder in children". *The Lancet*, n. 351, pp. 637-641.

WATANABE, M. e STURMEY, P. (2003). "The effect of choice-making opportunities during activity schedules on task engagement of adults with autism". *Journal of Autism and Developmental Disorders*, n. 33, pp. 535-538.

WEISS, M.J. e HARRIS, S.L. (2001). *Reaching out, joining in: Teaching social skills to young children with autism*. Bethesda: Woodbine House.

WHEELER, M. (1998). *Toilet training for individuals with autism and related disorders*. Arlington: Future Horizons.

WOODS, D.W.; MILTENBERGER, R.G. e LUMLEY, V.A. (1996). "Sequential application of major habit reversal components to treat motor tics in children". *Journal of Applied Behavior Analysis*, n. 29, pp. 483-493.

YERYS, B.E. *et al.* (2007). "Executive function in preschoolers with autism: Evidence consistent with a secondary deficit". *Journal of Autism and Developmental Disorders*, n. 37, pp. 1.068-1.079.

ZANDT, F.; PRIOR, M. e KYRIOS, M. (2006). "Repetitive behavior in children with high-functioning autism and obsessive-compulsive disorder". *Journal of Autism and Developmental Disorders*, n. 37, pp. 251-259.

ZARCONE, J.R. *et al.* (2004). "Effects of risperidone on aberrant behavior of persons with developmental disabilities: I. A double-blind crossover study using multiple measures". *American Journal on Mental Retardation*, n. 106, pp. 525-538.

# Índice remissivo

As páginas referentes a figuras estão indicadas com *f*.


ACA, *ver* análise comportamental aplicada
Academia Norte-americana de Pediatria 162
ACC, tabelas, *ver* antecedente, comportamento e consequência, tabelas e análise de
Acesso de raiva, *ver* descontrole emocional e acesso de raiva
Acomodações
  feitas pelos irmãos 150-151
  para atividades em grupo 153, 155-156
  para atividades de lazer 246
Acompanhantes pessoais 46
*Activity schedules for children with autism: Teaching independent behavior* (McClannahan e Krantz) 71
ADI-R, *ver* Entrevista Diagnóstica para Autismo-Revisada
Ados, *ver* Protocolo de Observação para Diagnóstico de Autismo
Agitação das mãos, *ver* agitação repetitiva e estereotipada das mãos
Agitação estereotipada e repetitiva das mãos 62*f*
  como autoestimulação 192-193
  como critério diagnóstico no transtorno do espectro autista (TEA) 26
  como preparar os companheiros de brincadeira para 152
  como ritual compulsivo 65, 186-187
  questões de confiança e 124-125
  *ver também* comportamentos repetitivos e ritualísticos; compulsão e comportamento compulsivo
Agnosia visual 170
Agressividade
  brincadeira com irmãos e 150-151
  como lidar com a 188-192
  como lidar com obsessões e 63
  como mecanismo para chamar atenção 188-189
  comportamento antecedente e 183-184, 189
  estudos de caso de crianças que apresentam 49-53, 173-174
  descontrole emocional e ataque de raiva 198
  descontrole emocional e ataque de raiva para descarregar 188
  diagnósticos precoces de autismo e 26
  obtenção de comodidades ou atividades e 189
  problemas para dormir e 183-184
  tratamento para a 175
  *ver também* raiva
Água, dessensibilização para a 211, 213-214, 241
  *ver também* lavagem das mãos

Alergias 162-164
Altruísmo 226
Análise comportamental aplicada (ACA) 51-52
Ansiedade
abordagem equilibrada da 185
ambientes com grupos grandes e 156
como lidar com a 184-187
como pedir para ir embora e 186
cronogramas de atividades e 70
descontrole emocional e ataque de raiva e 187-188, 198
fobias sociais e 44-45
problemas de confiança e 123-125, 125*f*
problemas para dormir e 216-217
situações amedrontadoras e 260
tom de voz e 86
transtorno obsessivo-compulsivo e 63
Antecedente, comportamento e consequência (ACC), tabelas e análise de
agressividade e 183-184, 189-192
avaliações funcionais do comportamento e 181-184, 181*f*, 182*f*
como descobrir as funções do comportamento e 197-198
comportamento autolesivo e 195
Apoios transacionais 264-265
Apraxia motora da fala 43
Apresentação oral 139
Articulação 102, 105-106, 115
Associação Norte-americana de Autismo 25
Associação Norte-americana de Psiquiatria 33, 35, 59
Atenção compartilhada 139-141
Atividade de coordenação motora fina 148-149, 156, 243*f*
Atividade de coordenação motora grossa 147-148, 156, 243*f*, 245, 247*f*
Atividades cooperativas 147-150
atividade de coordenação motora fina148-149, 156, 243*f*
atividade de coordenação motora grossa 147-148
jogos 149-150, 146*f*
Atividades de lazer 229-254
apoio necessário para 234
autoestimulação e 232-233
avaliação de 233-234
definição de lazer 229-230
externas
para crianças mais novas ou crianças mais velhas com habilidades limitadas 240-243
para crianças mais velhas com habilidades limitadas ou crianças de quatro a sete anos com alto nível funcional 243-254
habilidades novas necessárias para as 234
hora de brincar 230-231
internas
para crianças mais novas ou crianças mais velhas com habilidades limitadas 235-237
para crianças mais velhas ou crianças de quatro a seis anos com alto nível funcional 237-238
para crianças com transtornos do espectro autista 231-232
preferências da criança 234
preferências determinadas pelo próprio indivíduo 234
Atividades de lazer internas 235-236
Atividades em grupo
atividades em grupos pequenos 153-154
atividades em grupos grandes 154-155
como criar acomodações para 155
habilidades sociais e 156
música e esporte nas 155
Atividades externas 240-254
Atividades na hora da refeição 200-202
Aumento nos casos de autismo 24-28

categorias de serviços de educação especial 25-26
demanda dos pais por serviços 26
diagnóstico incorreto por prestadores de serviços da comunidade 28
identificação incorreta pelas escolas 27-28
mudança nos critérios diagnósticos e 26
Relatório do Conselho Nacional de Pesquisa 26-27
testes novos e classificação e diagnóstico profissionais 25
Autismo complexo 31
Autismo de alto nível funcional
aspectos diagnósticos do 36
atividade compartilhada de contar histórias para 150
atividades de lazer externas para 240-254
atividades de lazer internas para 235-237
comunicação e 80, 116-118
*deficits* de processamento e 79
terapia de relaxamento e 219
TOC e 58-59
Autismo essencial 31
Autismo familiar e não familiar 30-31
Autismo situacional 45-46
Autoestimulação
as palavras como forma de 94
como lidar com a 192-197, 233
definição 177-178
tempo livre e 232-233
Avaliação de Habilidades Básicas de Linguagem e Aprendizagem-Revisada 108
Avaliação dos Pais sobre o Estado de Desenvolvimento (Parent's Evaluation of Developmental Status-Peds)
Avaliação funcional do comportamento 175-184
antecedente, comportamento e consequência (ACC), tabelas de 181-184
exemplos 181*f*-182*f*
autolesivo 65, 195-196
avaliação de tratamentos 176
avaliação situacional no tempo 176
como identificar as consequências 180
compulsivo 67-68
descrição do comportamento problemático 179
eventos desencadeadores 179
histórico de comportamento problemático 179-180
problemas gastrointestinais como variáveis contextuais 177-178
variáveis contextuais do sono 176-177

Brincadeira no parquinho 240, 242
Brinquedos 97-98, 237
autoestimulação promovida por 232-233

Características dismórficas 30
Cars, *ver* Escala de Avaliação para Autismo Infantil
Categorias dos serviços de educação especial 25-26
Causas do autismo 24-25
Caxumba, *ver* vacina contra sarampo, caxumba e rubéola
Centers for Disease Control and Prevention (CDC) 21
Centro de Pesquisa em Autismo (Universidade de Cambridge) 130
Chamar atenção
agressividade para 188-189
comportamento autolesivo para 195-196
comportamento compulsivo para 66, 68
explosões emocionais para 180, 182
socialização e 139-141, 140*f*
*Child Count*, estatísticas do 21, 25
Classes de resposta 180
Clínica especializada *versus* diagnóstico rotineiro de autismo na comunidade 46-47
Coerência
a importância da 165-166

confiança e 124-125
controle esfincteriano e 206-207
entre dizer e fazer 223-224
Colocação de objetos desejáveis fora de alcance 146-147
Comitê de Revisão da Segurança Vacinal 24
Comitê do Conselho Nacional de Pesquisa da Academia Nacional de Ciências 161
Como enfrentar 173-198
agressividade 188-192
ansiedade e rituais compulsivos 184-187
autoestimulação e automutilação 192-197
avaliação funcional do comportamento como primeira etapa para 175-184
descontroles emocionais e acessos de raiva 187-188
intervenção na crise *versus* prevenção e tratamento 174-175
resistência ao controle esfincteriano 208-209
Como ensinar a pedir 101-103
interações sociais e 118-119
Como manter a palavra 223-224
Como motivar para a comunicação 146-151
atividades cooperativas para 147-150
como colocar objetos desejados fora de alcance 146-147
Como pedir para ir embora 186, 190-192
Como planejar oportunidades para a socialização 143-144, 256-264
Como planejar para enfrentar problemas de tempo 83
Comportamento autolesivo 189-198
as funções sociais do 195
avaliação funcional do comportamento autolesivo 67-68
definição 193
como lidar com o 192-196
compulsão e 62-63, 65
consequências e 180-181
crianças com diagnóstico de autismo nos anos 1960 e 1970 e 26
estudo de caso de 190-192
eventos desencadeadores e 194, 195, 196
fotografias como auxílio para evitar 191
insônia e 216-217
irmãos e 196
medicação para 68, 193-194, 197
obsessão e 64
pedir para ir embora e 194
prevenção para 195
problemas de saúde e 196-197
surtos de comportamento autolesivo 174, 195
tempo livre e 233
tipos de 193-194
tratamento para 175
*ver também* golpes na cabeça
Comportamentos repetitivos e ritualísticos
como aspecto diagnóstico 36
como compulsão 61
confiança desenvolvida por meio de 124-125
identificação e diagnóstico de 45-46
síndrome de Asperger 39-41
transtorno autista 37-38, 38*f*
*ver também* agitação estereotipada e repetitiva das mãos; compulsão e comportamento compulsivo
Comportamentos ritualísticos, *ver* compulsão e comportamento compulsivo
Compreensão *versus* vocabulário 116-117
Compulsão e comportamento compulsivo
ataques de raiva e 65, 234
avaliação funcional do comportamento compulsivo e 67-68
como enfrentar 65-68
como limitar o tempo dos rituais 187
como reduzir 66

cronograma de atividades para reduzir 68-77
definição 61-63
expressão obsessivo-compulsiva e 61-68, 81-82
mudanças de estratégia e 81-82
necessidade de controle e 78
reversão de hábito e 66-67
rituais compulsivos e 62*f*, 66-67, 184-187
tempo de inatividade e 232
*ver também* comportamentos repetitivos e ritualísticos
Comunicação
atividades cooperativas que exigem 147-150
barreiras à 90
como colocar objetos desejáveis fora de alcance para estimular a 146-147
como ensinar a pedir 101-102
compreensão dos objetivos da 91-94
compreensão *versus* vocabulário 116-117
deficiências 37-38
identificação e diagnóstico de 43-44
estímulo a 91-92
desenvolver o vocabulário 104-115
compreensão *versus* 116-117
fala não convencional 94
fonoaudiólogos
o papel dos 92
habilidades de conversação 108-111
imitação e gesto 94-101
motivação para a 146-152
participação na comunidade e 265, 266
uso do comportamento agressivo no lugar da 189
*ver também* motivação para a comunicação
Comunicação aumentativa 99, 101
Confiança 122-126
ansiedade e 123, 125, 125*f*
como base dos relacionamentos 122-123
confiabilidade e 124, 136
confiômetro 124, 125*f*
descontrole emocional e acesso de raiva e 125
estrutura e 123
interatividade da 125-126
tolerância à mudança e 124
Consciência fonêmica 168
Constipação 176, 177, 178, 196, 209
Contaminação fecal 178
Contato visual 37, 39, 45, 46, 95, 126, 140, 140*f*
Contexto na interpretação da fala 84-85
Controle 55-78
aprendizado precoce da criança para obtenção de 56-57
compulsão e 61-63
cronogramas de atividade e 70-77
escolha alimentar e 164-165
listas de tarefas para 77-78
necessidade de 55-57
obsessão e 59-60
transtorno obsessivo-compulsivo (TOC) e 44-45
Controle da defecação, *ver* controle da micção e da evacuação
Controle da micção e da evacuação 207-210
como escolher roupas e exercitar a paciência 208
como lidar com a resistência 209
equipamento para 207-208
higiene e 210
luta pela independência 209
quando começar 207
recompensa para os progressos 207-208, 210
tabela do funcionamento intestinal 209-210
*ver também* controle esfincteriano
Controle esfincteriano 74, 93, 206-210, 228
Coordenação, *ver* atividades cooperativas
Corte do cabelo 185

Cozinhar e preparar refeições
como atividades de lazer 239, 248
como tarefas domésticas 221*f*
Criação de filhos 29-30, 44-45, 216-217
Crianças mais velhas 27
atividades externas para 243-254
atividades internas para 235-237
interações com colegas para 272-273
Crianças não verbais 26, 70-77, 78
*ver também* crianças pequenas
Crianças pequenas
atividades internas para 235-237
atividades externas para 240-254
cronogramas de atividades para 70-71
*ver também* crianças mais velhas; crianças não verbais
Cronogramas, *ver* cronogramas de atividades
Cronogramas de atividades
ansiedade e 70
atividades a incluir nos 72-73
avaliação preliminar de 71
como apresentar cronogramas 71-72
deficiência de função executiva e 68-69
escolhas e 76-77
formatos de 73-75
listas de tarefas e 69-70
para crianças maiores alfabetizadas 75
para crianças pequenas e/ou não verbais 70-71
*PowerPoint* e 75
redução de obsessões e compulsões com 68-77
rituais compulsivos e 78
tarefas e 222, 223*f*
*ver também* atividades de lazer; cronogramas matinais; cronogramas para depois da escola; cronogramas para depois do jantar; listas de tarefas
Cronogramas matinais 71, 72*f*
*ver também* cronogramas de atividades
Cronogramas para depois da escola 72-73, 73*f*
*ver também* cronogramas de atividades
Cronogramas para depois do jantar 72, 74*f*
*ver também* cronogramas de atividades

DAN, *ver* Derrote o Autismo Já (Defeat Autism Now)
Deficiência intelectual 27
Deficiências de aprendizado 27
*Deficits* de função executiva 69-70, 81
*Deficits* de processamento no autismo 79-80
compulsão e mudança de estratégia 81-82
limitações na linguagem pragmática e 80-81
processamento tardio dos sons da fala 79-80
Demanda dos pais por serviços especializados em autismo 26
Derrote o Autismo Já (DAN) 178
Descontrole emocional e acesso de raiva
como lidar com 187-188, 198
como preparar a criança para os ambientes e 167
comportamentos ritualísticos e 39
compulsão e 65, 233
critérios diagnósticos e 26
em geral 187-188
encontros para brincar e 152-153
intolerância ao estímulo e 160, 197-198
obsessões e 63, 64
obstáculos na comunicação e 93
preferências alimentares e 162-164
problemas para dormir e 214
questões de confiança e 124-125
saída fácil das atividades e 261
síndrome de Asperger e 39
Descrição e elaboração 108-109
como encompridar as conversas 117-118
como ensinar a descrever 109-110
como ensinar a elaborar 110-111
interações sociais e 119
*ver também* nomeação

Dessensibilização
para água nas mãos 211
para escovação dos dentes 205-206
para o corte de cabelo 185
para sensações táteis e tecidos 164-165
superação da intolerância sensorial e 165-166, 197-198
superseletividade de estímulos e 197-198
tolerância ao estímulo e 162-164
Dessensibilização tátil 164-165
Diagnóstico
transtornos do espectro autista (TEAs)
aspectos do 36-41
identificação escolar e diagnóstico médico 41-42
etapas do 33-34
histórico detalhado e entrevista 33
testes de triagem 34
testes diagnósticos 34-36
testes diagnósticos específicos para o autismo 33
Diagnóstico de autismo em clínica especializada *versus* diagnóstico de autismo na comunidade 46-47
Diagnóstico incorreto, razões para o 42-45, 47-48
*deficits* na comunicação 43
*deficits* nas habilidades sociais 44-45
observações com conclusões errôneas 42-43
prestadores de serviços da comunidade e 28-29
rotinas rígidas e repetitivas 45
Dieta, 177-178
*ver também* preferências alimentares
Diferenças no processamento sensorial 160
Dificuldades sensoriais 160-162
teoria da integração sensorial 160
terapia de integração auditiva 161
Disfunção do córtex frontal 82
Dislexia 27
Ecolalia e fala não convencional 37-38, 94, 114, 265
*ver também* fala não espontânea
Elaboração, *ver* descrição e elaboração
Emoções 128-134, 129*f*, 133*f*
como ensinar a reconhecer
com o uso de estimulação 131-132
nos rostos 130-131
Encefalite 23
Encontros para brincar
como identificar potenciais companheiros de brincadeira 152-153, 272
como organizar encontros para brincar 272
como preparar os companheiros de brincadeira 152-153, 272
descontrole emocional e acesso de raiva e 152-153
visitas à casa de amigos e 249-250
*ver também* lazer
Entrevista Diagnóstica para Autismo-Revisada (ADI-R) 35, 36, 45
Entrevista para diagnóstico 45-46
Epidemia de autismo 21, 22, 48
Escala de Avaliação de Autismo de Gilliam-2 (Gars-2) 35
Escala de Avaliação para Autismo Infantil (Childhood Autism Rating Scale-Cars) 34
Escala de Comportamento Repetitivo-Revisada (Repetitive Behavior Scale-Revised) 35
Escala de Vocalização Espontânea (Spontaneous Vocalization Scale-L) 108
Escala para Rastreamento de Autismo em Crianças com até 3 anos-Modificada (M-Chat) 34
Escolas
identificação e diagnóstico médico 32, 41-46
identificação errônea 27-28
Escovação dos dentes 72-73, 83, 203-206
Espera em filas 261, 271

Esquizofrenia 193
Estereotipias 192
Estimulação de comentários espontâneos 142-143
Estimulação vestibular 161
Eventos desencadeadores 179
avaliação funcional do comportamento nos 196
como identificar 189
de comportamento autolesivo 194, 195, 196
de descontrole emocional e acesso de raiva 187-188
Exercícios de relaxamento 219
Expressão obsessivo-compulsiva
compulsão e 61-68, 81-82
obsessões e 59-60, 63-64
transtornos do espectro autista (TEAs) e 59-68
*ver também* obsessão e comportamento obsessivo; transtorno obsessivo-compulsivo (TOC)

Fala
sons da 79-80, 99-101
terapia da 70
*ver também* comunicação
Fala não convencional, *ver* ecolalia e fala não convencional
Fala não espontânea 114, 227-228
*ver também* ecolalia e fala não convencional
Felicidade e tristeza 130-131, 131-132, 133, 134
Fenótipo amplo do autismo 31-32
Festa do pijama 250
Fezes pastosas 177
Ficar sozinha, aceitar a necessidade da criança de 134-135
Figuras de linguagem 90
Fobias, *ver* ansiedade
Fonoaudiólogos 92, 99, 105
Fotografias, uso de
como dicas suplementares para a criança 266
na brincadeira com irmãos 151
na nomeação de objetos 106-107
nas listas de tarefas 78
no aprendizado da elaboração 110
no aprendizado das emoções 130
no aprendizado das interações sociais 108
no desenvolvimento de vocabulário receptivo 104-105
nos cronogramas de atividades 73-74

Gars-2, *ver* Escala de Avaliação de Autismo de Gilliam-2
Gestos, *ver* imitação e gestos
Giro
como autoestimulação 192
como critério diagnóstico para o transtorno do espectro autista (TEA) 26
como ritual compulsivo 62, 66-67, 187
questões de confiança e 125
síndrome de Asperger e 39
Golpes na cabeça 193-194, 197, 233
*ver também* comportamento autolesivo

Habilidades básicas 199-220, 228, 238
controle esfincteriano 206-207
escovação dos dentes 203-206
hora da refeição 200-203
lavagem das mãos 210-214
modelo em vídeo de 213-214
rotinas diárias 215
sono 214-220
tarefas domésticas 221-223, 221*f*
Habilidades básicas no cotidiano 199-220
*ver também* habilidades básicas
Habilidades de conversação 90-91, 111-115, 117-118
Higiene 206, 210
*ver também* lavagem das mãos

Hiperlexia 116
Histórico para diagnóstico, obtenção de 33-34
Hora de brincar 230-231

Imitação e gesto 94-101
dificuldade na compreensão de gestos 107-108
imitação com objetos 97-98
imitação de mãos e braços 96-97
imitação de movimentos bucais e dos sons da fala 99-101
imitação motora e gesto 95
imitação motora simples 95-96
incapacidade para usar gestos na comunicação 37, 39
interações sociais e 118-119
uso de modelo em vídeo e 98-99
Imitação motora generalizada 97, 99
Interesse pelos outros 142-144
*ver também* socialização
Intervenção na crise *versus* prevenção e tratamento 174-175
Intervenções precoces 27, 29
Intimidade 135-136
Intolerância a estímulos novos 158-166
Intolerância à lactose 162, 177-178
Intolerância ao estímulo 157-171
como superar a intolerância a estímulos novos 158-166
dessensibilização tátil e têxtil 164-165
dificuldades sensoriais 160-162
intolerâncias generalizadas a estímulos novos 159, 169
preferências alimentares e neofobia 158
técnicas de dessensibilização e reforço 162-163
comportamento autolesivo e 195
descontrole emocional e acessos de raiva e 160, 197-198
dessensibilização e reforço 162-164
importância da intolerância ao estímulo na criança 159-160
superseletividade de estímulos
estratégias para lidar com a 171
na escola e em casa 168-169
superseletividade multimodal 167-168, 167*f*, 169
Irmãos
água nas mãos e 211, 213-214
atividades para pré-escolares e 271-272
como brincar com os 150-151, 156
como ensinar o reconhecimento de emoções e 130-131
comportamento autolesivo e 197
cooperação na coordenação motora grossa e 147
fenótipo amplo do autismo e 31-32
passeios com os 271-272, 274
proximidade social e 150-151
tarefas domésticas e 222-223
tomar banho e 212
*ver também* pares
ISRS 68, 197

Jargão 99-100
Jogos
atividades de lazer 235, 239-240
cooperação no jogo 149-150
revezamento e 147-148

Lavagem das mãos 61, 210-214, 228
Lavagem do cabelo 212-213
Leite, *ver* intolerância à lactose
Leitura e cronogramas de atividades 76
Lembrar 107, 110-111, 169, 265
Liberdades e responsabilidades 199-228
coerência entre dizer e fazer, a importância da 223-224
começar aos poucos e dar dicas 222-224

como ensinar a responsabilidade 220-225
como superar a resistência e aceitar as tarefas 225
habilidades básicas no cotidiano 199-220
*ver também* habilidades básicas
responsabilidade moral e legal 227-228
responsabilidade social 226-227
tarefas domésticas 221-222, 221*f*
cronograma para as 223*f*
Limitações linguísticas 80-81, 85, 86, 91
*ver também* comunicação
Linguagem corporal, *ver* imitação e gestos
Listas de tarefas 69-70, 77-78
*ver também* cronogramas de atividades
*Little People*, cenários com 238

Manual do perfil sensorial 159
M-Chat, *ver* Escala para Rastreamento de Autismo em Crianças com até 3 anos-Modificada
Medicação
dieta e 178
para aliviar problemas para dormir 219-220
para comportamento autolesivo 68, 194, 197
para comportamento compulsivo 63, 68, 187
para comportamento obsessivo 64
problemas para dormir causados por 214
Medos, *ver* ansiedade
Meningite 23
Mesadas 225
Ministério da Educação 25, 27
Miopia 29
Modelagem em vídeo 98-99, 108, 130-131, 151-152, 213-214
Modelos, pareamento conceitual com 130
Mudanças de estratégia 81-82
Museus 250-252, 269-270
Música
como atividade de grupo 155
como superar a intolerância ao som 165-166
integração sensorial e 161-162
na hora de dormir 218, 219
Mutismo seletivo 44

Naltrexona 197
Namoro e casamento 135-136
Narração de histórias como atividade compartilhada 150
Neofobia 258
Neurônios-espelho 107, 128
Níveis de ruído 86, 258
dessensibilização para
Nomeação 104-109
como desenvolver o vocabulário receptivo e 104-105
de ações 107-108
de objetos 106-107
de pessoas 105-106, 106*f*
interações sociais e 119
*ver também* como descrever e elaborar
Nutrição 159

Objetos brilhantes, fascinação por 38*f*, 62, 192-193
Observação do outro 138-139
Obsessão e comportamento obsessivo
como lidar com 63-64
como limitar o tempo para 63-64
como limitar os locais para 64
cronogramas de atividades para reduzir 68-77, 78
definição 59-60
descontrole emocional e acesso de raiva e 63, 64
transtornos globais do desenvolvimento sem outra especificação (TGD-SOE) e 60

*ver também* expressão obsessivo-compulsiva; transtorno obsessivo-compulsivo (TOC)
Oportunidades informais de aprendizado da socialização 141-142
Organização visual e espacial 232
Organizações de apoio 154

Palavras, *ver* comunicação
Paralisia cerebral 154
Pares 272-273, 274
Participação na comunidade 255-274
 ambientes coletivos adequados para crianças 264-265, 270
 apoios transacionais e 264-265
 aspectos assustadores da 260
 atividades apropriadas para a 259-260
 como começar devagar em intervalos de tempo curtos 269-271
 como garantir apoio coletivo para a 262-264
 como identificar ambientes apropriados 256-262, 257*f*
 como preparar a criança para os ambientes 267-269, 274
 como preparar as pessoas num ambiente para receber seu filho 262-267
 comunicação mais lenta e 266-267
 dicas suplementares para a criança na 266
 espera e 261
 grau de estrutura 260-261
 intenção comunicativa da criança e 265
 irmãos envolvidos na 271-272, 274
 lugares mais baratos e 270
 pares envolvidos na 272-273
 passeios mais longos e 271
 preparação para a 261-262
 visita prévia aos ambientes 268-269
Pecs, *ver* Sistemas de Comunicação por Intercâmbio de Imagens (Picture Exchange Communication Systems-Pecs)
Perguntas e participação 144
PL-Ados (Pre-Linguistic Autism Diagnostic Observation Schedule), *ver* Protocolo de Observação para Diagnóstico de Autismo na Fase Pré-linguística
Polivalência 69
Postura, *ver* imitação e gestos
Pragmática 91
Preferências alimentares 158, 159, 162-164, 166, 183, 197-198
Preparação para passeios 261-262
Prestadores de serviços comunitários
 diagnóstico clínico *versus* 46-47
 diagnóstico incorreto realizado por 28
Prevenção e tratamento *versus* intervenção na crise 174-175
Problemas comportamentais 173-198
 *ver também* como enfrentar
Problemas de saúde e comportamento autolesivo 194
Problemas de tempo 80-87
 *deficits* de processamento 79-82
 estratégias para lidar com 83
 sono e 218
Problemas gastrointestinais 177-178
Problemas para dormir 214-220
 abordagens comportamentais dos 216, 218-219
 acampamento e 249-250
 agressividade e 183-184
 ansiedade e 216-217
 avaliação funcional do comportamento nos 276-277
 como evitar sonecas e 215
 comportamento autolesivo e 197
 descontrole emocional e acesso de raiva e 216-217
 despertar noturno 218
 estágios do sono 214-215
 exercícios de relaxamento e 219
 medicação e 215, 219

música e 218
o despertar durante períodos de sono leve 217-218
rotinas diárias e 215-216
Protocolo de Observação para Diagnóstico de Autismo (Ados) 25, 35
Protocolo de Observação para Diagnóstico de Autismo na Fase Pré-linguística PL – Ados) 35

Questionário de Comunicação Social (Social Communication Questionnaire – SCQ) 34

Raiva 130-134, 173-174
*ver também* agressividade
Reciprocidade e revezamento 144-146
Relacionamentos 121-136
como construir 126-128, 136
como estabelecer 121-126
compreensão das emoções 128-132
confiança e 122-123
namoro e casamento 135-136
necessidade de atividades solitárias 134-135
seguros 121-122
*ver também* emoções
Relatório do Conselho Nacional de Pesquisa 26-27
Repetição de falas, *ver* ecolalia e fala não convencional
Resistência
ao aprendizado do controle esfincteriano 208-209
como superar a resistência e aceitar as tarefas 225
Responsabilidade legal 227-228
Responsabilidade moral 227-228
Responsabilidades, *ver* liberdades e responsabilidades
Retratos, *ver* fotografias
Reversão de hábito 66-67
Revezamento, *ver* reciprocidade e revezamento
Ritmo das atividades 259
Rodopio, *ver* giro
Rostos, reconhecimento da emoção nos 126, 129-130
Rotinas, *ver* comportamentos repetitivos e ritualísticos
Rubéola, *ver* vacina contra sarampo, caxumba e rubéola
Ruídos, *ver* níveis de ruído

Sarampo, *ver* vacina contra sarampo, caxumba e rubéola
Scerts®, o modelo 264
SCQ, *ver* Questionário de Comunicação Social (Social Communication Questionnaire)
*Script fading* 103, 108
Sensibilidade à luz 258-259
Sensibilidade à temperatura 259
Sentido do tato 164-165
Sentimentos, *ver* emoções
Sequências de eventos 68-69
Simulações 131-132
Síndrome de Asperger
atividade compartilhada de contar histórias e 148
características diagnósticas da 32, 39-41
coleção de selos e 239
comunicação e 80, 85-86, 91
coordenação motora fina e 148
coordenação motora grossa e 245
descontrole emocional, ataque de raiva e 67
diagnóstico nos anos 1960 e 1970 26
diferenciada dos outros transtornos 47-48
disfunções sociais e 66
incidência na família 31
instituições de apoio e 154
interesses restritos, comportamento repetitivo e 66-67

limitações linguísticas na 80, 85, 91
Protocolo de Observação para Diagnóstico de Autismo e 45
reversão de hábito e 66
vocabulário e 116-117
Síndrome de Down 154 184
Síndrome de Tourette 59, 61
Sistemas de Comunicação por Intercâmbio de Imagens (Pecs) 93
Socialização 137-156
a observação do outro 138-139
atenção compartilhada, imitação e apresentação oral 139-141, 140*f*
atividades em grupos grandes 154-155
atividades em grupos pequenos 153-154
como ensinar a pedir 119
como fazer perguntas e participar 144
como motivar para a comunicação 146-147
como planejar oportunidades de 143-144
demonstrações de afeto inadequadas 139
disfunções de 37, 44-45
encontros para brincar 152-153
estimulação de comentários espontâneos 142-143
habilidades sociais 138
habilidades sociais de grupo 151-152
interesse pelos outros 142-144
modelo em vídeo como auxiliar no treinamento 151-152
oportunidades informais de aprendizado da 141-142
proximidade social *versus* interação social 137-138
reciprocidade e revezamento 144-145
responsabilidade social 226-227
Solidão 134-135
Sonecas 215
Sono com movimentos rápidos dos olhos (REM) 214
Sono REM, *ver* sono com movimentos rápidos dos olhos
Superseletividade de estímulos, *ver* intolerância ao estímulo

Tabelas de consequência, *ver* antecedente, comportamento e consequência (ACC), tabelas e análise de
Tarefas domésticas diárias e semanais cronograma para as 221-222, 221*f*, 222
TDAH, *ver* transtorno do *deficit* de atenção/hiperatividade
TEAs, *ver* transtornos do espectro autista
Tecidos, dessensibilização para 164-165
Terapia comportamental precoce intensiva 46-47, 52, 151
Terapia de integração auditiva 161-162
Testes de triagem 32
Testes diagnósticos 34-35
TGD-SOE, *ver* transtornos globais do desenvolvimento sem outra especificação
*The Lancet*, sobre a relação da vacina tríplice viral com o autismo 24
*The Sensory Profile* (Dunn) 161
Timerosal 23-24
TOC, *ver* transtorno obsessivo-compulsivo
Tomar banho e lavar o cabelo 212-214, 266
Transtorno autista
características do 37-38
comunicação e 85, 89, 91
*ver também* transtornos do espectro autista (TEAs)
Transtorno bipolar 193
Transtorno de personalidade limítrofe 193
Transtorno desafiador de oposição 47
Transtorno do *deficit* de atenção/hiperatividade (TDAH) 28, 45, 47, 197
Transtorno obsessivo-compulsivo (TOC)
ansiedade e 64
compulsão e 61, 67
controle e 57-59

*deficits* nas habilidades sociais e 43-44
expressão em crianças com transtornos do espectro autista e 59-68
medicação para 64, 68
Transtornos do espectro autista (TEAs) 19-53
aspectos diagnósticos 36-41
aspectos diagnósticos fundamentais 32-36
atividades de lazer para crianças com 231-232
aumento nos diagnósticos de 24-28
conversas incompreensíveis para crianças com 90
*deficits* na função executiva e 68-69
diagnóstico médico dos 41-47
estudo de caso 49-53
expressão obsessivo-compulsiva em crianças com 59-68
identificação escolar dos 41-42
prevalência dos 21-28
situacionais 45-46
tipos de 29-32
*ver também* transtorno autista
Transtornos do humor 28
Transtornos globais do desenvolvimento sem outra especificação (TGD-SOE)
aspectos diagnósticos fundamentais dos 32
coleção de selos e 239
como esperar em filas e 261
comunicação e 91, 101
critérios diagnósticos e 26, 41
diferenciados de outros transtornos 47-48
estudo de caso dos 50-51
fenótipo amplo do autismo e 31-32
jogos e 149-150
obsessões e 60
participação em organizações e 154
Protocolo de Observação para Diagnóstico de Autismo (Ados) e 25, 45-46
rituais compulsivos e 186
vocabulário e 116
Tratamento e prevenção *versus* intervenção na crise 174-175
Treinamento da comunicação funcional 75
Tríplice viral, *ver* vacina contra sarampo, caxumba e rubéola
Tristeza, *ver* felicidade e tristeza

Vacina contra sarampo, caxumba e rubéola (tríplice viral) 22, 23-24
Vacinação 22, 23-24
Vínculo parental 121-122
Visitas à casa de amigos 249-250
Vocabulário
compreensão *versus* 116-118
desenvolvimento de 104-115
Vocabulário receptivo 104-105

Xampu 210-211

*Especificações técnicas*

Fonte: Weiss BT 11 p
Entrelinha: 14 p
Papel (miolo): Offset 75 g
Papel (capa): Supremo 250 g
Impressão e acabamento: Paym